Johannes Lothar Schröder
Vorsicht bei Fett!

Joseph Beuys ist eine herausragende Figur in der Kunst und Geschichte der Bundesrepublik. Das zeigt besonders die teils heftige Resonanz auf seine Aktionen und Objekte. Auf diese reagierten viele Menschen, die sich gewöhnlich gar nicht für Kunst interessieren. Das lag auch daran, dass Beuys wie zahlreiche andere noch der Kriegs- und Soldatenwelt verhaftet war, so dass man ihn als einen bereits zu Lebzeiten Geopferten, einen *homo sacer*, bezeichnen kann.
Durch seinen Blick auf unbeachtete Momente von Aktionen macht Schröder nachvollziehbar, warum Beuys als Bildhauer einen tiefgreifenden Wandel vollzog und sich erst mit 43 Jahren vor Publikum zu produzieren begann. In diesem Zusammenhang ist es bemerkenswert, dass Beuys den Hasen sich eingraben ließ wie es eigentlich nur Kaninchen tun, und Fett als geronnenes Extrakt des Lebens als Stoff seiner Kunst benutzte. Der Autor verbindet die Traumata, die Beuys als Bordfunker, Bord-MG-Schütze und bei Kriegsende noch als Infanterist erlebte mit seiner Kunst. Erst dadurch wird nachvollziehbar, wie stark Beuys von der Verwandlung der Menschen in Materie durch kriegerische Gewalt geprägt worden war. Sie brachte ihn dazu, die plastische Schöpfung des Künstlergottes, der den Menschen nach göttlichem Ebenbild formte, umzukehren, so dass man sagen kann, dass seine Werke die Abwesenheit von Toten kompensieren.

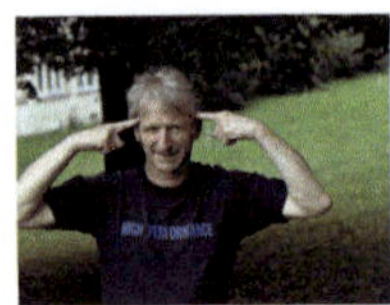

Dr. phil. Johannes Lothar Schröder lebt als freiberuflicher Performanceforscher und Künstler in Hamburg, wo er mit verschiedenen Mitteln und Methoden den Zeitbezug in Werken der bildenden Kunst erforscht. Seit 2005 recycelt er Archivbestände zu Objekten und Installationen für Performances. Prototypen realisierte er für Performancefestivals u.a. in Szczecin und Salzau www.performance-festival.de. Er erhielt Lehraufträge und Ausstellungen im In- und Ausland. Seit 1999 nahm er an Konferenzen von *Performance Studies international* (PSi) z.B. in New York, Mainz, Kopenhagen und Utrecht teil. Letztes Projekt im Mai 2015 „Rad der Poesie" www.wandsbek1.de/. Schröder ist Mitglied im EINSTELLUNGSRAUM und bei KOÏNZI-dance sowie Mitherausgeber von „Journal Oriental" www.amokkoma.eu. Sein Blog: owlperformanceart.eu umfasst neben ca. 40 Beiträgen zu Künstlern und Performancekunst auch biografische und bibliografische Informationen.

Johannes Lothar Schröder

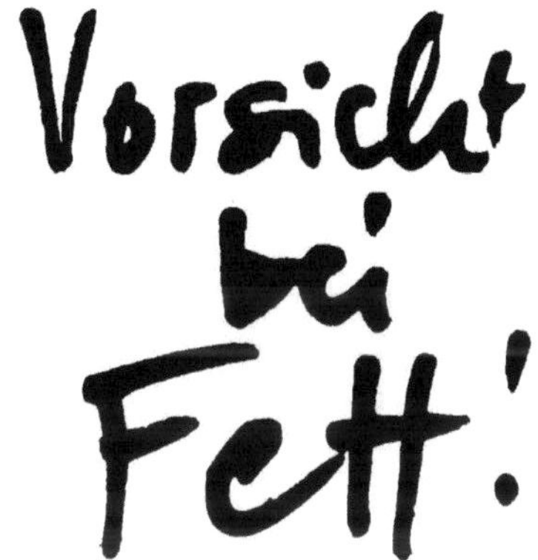

Übersehenes bei Beuys

ConferencePoint Verlag

Inhalt

Akademisch verhandelte Rebellion

Vorbemerkungen

Den wesentlichen Anstoß zu dieser Auseinandersetzung mit Beuys empfing ich auf dem Performance Festival in Salzau 2005 (www.performance-festival.de). Es blieb wegen der Aufteilung in eine von Hochschullehrern, Intendanten und Direktoren veranstaltete wissenschaftliche Konferenz mit abendlichem Performanceprogramm und dem von ehemaligen Studierenden der Muthesiusschule in Kiel organisierten Performancefestival in meiner Erinnerung. Unterschiedliche Erwartungen an die Veranstaltung und Auffassungen über die soziale Funktion von Performances – Performance zum Feierabend versus Performance als Selbsterprobung – aber auch Profilierungsgründe entfachten einen unerwarteten produktiven Wettstreit, der noch durch parallele Ereignisse und paradoxe Überschneidungen gesteigert wurde. Aufgrund unterschiedlicher Erfahrungen der an der Veranstaltung beteiligten drei bis vier Künstler-, Wissenschaftler- und Managergenerationen zeichneten sich Brüche von vornherein ab; denn divergierende Interessen sowie verschiedene Milieus, Umgangsformen und Lebensstile sorgten außerdem für Spannungen, die bei institutionalisierten Kulturveranstaltungen in Theatern oder an anderen Kunstorten durch die Etikette sowie die Fixierung auf ein einzelnes Ereignis gewöhnlich unter dem Teppich bleiben.

Tagsüber gab es zahlreiche Performances in Innenräumen und im Außenbereich des für kulturelle Zwecke umgebauten ehemaligen Gutshofs. Da die Räume des Herrenhauses darüber hinaus gleichzeitig Veranstaltungsort für akademische Vorträge waren, bot das Programm in drei Tagen die ganze Breite akademischer Lehre, künstlerischer Experimente in nicht standardisierten Aufführungsräumen und an Orten, die ein Gutshof mit Scheunen und schlossartigen Sälen in einer ländlichen Umgebung bieten kann. Die Festlegung der Vorträge auf das Hörsaalformat polarisierte, weil wesentliche Performances gleichzeitig in einer frühsommerlichen Atmosphäre draußen stattfanden. Angesichts der oft abgelesenen Vorträge, die wenige Monate später sowieso in einem Reader nachzulesen sein würden, lag es für viele nahe, bei den vorhersehbar schwer oder gar nicht zu publizierenden Performances dabei zu sein. Aber auch Konferenzteilnehmer, für die sich das Stellenkarussell gerade nicht drehte, zogen einen Einstieg in die aktuelle Performanceszene des Nordens vor. Das Qualitätsrisiko war hier wie dort jeweils selbst abzuwägen. Zum Ausklang der drei Festivaltage gaben schließlich u.a. die Pionierinnen auf den Gebieten Lichtkunstperformance und Fluxusperformance Nan Hoover und Alison Knowles Kostproben ihrer Repertoires.

Wie wird ein Kunstprofessor Aktionskünstler?

Eine besondere Attraktion war die Präsentation des digitalisierten wiedergefundenen 16-mm-Films der 1968 aufgeführten Aktion „Vakuum ←→ Masse“ von Joseph Beuys. Anlässlich der Diskussion darüber wandte ich ein, dass bei der Einstufung der Aktionen von Beuys in die Geschichte der Performance-Kunst zu bedenken sei, dass Beuys bei seiner ersten Aktion 1963 aufgrund seines Alters von 43 Jahren, seiner Teilnahme am Krieg und seiner Position als Hochschulprofessor für Bildhauerei einen grundsätzlich anderen Weg genommen habe als andere Performance-Künstler vor und nach ihm. Die Bitte, diese Tatsache bei der Beurteilung von Beuys als Aktionskünstler zu berücksichtigen, stieß zu meiner Verwunderung nicht nur auf Entrüstung und Widerspruch, sondern führte sogar bei einigen der sich gegenseitig unterstützenden Professoren zu der Behauptung, Beuys sei in den 1960er Jahren noch gar nicht Professor gewesen.

Perplex ob des Widerstands gegen Bekanntes, der auch von Antje von Graevenitz, einer mit dem Werk von Beuys bestens vertrauten Kunsthistorikerin, kam, fragte ich mich nach den möglichen Ursachen dieser kollektiven und mit einer Amnesie verbundenen Zurückweisungen meines sachlichen Einwands durch Experten. Auch wenn nach einer Kaffeepause mit Beratung die falschen Behauptungen mir gegenüber zurückgenommen wurden, so blieb doch die Wirkung auch beim Publikum bestehen. Was hatte die Teilnehmer des Symposions so aufgescheucht? Was ist dabei, wenn sich ein akademischer Künstler dafür entscheidet, sich als Aktionist vor ein unbekanntes Publikum zu stellen? Hier schwelten Abwehr und Furcht. Doch was war so erschreckend?

Welches Bild manifestierte sich in dieser Episode und welches Bild von Beuys sollte konserviert werden?

1. Performancekunst hängt ja der Nimbus an, kein Produkt von Akademien zu sein, obwohl das Gegenteil der Fall ist. Lediglich in Ländern, in denen die Akademisierung der Performancekunst noch nicht vollzogen worden ist, steht sie weiterhin als ein Instrument der öffentlichen Rebellion zur Verfügung. In Russland trugen die KünstlerInnen von Pussy Riot und der Aktionist Pjotr Pawlenski Angriffe gegen das in seinen Herrschaftsinteressen befangene Establishment vor. Ähnliches ereignet sich in der Volksrepublik China, wo Funktionäre missliebige Künstler schikanieren und inhaftieren.

2. Überall gab es Forscher und Intendanten, die am Erfolg der Performancekunst zweifeln. Sie hielten es für ein vorübergehendes Phänomen, doch mussten sich diese spätestens seit den

1990er Jahren damit abfinden, dass sie nicht mehr um diesen Bereich in der Kunst herumlavieren konnten. In der Tat war es nach dem Ende der Body Art in den 1970ern nicht absehbar, dass Performancekunst aus einer marginalen Position zum geschätzten Rohmaterial auf dem Kunstmarkt werden könnte. In den letzten Jahrzehnten stiegen aber immer mehr Performancekünstler wie Marina Abramoviç, Paul McCarthy oder Bruce Nauman in die Top-Ten der verschiedenen Kunsthitlisten auf. Das trieb die Akademisierung weiter voran, hat allerdings auch Bedingungen geschaffen, die das Überraschungsmoment von Performances mildern. Flankierend werden zugunsten einer Akzeptanz von Performances im Kunstbetrieb durchgreifende Entwicklungen wie die Auflösung der Institutionen verhindert. Diese wurden im Gegenteil verstärkt, um die Situation kontrollieren zu können. Das vorhandene Potential wird also eher in der Breite weiter entwickelt und modifiziert.[1]

Ist also die Schlussfolgerung zu ziehen, dass Performances und eine kritische Geschichte der Performance Art einen Kontrollverlust befürchten lassen? Alles, was die vermeintlich gesicherten Tatsachen ins Wanken bringt, scheint die Autorität von Experten nach wie vor noch erschüttern zu können. Deshalb festigte das Festival meine Ansicht, dass die Wirkungen der Performancekunst in der Öffentlichkeit trotz der Akademisierung viel weitreichender und differenzierter sind, als man annimmt. Während Performancekunst und ihre Protagonisten an den Akademien solange heruntergespielt wurden, bis sie doch in den Kanon der Künste gelangten, wird oft vergessen, dass erste Aktionen gerade dort entstanden. Allerdings stoppten Abstoßungsmechanismen schon das erste Happening in Deutschland, das an der Hamburger HFBK von Friedensreich Hundertwasser und Bazon Brock in Gestalt einer *Unendlichen Linie* initiiert worden. Sie sollte sich an den Wänden über das ganze

Atelier ziehen, über die Flure des Hochschulgebäudes auf den Hof der Akademie und weiter über die Stadt ausbreiten. Noch ehe die Linie aus der Hochschule herauswachsen konnte, wucherte sie in der Vorstellung der Hochschulleitung zu einem Furcht einflößenden Monstrum ins Unendliche, und man entband Hundertwasser umgehend von seinem Lehrauftrag. Wie so oft verzerrte die Phantasie das wahre Leben, was offensichtlich bis heute für Beuys gilt, so dass er für diejenigen, die ihn in den 1960ern kennengelernt haben, bis heute ein junger, gleichsam studentischer Held und der Größte unter den Aktionskünstlern geblieben ist. Auch das ist eine Methode der Domestizierung: Jemand wird zu einer jungen und vermeintlich formbaren Person und seine Taten können ganz nach Bedarf einmal relativiert und ein anderes Mal aufgebauscht werden. Bei einem zum Helden aufgebauten Aktionisten konnten sich selbst die Gegner der Aktionskunst bedienen, wenn sie sagten, dass Beuys die Aktionen nur durchführte, um auf sich aufmerksam zu machen. Andere benutzen den Helden, um zu behaupten seine Aktionen seien unübertrefflich. Euphorie und Abwehr hinterlassen aber zahlreiche Ungereimtheiten: Wie will man erklären, dass Beuys 1967 im Alter von fast 50 Jahren die Deutsche Studentenpartei gegründet hat, womit er sich mit seinen soldatischen Erfahrungen als Weltkriegsteilnehmer dem Aufbruch der eine Generation jüngeren Studenten anschloss, bzw. sich gleich an ihre Spitze zu stellen versuchte, und dass Beuys im Ausland beim Kunstestablishment zunächst nur wenig Beachtung fand, dagegen dort viele junge Künstler begeisterte und ermutigte und Kollegen z. B. der Arte Povera anregte.

Die Unklarheiten über die umstrittene Wirkung der Person Beuys als Künstler brachten mich dazu, neben Habitus und Selbstinszenierung besonders auch die Körpersprache und seine Aktionen[2] sowie mein eigenes Interesse an seiner Person weiter zu befragen.

Bisher hatte mich meine frühe Begeisterung für sein Werk, das ich 1971 als Gymnasiast während einer Klassenfahrt, die auch in das Hessische Landesmuseum in Darmstadt führte, erstmals ausführlich studieren konnte, eher davon abgehalten. Beuys' Werk hatte mein künstlerisches Denken und Handeln so geprägt, dass ich auch angesichts zahlreicher Begegnungen mit Beuys nur schwer die nötige Distanz einnehmen wollte, um es kritisch zu untersuchen. Auch hat der Umstand mich daran gehindert, dass er 1921 im gleichen Jahr wie meine Mutter geboren wurde und seine Kunst für mich die Leiden dieses Jahrgangs verkörperte, dessen Angehörige ihre „schönsten Jahre" im Krieg verbringen mussten. Auch wenn sie überlebt hatten, hatten sie doch fast alle Freunde, Liebhaber, Nachbarn und Angehörige verloren, die gefallen oder durch Kriegseinwirkungen umgekommen waren, ermordet wurden oder unauffindbar verschwunden blieben. Den Erzählungen meiner Mutter jedenfalls entnehme ich, dass sie außer Wohnung und Besitz noch viel mehr verloren hat, als sie je zugeben würde. Seit den 1990er Jahren entlässt ihr Mund immer mehr Einzelheiten, die die Unermesslichkeit von traumatischen Erlebnissen und Verlusten ahnen lassen. Dieses Wissen aus erster Hand könnte zwar für eine Annäherung an die Kriegsgreuel von Vorteil sein, doch empfand ich es zunächst als eine die Objektivierung behindernde persönliche Nähe, auch wenn es mich im Lauf der Zeit in tiefere Schichten der Erinnerung geführt hat. Diese liessen sich erst allmählich offen legen, um Erkenntnisse zutage zu fördern, die vielleicht ohne meinen eigenen Durchgang durch Performancekunst unberücksichtigt geblieben wären. So gesehen wären Performances als künstlerische Forschung betrieben auch eine Art Lösungsmittel, mit den mehr aus diesem Thema herausgeholt werden konnte.

Nicht unerheblich ist aber ein weitgehend unbeachtetes Tabu vornehmlich unter deutschen Performancekünstlern, sich auf Beuys zu berufen, denn mit ihm war eigentlich nach Auffassung der Feinde der Performancekunst schon alles gemacht und gesagt, so dass danach eigentlich jede Art von Performance als obsolet gebrandmarkt werden konnte. Mit Performances à la Beuys konnte man nur verlieren. Das mag besonders für die Erfahrungen seiner Generation gelten, denn es gab bis auf Otto Mühl keinen Künstler mit einem ähnlich gearteten Hintergrund. Deshalb kann hier schon thesenhaft vorangestellt werden, dass das Desaster des Zweiten Weltkriegs für die Soldaten, die sich wie Beuys freiwillig verpflichtet hatten, mit dem enttäuschten Wunsch zum Helden zu werden, verknüpft gewesen sein muss, so dass sich der unbefriedigte Geltungsdrang, auch wenn er durch Traumatisierung gebrochen war, nach dem Krieg auf die Ebene der Kunst und Kultur verlagerte. Um das erschütterte Selbstbewusstsein und das Ansehen seines Landes zu heilen, musste Beuys zunächst sich selbst, also den verstörten Kriegsheimkehrer, bezwingen, um in der Lage zu sein, öffentlich zu wirken. Aus den Erfahrungen des Krieges bezog er nach der Bewältigung seiner Krise eine Überlegenheit, die er implizit einsetzte und die ihn so umstritten machte. Sie verschaffte ihm Autorität bei seinen Studenten und Freunden, doch macht sie ihn in den Augen derjenigen, die versuchten diese Vergangenheit zu verdrängen, zu einem roten Tuch. Diese Besonderheit, die in der verdrängten Erfahrung lag, machte Beuys unnachahmlich, auch wenn er selbst diese Implikationen nicht thematisierte. Die zwischen den Erfahrungen der Generationen klaffende Lücke gilt es dennoch zu füllen und vor allem für die nach dem Krieg geborenen verständlich zu machen. Das trägt auch dazu bei, das Werk von Beuys der Musealisierung zu entreißen, um es vor dem Horizont heutiger Erfahrungen wieder verfügbar zu machen, damit es dazu beitragen kann, heute die Erfahrungen der vielen Menschen zu begreifen, die aus der großen Zahl von Ländern kommen, in denen das kriegerische Grauen die Lebensgrundlagen zerstört.

Eine Sammlung von Links zu diesem Buch befindet sich unter owl-performanceart.eu

Die Rohfassungen der folgenden Kapitel sind aus unterschiedlichen Anlässen entstanden und wurden für diese Publikation überarbeitet. Nicht immer ließen sich Überschneidungen vermeiden und Übergänge optimieren. Auch wurden gelegentlich Duktus und bestimmende Formulierungen beibehalten, um die Charakteristik der einzelnen Textstücke nicht zu zerstören. Ohne die Absicht, eine Monographie zu schreiben, wurden auch Redundanzen hingenommen.

Kapitel I

Der Darsteller

„War das tatsächlich ich, der alle die langen Monate der Somme-Schlacht hindurch geflogen ist? War das ich, der mit stotternden Bordwaffen in den Richthofenzirkus hineinstieß, damals in jener Nacht, in der Albert Ball getötet wurde?"

Cecil Lewis: Sagittarius Rising, 1936, dt.: Schütze im Steigflug, Frankfurt am Main: Eichborn 2008, S. 15

Wegen der erkannten Schwierigkeit, ephemere Kunst und im speziellen die Aktionen von Joseph Beuys mit den traditionellen Methoden der Kunstgeschichte zu erfassen, schlage ich vor, ihre Interpretation stärker mit den Erfahrungen aus seinem ersten Beruf, dem des Soldaten, zu verknüpfen. Vor diesem Hintergrund erscheinen auch die neodadaistischen Voraussetzungen von FLUXUS im Umfeld der amerikanischen Garnison in Wiesbaden in einem anderen Licht. Wir sollten nicht vergessen, dass Dada infolge des Zusammenbruchs der bürgerlichen Welt während des Ersten Weltkrieg entstanden ist, der fast alle Künstler mit Ausnahme von Picasso zu Soldaten gemacht hatte. Vor diesem Hintergrund fällt ein anderes Licht sowohl auf Beuys' Entscheidung für die Materialien Filz und Fett wie auch auf seinen Habitus und seine Körpersprache. Das von Beuys konstruierte Erweckungserlebnis bei den Tataren, die ihn angeblich in Filz und Fett gehüllt hätten, um den Verletzten zu retten, erscheint als ein ausgedachtes Übergangsritual, mit dem Beuys danach trachtete, sich aus den Verstrickungen als Soldat zu lösen. Es ist als eine Initiationshandlung zu verstehen, die ihn gegen eine, wie er sagte, „materialistische" Denkweise immunisiert hat. Das ist konkret dahingehend zu verstehen, dass er eine Initiationshandlung erdachte, die nach heutiger Erkenntnis in den Bereich der Legende gehört. Es wird also zu fragen sein, ob Beuys eine Aktion konstruierte, um sich durch sie zu verwandeln, und wir werden sehen, wie es dazu kommen konnte und was Beuys durch solche Aktionen tatsächlich erreichte.

Offene und verdeckte Rollen

Wie kommt Beuys zu Aktionen?

Beuys war im Gegensatz zu Wolf Vostell kein Happening-Künstler, vielmehr nahm er mit seinen Aktionen in den 1960ern schon Entwicklungen, wie die Darstellung einer *persona* auf dem Gebiet der Performancekunst in den 1970ern und 1980ern vorweg. Durch Happenings und FLUXUS empfing er allerdings schon seit Ende der 1960er Jahre Impulse, die durch seine Zusammenarbeit mit der in Wiesbaden gegründeten FLUXUS-Gruppe zu einem künstlerischen Durchbruch führten; denn er erkannte die Qualität der Unmittelbarkeit in der Performancekunst. Obwohl ihm die persönliche Präsenz als Künstler entgegenkam, gelang es ihm, seine Ideen als Performer nicht nur unmittelbar vor einem Kunstpublikum umzusetzen, vielmehr zogen Rezensionen und Fotos in den Medien auch einen beachtlichen Teil der außerkünstlerischen Öffentlichkeit in seinen Bann. Dabei war ihm klar, dass 15 Jahre Nazizeit und der verlorene Krieg Deutschland als Land der Kunst und Wissenschaft zurückgeworfen, wenn nicht bedeutungslos gemacht hatten. Dass er über solche Zusammenhänge informiert war, bezeugt seine Bekanntschaft mit Wissenschaftlern. Heinz Sielmann hatte er 1940 als seinen Ausbilder in Posen kennen gelernt, und der dort für die Waffenkammer Verantwortliche war

Hermann Ulrich Asemissen, der spätere Ordinarius für philosophische Anthropologie an der Universität Kassel. Auf beide bezieht sich Beuys in seiner künstlerischen Biographie „Lebenslauf Werklauf“, in der es dazu heißt: „1940 Posen Ausstellung eines Arsenals (zusammen mit Heinz Sielmann, Hermann Ulrich Asemissen und Eduard Spranger)“[3]. Mit Arsenal war, was unter dem angegebenen Datum wahrscheinlich ist, das Geräte- und Ersatzteillager seiner Ausbildungseinheit gemeint. Zu solchen übersichtlich angeordneten Depots, die im kleinen Maßstab besonders während der Kriegs- und Krisenzeiten auch der privaten Bevorratung gedient hatten, war auch später noch eine Beziehung vorhanden. Seine Installation *Wirtschaftswerte* unterstrich 1980, dass die in den Hungerjahren 1946/47 überlebensnotwendigen Vorräte noch 40 Jahre später sein Bewusstsein besetzt hielten und ihn zu einem Werk inspirierten.

Neben solchen Eindrücken von militärischen Einrichtungen, die tiefe ästhetische Spuren in seinem Werk hinterlassen hatten, erwiesen sich auch die freundschaftlichen Beziehungen des damals 19-jährigen Berufssoldaten zu seinen Kameraden später noch als wichtige gesellschaftliche Stütze. Sie blieben über den Krieg hinaus bestehen und dienten, wie es auch in anderen Bereichen der Gesellschaft Gang und Gäbe war, der beruflichen Integration und Karriere, die als „Wiedereingliederung“ bezeichnet wird, was klingt, als wären die ehemaligen Soldaten als von der Gesellschaft amputierte Teile re-integriert worden. Schon 1964 war es vorteilhaft, dass Asemissen dem Beirat der documenta 3 angehörte, auf der einige Zeichnungen von Beuys ausgestellt wurden. Dieser erste Schritt auf dem Weg in die Weltkunst erwies sich als besonders wichtig, obwohl damals in Kassel noch die Absicht vorherrschte, die documenta-Ausstellung zu nutzen, um die in der Nazizeit unterbrochene Kunstentwicklung aufzuholen. Beuys wurde somit frühzeitig zum Bestandteil dieses Programms, in dem er von da an regelmäßig vertreten war. Vier Jahre später, 1968, reagierte er wie viele seiner Kollegen, die auf der d 4 im Gegensatz zu ihm nicht ausgestellt wurden, erzürnt auf die Dominanz der amerikanischen und englischen Pop Art. Zwar waren Diter Rot oder Lucas Samaras eingeladen, doch hatte man Künstler wie Wolf Vostell, die sich mit Happenings einen Namen gemacht hatten, bei der Auswahl der Teilnehmer systematisch übergangen. Vostell hatte mit seinen Happenings Stellung gegen Krieg bezogen, der doch gerade der Anlass der documenta-Ausstellungen war. Hier zeigte sich, dass man die unangenehmen Folgen der unterbrochenen Entwicklungen in Kunst und Humanwissenschaften durch die Verfolgung, Ermordung und Emigration ihrer Protagonisten und die Teilung Deutschlands vergessen wollte. So kam es, dass avantgardistische Kunstformen, die in der Bundesrepublik gerade wieder Fuß fassten, offiziell abgedrängt wurden, und die Kunstentwicklung, anders als in den Ländern der Alliierten, behindert wurde. Aber vielleicht war es gerade die sehr heterogene Entwicklung in der Bundesrepublik, die die damaligen Ausstellungsmacher der documenta abschreckte. Sie wollten ihre Weltgewandtheit zur Schau tragen und strebten nach internationaler Geltung, so dass sie die besonderen Entwicklungen in Deutschland übersahen, bis Harald Szeemann, als Leiter der d 5, diese 1972 in den Fokus rückte. Damals trugen natürlich auch die Interessen von Sammlern, die Anschluss an die Entwicklungen in den Ländern der Alliierten suchten, dazu bei, dass die Bedeutung der ephemeren Kunst zuhause ignoriert wurde. Angesichts dieser Umstände ist es umso bemerkenswerter, dass sich Beuys als documenta-Teilnehmer und Kunstprofessor 1964 im Alter von 43 Jahren noch einmal neu erfand und erste Aktionen durchführte.

Doppelter Bruch mit der Tradition

Die Art und Weise, durch die Beuys zum Aktionskünstler geworden war, macht ihn wohl bis heute zu einer absoluten Einzelerscheinung in der Geschichte der Performancekunst doch werden gerade deshalb auch weitere Fragen über die Wirkung des Krieges auf die Kunst und die Künstler in Deutschland nach 1945 aufgeworfen. Vielsagend ist Beuys' Verhältnis zu den Fluxuskünstlern, die zur amerikanischen Besatzungsarmee gehörten. George Maciunas und Emmet Williams, die bei der US-Army angestellt waren, müssen Beuys an seine eigene Zeit als Soldat erinnert und ihm vor Augen geführt haben, was in einer Kaserne möglich sein konnte[4]; denn es ist wohl kaum alltäglich, dass jemand die Arsenale einer Armee in künstlerischer Hinsicht nutzt und eine neue Kunstrichtung einer Kaserne entspringt. Die zeitliche Koinzidenz spricht dafür, dass diese Anregungen 1964 in den von Beuys veröffentlichten „Lebenslauf Werklauf" eingeflossen sind. Diese Möglichkeiten von Kunst in einer Kaserne mochten ihn dazu inspiriert haben, den Eintrag „1940 Posen Ausstellung eines Arsenals" in die retrospektive Betrachtung seines Lebens aufzunehmen und auch andere Ereignisse aus dem Krieg durch die Bezeichnung „Ausstellung" zu künstlerischen Ereignissen umzudeuten. Dadurch gelingt es Beuys, das aufgegebene selbstbestimmte Leben im Krieg zu überbrücken und als Entwicklung hin zu seiner damaligen Kunstpraxis umzudeuten.

Allein diese außergewöhnliche Entwicklung des seit 1959 als Professor an der Kunstakademie Düsseldorf angestellten Beuys erschwert es, ihn den Happening-Künstlern zuzuschlagen, die im Schnitt eine Generation jünger waren als er. Nicht nur deswegen stellt sein Werk eine eigene aktionistische Position dar, die gerade durch ihre anachronistischen und initiatorischen Ansätze Beachtung gefunden hat. Dass Beuys einen weltweiten Einfluss besonders auf jüngere Künstler erlangte, hat möglicherweise ja gerade mit den extrem heterogenen Erfahrungen zu tun, die er in sein Werk einbrachte. Ähnlich wie der jüngere Vostell machte Beuys historische und autobiographische Ereignisse zum Teil seiner Kunst, wobei er Konkretes anders als Vostell extrem sublimierte, literarisierte und symbolisierte, ja vielleicht auch bewusst verbergen wollte. Auf aktuelle Ereignisse reagierte Beuys dagegen oft direkt und situationsbezogen, wobei er die bisweilen ratlosen Interpreten, Interviewer und Kuratoren durch seine eigenen Verlautbarungen in Richtungen leitete, die nicht selten von den tatsächlichen Anlässen und Implikationen seiner Aktionen ablenkten.[5] Hierfür ist besonders die Rezeption seiner Aktionen im Licht bestimmter von ihm lancierter Literaturangaben, z. B. der Schriften von Linné und Rudolf Steiner, maßgebend.

Jenseits dieser von Beuys gelegten Spuren, lassen sich zahlreiche Wendungen und Bilder in seinen Aktionen, Objekten und Installationen auch anders lesen. Dabei sollte klar sein, dass er Täuschung und Manipulation systematisch und in der Art, wie sie von vielen Angehörigen der Eliten praktiziert wurden, anwandte, um zunächst die Alliierten zu täuschen sowie eventuelle Verwicklungen in Kriegsverbrechen zu verheimlichen.[6] Beuys war Teil dieses Systems und dennoch verhielt er sich nicht konform. Wegen seiner quertreiberischen Rolle wurde er angegriffen, trotz seiner Bemühungen nicht verbeamtet und als Bundestagskandidat der Grünen nicht gewählt. Obwohl ihm staatliche Funktionen verweigert wurden, gelang es Beuys, eine aktive gesellschaftliche Rolle innerhalb der gewaltigen Verschiebungen in der Nachkriegsgesellschaft zu spielen. Das ist seiner widerspenstigen Persönlichkeit geschuldet, denn er scheute sich nicht anzuecken und konnte vieles bewegen, weshalb er stark nach innen (interne Auseinandersetzungen an den Hochschulen) wie auch nach außen (mittels der Medien) wirkte. Dabei kam ihm sein Erscheinungsbild zugute, dessen Gestaltung und Wirkung ebenfalls zu befragen ist. Noch nicht alle darin enthaltenen Implikationen sind erschlossen worden. Und nicht zuletzt soll seine Körpersprache in den folgenden Kapiteln ein Schlüssel für noch unbeachtete Aspekte in seinem Werk sein.

Gegenentwurf zur Selbstdarstellung von Nazis

Bezieht man die Zeit des Krieges und Totalitarismus in die Geschichte der Performances ein, müssen die 1930er und 40er Jahre kein blinder Fleck mehr sein und können zu einer Folie werden, auf der sich auch Happenings und Performances der Nachkriegszeit um einige Facetten reicher abbilden lassen.

Beat Wyss hat mit einer Polemik gegen Beuys einige heikle Punkte angesprochen, die allerdings ohne eine exakte Analyse des Werks nur den Mythos Beuys weiter erhärten.[7] Dabei ist der Ansatz, die Kleidung des Künstlers Beuys als Uniform zu betrachten, nicht ohne Reiz und prinzipiell richtig, doch mit journalistischen Mitteln allein kommt man den Umständen nicht auf die Spur. Wyss schrieb: „… Der hier im Bild imaginär aufmarschiert, war begeisterter Hitler-Junge und freiwilliger Bordfunker in Görings Luftwaffe gewesen…Mit einer Stuka oder JU 87 war es auch ein Katzensprung in die Krim. Von der Pilotenkanzel konnte der nachmalige Künstlerschamane denn auch Zeuge werden, wie Sewastopol unter den Fliegerbomben der Deutschen in Flammen aufging. Davon hat Beuys nie geredet. Doch das, was er verschweigt, davon redet sein Habitus. Seine Fantasieuniform mit Hut ist das paradoxe Unikat einer Uniform. Beuys erscheint hier als der letzte Überlebende einer aufgeriebenen Armee. Ich bin froh, später als Beuys geboren zu sein. Vielleicht wäre auch ich ein guter Hitler-Junge geworden…“[8]

Die Antwort darauf von Michael Lingner versucht die vermeintlich angegriffene Ehre von Beuys zu retten.[9] Doch das ist weder ein wissenschaftliches Motiv noch notwendig. Und es ist auch nicht überzeugend, Beuys' Auseinandersetzung mit dem Material und der Ästhetik von Uniformen einfach nur zu verneinen. Wyss' Vermutung, Beuys würde mit seinem Habitus und seiner Kleidung Uniform und militärische Gewohnheiten transportieren, ist durchaus berechtigt, nur begründet er sie nicht weiter. So spricht er ungenau von einem „Unikat einer Uniform". Was immer das bedeuten mag, so erwähnt er immerhin einen der Punkte, die im Folgenden erörtert werden, um sie in das Werk von Beuys und seine Wirkungsgeschichte einzuordnen.

Mit einer Lebenserfahrung, die sich von der seiner Künstlerkollegen des Fluxus, aus Happenings und Aktionskunst unterschied, stieg der 1921 geborene Joseph Beuys in die öffentliche Arena. Er war anders als die in den 1930ern und 40ern geborenen Künstler der Nachkriegszeit als Soldat im Zweiten Weltkrieg[10]. Nach seiner Ausbildung zum Bildhauer an der Kunsthochschule in Düsseldorf erholte er sich von einer schweren Krise in den Jahren 1955-57. Die Begegnung mit dem Tod, die damit zusammen hängende Überwindung und die Verarbeitung seiner Traumata gaben ihm später die Kraft, sich Innovationen gegenüber zu öffnen und Anregungen von außen anzunehmen, was ihn auch in die Lage versetzte, seit 1963 öffentliche Aktionen durchzuführen. Auf diesem neuen Feld entwickelte er seine künstlerische Haltung und propagierte seinen eigenen Kunstbegriff. Seit der Veröffentlichung eines Fotos der Aktion in Aachen 1964, das ihn als Geschlagenen mit blutender Nase zeigt, erreichte kein deutscher Künstler des 20. Jahrhunderts eine so große Öffentlichkeit wie Beuys.[11] Diese nachhaltige Wirkung verdankte sich seiner Bereitschaft, sich neu zu erfinden und trotz aller Anfeindungen aus einer ungesicherten

Position heraus eine geistige Führungsrolle zu übernehmen sowie ausdauernd für seinen Kunstbegriff zu streiten. Sein Eintreten für eine geistige und spirituelle Erneuerung unabhängig von religiösen und akademischen Körperschaften stärkte die öffentliche Diskussion über Kunst und Kultur in Deutschland und wirkte auch in anderen Ländern nachhaltig, weshalb man fragen muss, welche Umstände dazu beitrugen.

Das gesamte Auftreten von Beuys ist in einem umfassenden Sinn von Performance als maßgeblich zu berücksichtigen. Eva Huber erwähnte die von ihm angesprochenen „Gegen-Bilder", die die Rezipienten zum „produktiven Weiterdenken"[12] anhalten. Wenn also mit einem Gegenbild die Umstrukturierung bisheriger Motive gemeint ist, dann gehörten zu diesen in den 1960ern unbedingt auch die Hauptfiguren der Nazizeit, die sich in das kollektive Gedächtnis nicht nur der Deutschen eingebrannt hatten. Sie mussten gestürzt werden wie die Standbilder alter Götter und durch Bilder von Gegen-Idolen ersetzt werden, die in der Lage waren, auch die Macht des Alten in den Köpfen umzustürzen. Beuys bot sich als Erneuerer in der Gestalt eines „Erlösers" an. Durch seine 1961 erfolgte Berufung auf die Stelle der ehemaligen Professur für Monumentalbildhauerei[13], einer von den Nazis eingerichteten Disziplin, war er auch ästhetisch-künstlerisch unmittelbar mit den Folgen der Naziherrschaft konfrontiert. Hatte er seine individuelle Verwicklung in den Krieg und das Terrorregime während seiner Krise viszeral aufgearbeitet[14], ging er nach seiner Anstellung als Professor im Kontakt mit Fluxus daran, den von den Nazis geprägten Kunstbegriff einer als Propaganda einsetzbaren Kunst zu überarbeiten und darauf aufbauend einen neuen, aber ebenso auf eine Massenwirkung abzielenden Kunstbegriff zu entwickeln. Seine Ausgestaltung orientierte sich an den Erfahrungen seiner persönlichen Verwandlung vom Krieger zum Künstler und wurde durch die

Aktionen zu einem öffentlichen Prozess geistiger, kultureller und politischer Umstrukturierungen und Erneuerungen.

Kleidung und Habitus

Die Initiation als Handlungsform und die Intuition als Erkenntnisform propagierend, nimmt Beuys öffentlich die Rolle eines „Gegenbildes" zum „Führer" an, um schließlich selbst als Studentenführer aufzutreten. In seinen Kleidungsstücken erschien er so als ein Antagonist Hitlers, dessen Schirmmütze er durch seinen Hut ersetzte. Statt in Uniform aus Tuch über dem braunen Hemd ging er in einer über einem weißen Hemd getragenen Anglerweste und Bluejeans. Statt der martialischen militärischen Mäntel trug Beuys nicht minder weite, jedoch hellbeige Mäntel mit einem breiten Kragen, die sich von den ebenfalls hellen, doch schwülstig mit Orden, Rangabzeichen, Kordeln und Applikationen versehenen Mänteln seines obersten Vorgesetzten im Krieg, dem Reichsluftfahrtminister Göring absetzen. Beuys hatte seine Trenchcoats mit Hasen- bzw. Kaninchenfell füttern lassen. So fand militärische Funktionskleidung den Weg aus den Schützengräben (engl.: trenches) des Ersten Weltkriegs in die Modegeschäfte und vermittelte zweierlei Botschaften. Mit dem wärmenden Fell von Kaninchen gefüttert, verknüpfte Beuys sie mit dem Leben unter der Erde, so dass sie Fruchtbarkeit und Erneuerungskraft sowie die Durchdringung von Materie symbolisierten[15]. Was die Interpreten, die offensichtlich gerne die Literatur über Symbole und Alchemie heranziehen, nicht bemerkt haben oder bemerken wollten, ist die Analogie zum Leben von Infanteristen, die sich in der Erde eingraben, um zu überleben. Hier müsste man schon den Mythos des Fliegers infrage stellen. Aber auch das scheue Wesen von Kaninchen und Hasen, die Heil und Rettung in der Flucht suchen, ist bedeutsam; denn genau diese Tugenden stehen der von den Nazis propagierten und pervertierten Heldenhaftigkeit entgegen. Kaninchen sabotieren Härte und

Standhaftigkeit durch ihr Fluchtverhalten und verkörperten somit die unausgesprochen wirksamsten Überlebensstrategien erfahrener Soldaten, denen es gelungen war, den Krieg lebend zu überstehen, indem sie sich wann immer es möglich war in Sicherheit brachten. Weil die Versiertesten unter ihnen wegen der desaströsen Lage, in die sie durch ihre Führer gebracht worden waren, ihre Fähigkeiten nicht durch Wagnisse überreizten, sondern zugunsten des Überlebens einsetzten, statt für das abgewirtschaftete Regime ihr Leben zu riskieren, sind ja die Nazirichter durch Verhängung der Todesstrafe so erbarmungslos gegen Deserteure vorgegangen.

Beuys setzte also Kleidung und verschiedene Accessoires gegen wesentliche Merkmale der Uniform. So vermittelten auch seine Schuhe mit den oft an Plateauschuhe erinnernden, etwas dickeren Sohlen den Eindruck von Behinderung etwa durch Erfrierungen oder andere Verletzungen. Tatsächlich erlitt Beuys weder Erfrierungen noch wurde er als Flieger bei einem Absturz schwer verletzt. Erst als Infanterist, als der er in den letzten Kriegswochen eingesetzt wurde, fing er sich einen Splitter in der Wade ein. Dagegen haben sich die Verletzung des Schädels und der Einbau einer Metallplatte in seinen Kopf als Legenden herausgestellt.[16] Diese sind dennoch keine banalen Lügen, sondern belegen, dass Beuys sich mit Verletzungen als physische Einschreibungen in den Körper auseinandergesetzt hat. Um das zu unterstreichen sprach er sich sogar ein Verwundetenabzeichen zu, dessen Verleihung nicht belegt werden konnte.[17] Weil physische Einschreibungen der Kriegsteilnahme bei Beuys nicht offensichtlich waren, setzte er sie durch mündliche Bemerkungen in die Welt, die dem Hut eine zusätzliche magische Bedeutung zuwiesen. Gleichwohl stehen die Legenden symbolisch für die äußerlich nicht sichtbaren Verletzungen und können als sprachlich in die Welt gesetzte Artefakte betrachtet werden, die einen Ansatz darstellen, Traumata anschaulich zu machen und Beuys' Glaubwürdigkeit in der Öffentlichkeit zu erhöhen.

Ehemann mit Anglerweste

Kleidungsstücke heben die Bekanntheit von Künstlern hervor und stellen so etwas wie ein Markenzeichen dar. So standen der Hut und die Anglerweste für Beuys und konterkarierten die Wirkung der seine Generation prägenden Uniformen. So wie nach dem Krieg Uniformen auseinandergeschnitten wurden, um aus dem Stoff zivile Kleidungsstücke zu nähen, dienten neue Kleidungsstücke mit veränderten Applikationen dazu, Veränderungen der inneren Verfasstheit und damit auch einen Aufbruch zu signalisieren. Neben Beuys' Jeans setzte die Anglerweste ein solches Signal.[18] Sie ist wie die Uniform ein funktionales Kleidungsstück, doch dient sie nach der Überwindung des Daseins als Sammler und Jäger heute eher der Freizeitbeschäftigung. Dergestalt dient dieser Westentyp seit den 1990ern Rentnern und Pensionären, die ca. 10-20 Jahre später als Beuys zur Welt kamen, als beliebtes Kleidungsstück. Diese in der Nazizeit Geborenen gehörten der Generation an, die Beuys über die Medien in den 1960er und 70er Jahren erreicht hatte und die kontrovers über seine Kunst disku-

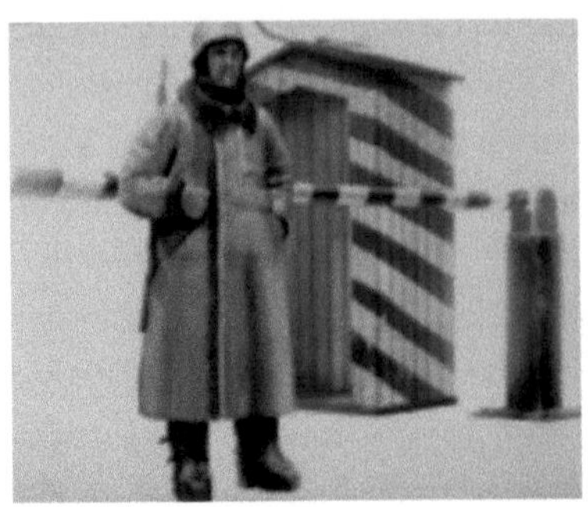

1 Winteruniform für die Wachen der Luftwaffe. Quelle: Werbung für Modellbausätze

tiert hatten. So demonstriert die Anglerwestenmode auch die Nachwirkungen der Medienpräsenz des Künstlers und bezeugt darüber hinaus auch die Befreiung vom Zwang, eine Uniform oder Büro- und Arbeitsanzüge tragen zu müssen. Hervorzuheben ist, dass es Eva Beuys in traditioneller ehelicher Arbeitsteilung war, die ihren Mann Joseph dazu brachte, seine Vorliebe für einen dunklen Filzanzug mit weißem Hemd und dunkler Krawatte aufzugeben. Er legte damit ähnlich wie Rentner die Kleidungsstücke ab, die die Erfüllung einer beruflichen Pflicht oder die Unterwerfung unter eine abhängige Arbeit signalisierten.[19] In diesem Sinne stellt die Kleidung ein wichtiges öffentliches Signal für die Befreiung von jeder Gängelung dar, zu der auch berufliche Bindungen gehören; denn die Selbstbestimmung stellte für Beuys ein hohes, sein Streben als Künstler überstrahlendes, Ziel dar.

Bedeutend ist, dass der abgelegte Filzanzug in ein Kunstprodukt verwandelt wurde, bei dem die Tragbarkeit, hinsichtlich der Materialqualität, der Größe und des Schnitts, unwichtig geworden war. Die Hülle wurde aus dem Alltag abgeleitet nicht bloß zu einem Kunstwerk umgearbeitet, sondern abstrahiert und als Objekt komplett neu hergestellt. Der Filzanzug ist also kein Ready-Made, sondern ein zum Symbol der abhängigen Arbeit gewordenes Artefakt. Somit liegt in den Anzügen eine viel eindeutigere, stärkere und zudem populärere Botschaft als in den fetischisierenden Aufschichtungen von Filz, die allein aus Gründen der Überbietung anderer Installationskünstler für internationale Ausstellungen geschaffen worden sind und für die Beuys entsprechend gefeiert wurde. Diese Installationen überdecken in der kunstgeschichtlichen Wahrnehmung die anfänglichen sozialen Botschaften seiner Künstlerexistenz und verbiegen den Pop-Künstler Beuys in die Richtung eines Großkünstlers. Auch ist der Filz, mit dem Beuys als Soldat in Kontakt kam, nicht der Filz, der ihn bei den Nomaden nach seinem Absturz vor Erfrierungen schützte, sondern der unangenehm kratzige, gleichwohl wärmende Stoff, aus dem militärische Winteruniformen hergestellt wurden. Besonders bei Wachdiensten und in ungeheizten Flugzeugen steckten die Luftwaffensoldaten um nicht zu erfrieren in unförmigen Filzuniformen, die jedes Pathos von Fliegern in schicken Lederjacken durchkreuzen. Besonders spricht die Plumpheit der Winteruniform der Wachsoldaten der Luftwaffe für sich, und die noch 1984 erfolgte Verwendung der dazugehörigen Filzstiefel in der Installation mit dem vielsagenden Namen „Gefrierfleischtruhe" (1984) weist darauf hin, dass die Erfahrungen mit diesen den Körper zu einer lebenden Plastik machenden, steifen und kratzigen Uniformen Beuys durch sein ganzes künstlerisches Leben begleitet, wenn nicht verfolgt haben.[20]

Die Wachuniform ist, vom Standpunkt der plastischen Kunst aus gesehen, auch insofern interessant, als der Wachsoldat, der speziell durch die Winteruniform an Volumen zunimmt, in der Ausbildung der Proportionen, wie sie die klassische Kunst vorgibt, beeinträchtigt ist. Das Prinzip der Volumenvergrößerung, das seit den 1930ern in der öffentlichen Skulptur und beim Bau von Denkmälern angewandt wurde, ficht außerdem die ästhetischen Ideale des Klassizismus an und leitet über zu Künstlern wie Botero, die in den 1970ern die Plastik in groteske Dimensionen treiben oder Erwin Wurm, der seit den 1990ern die Volumina von lebenden Körpern durch zunehmende Kleidungsschichten aufblähte.

Anthropologisch gesehen, wirkt der Wachsoldat in Winteruniform aufgeblasen, so dass er größer wirkt als er ist, was im Krieg der Maschinen allerdings überhaupt keine Rolle mehr spielt. Die Filzkleidung steht eigentlich an der Grenze zwischen dem Mittelalter mit gerüsteten Kriegern und der Moderne mit dem Ideal des schlanken Kriegers, wie ihn die SS in den von Hugo Boss gestalteten Uniformen verkörperte. Mit Volumina und Uniformen aus verschiedenen Stoffen spielend, stellte sich Beuys, aus den Beobachtungen und Erfahrungen als Soldat schöpfend und mit seinen Erfahrungen als Flieger und Künstler, zwischen die verschiedenen Schönheitsideale und hintertrieb die Verführungskraft einer faschistischen Ästhetik des Krieges. Als ein Nachhall dieser Vergrößerung von Kleidungsstücken, welche die Machtdemonstration von Uniformen und Ausrüstung desavouiert, ist die Installation „L.A.P.D. Uniform" aus zwölf 210 cm hohen Polizeiuniformen des Los Angeles Police Departments (L.A.P.D. Die Abkürzung gab der Installation den Titel.) einschließlich der dazugehörigen Mützen, Schlagstöcke und Pistolen, die Chris Burden 1993 anfertigen ließ, zu betrachten, denn sie beglaubigen die Umdeutung von Uniformen aus künstlerischer Sicht.

Körper in Diagonale, Vertikale und Horizontale

In der Aktion „und in uns ... unter uns ... landunter" 1965 spielte er sowohl mit der Funktion eines Sockels als auch mit Schuhen, die ein Bild der Verletzung evozieren. Es war häufig zu beobachten, dass er Schuhe mit besonders dicken Sohlen und langen Schäften getragen hat, die an Militärstiefel wie auch an orthopädische Schuhe erinnern. Indem er seine Füße in solchen Plateau-Schuhen auf eine keilförmige Variante eines Sockels aus Fett stellte und sich auf einem Hocker sitzend nach hinten streckte, brachte er das statische Element in eine Schräglage, die eine Diagonale erzeugte, die wie der doppelt gestielte Spaten auch an Wegkrümmungen oder Abzweigungen sowie einem Keil, der etwas Ganzes und Ganzheitliches spaltete auseinandersetzte.

Der Wache stehende Soldat ist dagegen ein Beispiel für die Vertikale und fügt sich in die Bauplastik ein. Er steht möglichst be-

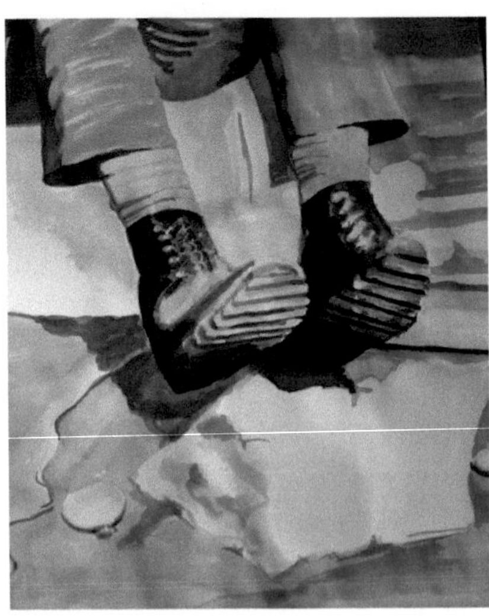

2 J. Beuys: „und in uns ... unter uns ... landunter", Aktion, Wuppertal 5. Juni 1965, Illustration des Autors nach einem Ausschnitt aus dem Foto von Klophaus

wegungslos aufrecht, wie eine Säule, wodurch die überdimensionierten Stiefel die Funktion eines Sockels bekommen.

Vertikale und Horizontale sind Parameter der Architektur und der auf Sockeln fußenden Bildhauerei, die für Beuys auch eine der Grundlagen für den Umwandlungsprozess seiner Kunst gewesen ist. So sind die gegossenen Eisenelemente der Installation „Straßenbahnhaltestelle" im Deutschen Pavillon der Biennale in Venedig 1976 zunächst aufrecht und später im Guggenheim Museum in New York 1979 horizontal eingerichtet worden. Was hier für Objekte gilt, bestimmte in seinem aktionistischen Werk häufig die Position seines Körpers zum Vektor der Gravitation. In diesem Zusammenhang sticht hervor, dass er große Teile seiner Aktionen auf dem Boden liegend oder hockend durchführte, also die Nähe zur Erdoberfläche suchte. In dieser horizontalen Position, die Unterwerfung evoziert, aber auch Hierarchien unterläuft, verhielt er sich achtsam gegen den Erdkreis, ohne sich dabei als Person zurückzunehmen; denn als Lehrer war er es gewohnt im Mittelpunkt zu stehen, und ihm wurde, auch wenn er Kontroversen auslöste – abgesehen von dem Faustschlag 1964 in Aachen – generell Respekt und Achtung von den Anwesenden entgegengebracht. Wenn es Beuys aber darum ging, einen Führungsanspruch zu behaupten oder sich mit Leitfiguren auseinanderzusetzen, wusste er sehr wohl die Vertikale als Geste von Eroberern einzusetzen.

Die Geste des Eroberers

Kurz nach dem Rauswurf aus der Akademie ruderte ihn am 20.10.1973 sein Freund Anatol in einem von ihm gefertigten Einbaum von Oberkassel aus über den Rhein an das rechtsrheinische Altstadtufer. Das Publikum sah das Bild einer Überfahrt, die hier einen künstlerischen Anspruch behauptete und gleichzeitig Bilder kriegerischer Eroberungen implizierte. Im kollektiven Gedächtnis der Deutschen stehen Hitler, Kaiser und Könige sowie ihre Generäle ganz oben auf der Skala der Mächtigen, die sich in Fahrzeugen wie dem offenen Kübelwagen feiern ließen, wenn sie aufrecht stehend durch eine Spalier stehende Masse chauffiert wurden. Anders als den preußischen Eroberungszügen gegen die westrheinischen Nachbarn fuhren Anatol und Beuys entgegengesetzt nach Osten und behaupteten den politischen Anspruch von Beuys als eine Alternative zu den Angriffen auf Frankreich.

Eingehüllt in eine Decke gab Beuys der Rheinquerung Richtung Osten aber auch einen mythischen Akzent, der sowohl auf die Reise ins Land der Toten wie auch auf den Aufbruch in eine neue Zukunft oder in ein gelobtes Land verweist. Schließlich wurde auf eines der bedeutendsten Bilder angespielt, das mit der Kunsthochschule und der Düsseldorfer Malerschule in Verbindung steht. In der Zeit nach der Gründung der Hochschule entstanden, wies es als Historienbild weit über die aktuellen Ereignisse hinaus. Vergleicht man das berühmte Gemälde, auf dem

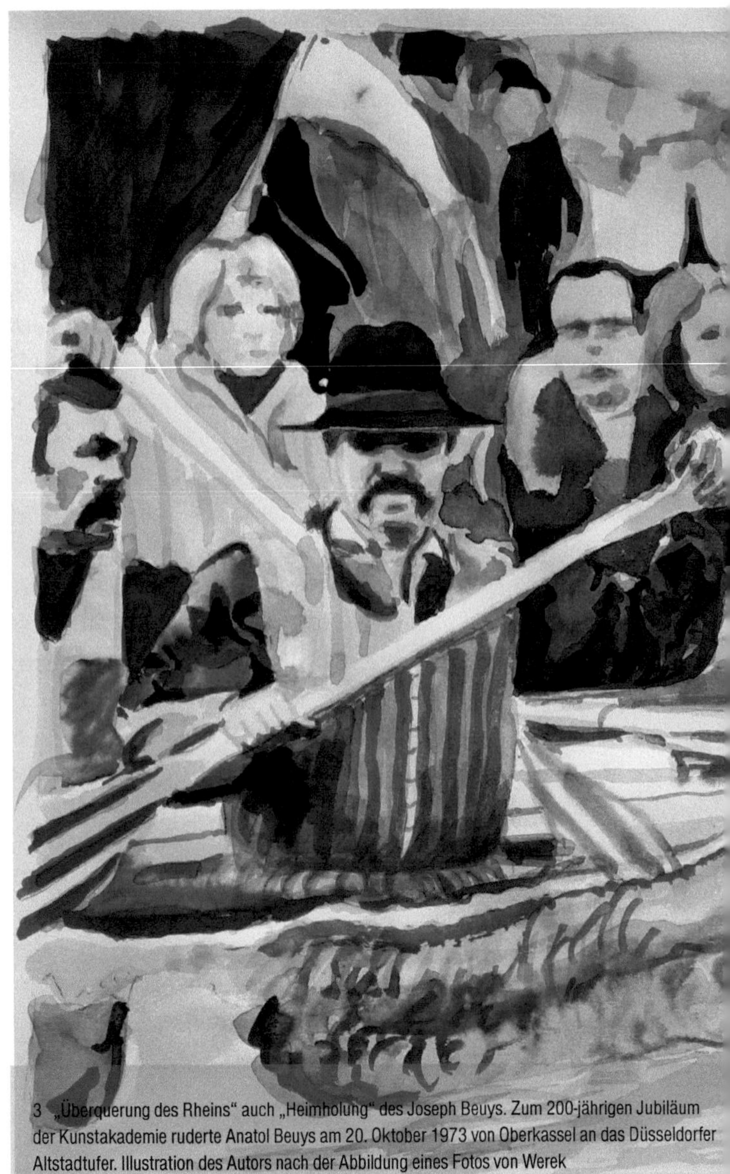

3 „Überquerung des Rheins“ auch „Heimholung“ des Joseph Beuys. Zum 200-jährigen Jubiläum der Kunstakademie ruderte Anatol Beuys am 20. Oktober 1973 von Oberkassel an das Düsseldorfer Altstadtufer. Illustration des Autors nach der Abbildung eines Fotos von Werek

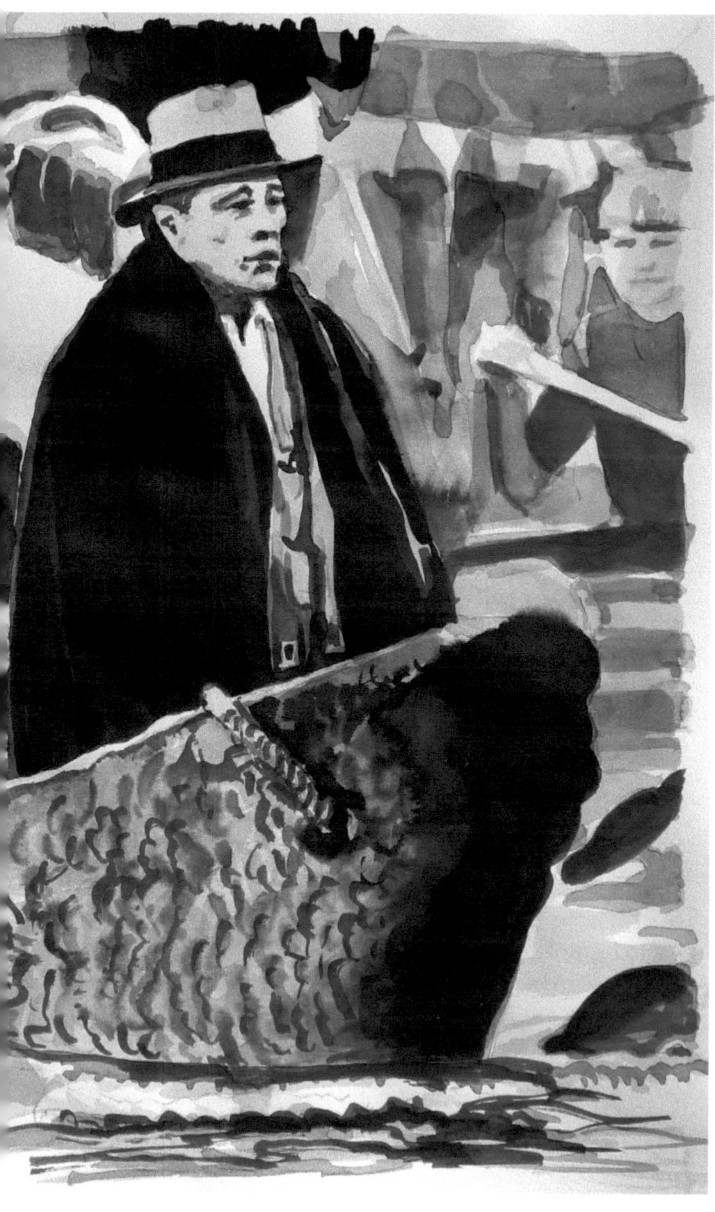

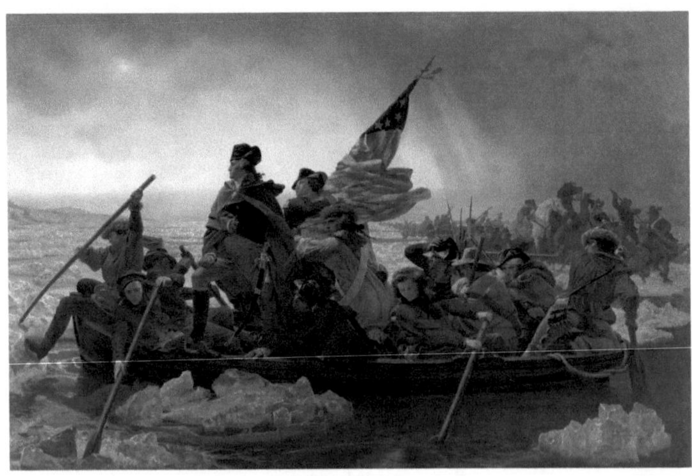

4 Emanuel Gottlieb Leutze: Washington Crossing the Delaware, 1851

der deutsch-amerikanische Maler Emanuel Leutze 1851 George Washington bei der Querung des Delaware in der Nacht vom 25. auf den 26. Dez. 1776 abbildete, stellen sich Parallelen zur Rheinquerung von Anatol und Beuys ein. Washington gelang es, die hessischen Einheiten in Trenton (N. J.) zu schlagen, womit ein entscheidender Schritt hin zur Unabhängigkeit der USA. getan war.[21] Auf diese Entscheidungsschlacht spielten Anatol und Beuys angesichts der Tatsache an, dass Beuys nun unabhängig von der Akademie geworden war und sich neu zu erfinden hatte. Tatsächlich begannen Beuys' Aktivitäten in den USA schon kurz vor seiner Kündigung. Am 10. Juni 1972 eröffnete eine Ausstellung in der Harcus-Krakow Gallery in Boston, zu der er nicht persönlich anreiste, weil er in dieser Zeit in Neapel war. 1973 folgte eine Ausstellung in der Ronald Feldman Gallery in New York, und 1974 schließlich organisierte René Block die berühmte Aktion „I like America and America likes Me".

Beuys setzte mit der Fahrt im Einbaum dem politisch motivierten Rausschmiss aus der Akademie eine Aktion entgegen, die dem langen Atem eines aus der Geschichte und der Anthropologie kommenden Denkens entsprang, und zugleich dem aktuellen Geschehen einen daraus abgeleiteten in die Zukunft weisenden künstlerischen Entwurf entgegensetzte. Seinem Lebenswerk, von dem, wie wir heute wissen, noch wesentliche Teile geschaffen werden mussten, gab er an diesem Wendepunkt seinem Lebens eine neue Richtung, denn ihm war klar, dass man ihm mit der Entlassung aus der Akademie seine wirtschaftliche Grundlage entzogen hatte.

Wer ist Chef ?

Schon bei seinen ersten Aktionen hatte sich Beuys nicht gescheut, die Konturen seiner Position an Konkurrenten und an widrigen Umständen zu schärfen und darin auch die Frage nach Führung und Autorität einzuschließen. Wie die Geschichte zeigt, wusste er die Umstände zu nutzen, um seinen Anspruch als Leitfigur zu unterstreichen, der sich im Titel seiner ersten Aktion im Ausland „Der Chef" manifestierte. Sie wurde am 30. August 1964 im dänischen Charlottenborg anlässlich der Maj-udstillingen in den Billedhuggersalen nach einem Skript aufgeführt, das er schon im Juli des Jahres in Aachen bei dem Koordinator Tomas Schmit eingereicht hatte.

Während aus Kopenhagen wenig überliefert ist, wurde die Aktion *Der Chef – The Chief (fluxus-gesang berlin-new york / new york-berlin)* in der Berliner Galerie René Block am 1. Dez. 1964 dokumentiert und publiziert.

Beim Betreten der Ausstellungsräume in der Berliner Frobenstraße 18 hätte man annehmen können, vor einer Installation zu stehen, denn man sah eine etwa diagonal im Raum liegende, zusammengerollte, graue, 225 cm breite Filzdecke, deren offene Enden von je einem Kaninchenbalg flankiert wurden. Aus einer Seite führten Drähte nach außen. Auf dem Boden lagen ein Lautsprecher, Objekte aus Fett in Form von Streifen, Ecken und einem Kubus. An einer Längswand lehnte je ein Stab, der mit einer Filzrolle umwickelt war. Auch die Wände des Raums waren mit dort applizierten Haarbüscheln und Fingernägeln einbezogen. Unartikulierte Geräusche drangen aus der Rolle, in der der Künstler von 16-24 Uhr eingehüllt lag.[22] Beteiligte erinnerten sich an die Art der Laute, die Beuys ausstieß und die elektrisch verstärkt wurden. Wolf Vostell hatte Atmen, Aufatmen, Röcheln, Husten, Seufzen, Nörgeln, Zischen und Pfeiftöne vernommen.[23] Hans van der Grinten teilte mit, es seien „sehr amorphe und befremdliche Töne gewesen, sie hatten wenig Menschliches, es war Keuchen, Räuspern, Hüsteln, durch Mikrofon sehr verschärft und verhärtet, keine sprachlichen Laute".[24] Henning Christiansen berichtete, dass in der Kopenhagener Version „ein Grunzen, Vorläufer von ö ö von Beuys zu hören"[25] war. Beuys selbst hatte zu diesen Tierlauten im Gespräch mit Caroline Tisdall gesagt: „Der am häufigsten wiederkehrende Laut kam tief aus der Kehle und war heiser wie der Ruf des Hirsches: ö ö."[26] „Die Laute, die ich von mir gebe, sind bewußt von Tieren bezogen. Ich sehe darin die Möglichkeit, mit anderen Formen von Existenz in Verbindung zu kommen, jenseits der menschlichen."[27]

Autismus und Telepathie

Die Existenzweise, die Beuys in dieser Aktion verkörperte, war die einer extrem einsamen Person am Rande des Autismus, die wenige Materialien zur Verfügung hat und deshalb Produkte des eigenen Körpers, wie Haare oder Fingernägel, verwendet, um Objekte herzustellen. Allerdings ging es auch darum, etwas Unsichtbares zu äußern sowie es mit sparsamsten Mitteln wahrnehmbar und dadurch verhandelbar zu machen. Trotz der Knappheit der Mittel bezeugt der Untertitel die große Reichweite „Berlin - New York / New York – Berlin“. Beuys hatte nämlich zuvor mit Robert Morris ausgemacht, dieser solle zeitgleich eine parallele Aktion in New York durchführen. Beuys hatte auf die Verbindlichkeit der Absprache mit Morris gesetzt, den er anlässlich seines Aufenthalts am 24. Oktober in Düsseldorf getroffen hatte. Obwohl Morris, wie später ermittelt wurde, die Vereinbarung ignoriert hatte, lag im Vertrauen auf die Parallelität ein magisches Moment, das deshalb nicht vorher bestätigt und nachher verifiziert werden musste. Dies hatte, wie die ganze Aktion, mit der Inszenierung einer extremen Verlassenheit zu tun, die dazu führt, dass Menschen sich eine Gesellschaft von Personen imaginieren und vom Einfluss auf sie überzeugt sind, und ihre Einsamkeit mit Tieren – und seien es tote – erträglich machen.

Dieser Aspekt wird gerade dadurch bestätigt, dass Beuys als Bordfunker die Möglichkeiten der Telekommunikation geläufig waren. Da er sie nicht einsetzte, fällt die Beschwörung der telepathischen und schamanischen Möglichkeiten besonders ins Gewicht. In Berlin spielte die Telepathie auch lokal insofern eine beträchtliche Rolle, als Beuys zwar anwesend, aber nicht sichtbar war. Somit wurde sein umfassendes Verständnis von Kommunikation zum Thema, das gerade auf die technischen Möglichkeiten verzichtet, um die imaginären und telepathischen Möglichkeiten als Mittel der Kontaktaufnahme zwischen Menschen, zwischen Mensch und Tier, ja sogar zwischen Menschen und Dingen auszuloten. Da die Aktion aber nicht pathologisch zu sehen ist, schlagen ihre magischen Momente in den Wunsch der Machtausübung über Kollegen um. Obwohl in „Der Chef“ schon die „Selbstbestimmung" als ein Grundmotiv von Beuys zu erkennen ist, schwingt doch unverkennbar die Machtausübung als Kompensation der von ihm erfahrenen Machtlosigkeit als Mannschaftsdienstgrad und als Professor im Angestelltenverhältnis auf Zeit als ein starkes Motiv mit, zumal er zu diesem Zeitpunkt die Überlegenheit seiner weltgewandten amerikanischen Kollegen Morris und Maciunas unmittelbar erfahren hatte.

Beuys und Maciunas

Einflussreicher als die Begegnung mit Morris war offensichtlich das Zusammentreffen mit dem großen Beweger und wendigen Organisator von FLUXUS, George Maciunas, der zudem als gewiefter Kommunikator auftrat und mit den damaligen postalischen Möglichkeiten die entstehende Organisation FLUXUS erfolgreich ausbaute und zusammenhielt. Maciunas Arbeitsweise hatte Beuys bei den Vorbereitungen zum Fluxusfestival an der Kunstakademie in Düsseldorf, wo er sein Ansprechpartner war, erleben können. Wie dieser Festivals in ganz Europa initiierte und dabei gleichzeitig extrem haushälterisch vorging, muss Beuys beeindruckt haben. Als Begründung dafür, nicht schon freitags nach Düsseldorf kommen zu können, führte Maciunas an, nicht auf sein damaliges Tegesgehalt von 80 DM verzichten zu wollen.[28]

Trotz des maßgeblichen Impulses, den Beuys von Maciunas empfing, muss ihm spätestens nach den Auseinandersetzungen in Kopenhagen (1964), wo er und Vostell von den Fluxusleuten scharf angegriffen worden waren[29], klar geworden sein, dass FLUXUS anderen Regeln folgte, als sie sich in seinen Aktionen abzuzeichnen begannen. Insofern ist die Aktion „Der Chef" wohl auch eine Weichenstellung für eine Zukunft ohne Maciunas. Obwohl Beuys das Label ohne die Autorisierung durch Maciunas eine Zeit lang benutzte, setze er sich vom Regime des Amerikaners ab. Dass er die Aktion „Der Chef" ausgerechnet in der Horizontale, also in einer Geste der Unterwerfung durchführte, ist beachtenswert, obwohl er durch die Filzhülle unsichtbar blieb. Diese Geste ist also auch so zu verstehen, dass Beuys die Arbeit Maciunas' durchaus anerkannte und achtete, weil sie ihm einen Weg aus dem rheinisch-katholischen Kunstmilieu gewiesen hat, doch zeigt seine Position im Raum, in dem er wie eine Kompassnadel liegt, auch an, dass er seine künstlerische Richtung selbst zu bestimmen trachtete.

Die Anmaßung des Präkariers

Das Verhältnis zu Fluxus erklärt Beuys selbst: „... ich suchte einen Schlußstrich unter diese Bewegung zu ziehen, was auch später wahrgenommen wurde, als ich mich nur äußerlich, organisatorisch, nicht aber inhaltlich mit den Neodadaisten, den Fluxusleuten, die meist unter dem Dadabegriff arbeiteten, verband und gleichzeitig meinen eigenen Fluxusbegriff, unabhängig von Dada und Neodada, entwickelt habe."[30] Allerdings ist es irreführend, dass Adriani dieses Zitat wiederholt in die Jahre 1955-57 rückt, als es Fluxus noch gar nicht gab[31]. Da das Zitat zwingend die Erfahrungen des Fluxusfestivals in Düsseldorf von 1963 voraussetzt, ist eine Absicht Adrianis zu vermuten, zumal weitere Äußerungen von Beuys zu Fluxus aus dem Jahr 1964 in der Chronologie auf 1962 vorverlegt worden sind.[32] Besonders krass ist die von Adriani dem Jahr 1962 zugeordnete Liste des „Fluxus-Komitee(s)", die Beuys am 3.11.1964 an Vostell geschickt hat. Hier setzt sich Beuys mit „Ich – Vorsitzender" an die Spitze der Bewegung und vergisst sogar den Adressaten Vostell mitaufzuzählen.[33] Aus der Sicht von Maciunas war Beuys lediglich als Gastgeber und Co-Organisator der Veranstaltung in Düsseldorf und nicht einmal als Performer vorgesehen. Er stand daher weder auf der Liste im Brief von Maciunas[34], noch ist sein Name auf dem Plakat abgedruckt. Folglich war Beuys schon gar nicht Vorsitzender, wie er es sich in dem Brief an Vostell anmaßte.

Auf der offiziellen Mitgliederliste „FLUX-MEMBERS“ taucht der Name Beuys dagegen überhaupt nicht, in der Newsletterliste jedoch erstmals im Verteiler des Rundbriefs Nr. 2 vom 12. Juli 1962[35] und später nur sporadisch auf. So verzeichnet der Verteiler von 1974, der dem Newsletter vom April 1975 vorangestellt ist, Beuys zusammen mit Heiner Friedrich.[36] Auf einer undatierten Liste ist Beuys mit „2“ indexiert, was ihn nach der Legende den „postflux, flux allies, associates“ zuordnet.[37]

Insofern ist Auswahl und zeitliche Einordnung der Zitate, die Adriani vorgenommen hat, die Absicht zu unterstellen, die Leistung von Maciunas zugunsten der von Beuys schmälern zu wollen. Die Manipulationen gehen sogar so weit, dass für 1963, das Jahr des Festivals in Düsseldorf, ein Foto mit dem schäbigen alten Hut, den Beuys damals trug, vermieden wird. Auf dem Foto an dieser Stelle trägt er einen eleganteren Hut, den er jedoch erst seit 1969 trug.[38] Mit diesem Hut wirkt er souveräner und gesetzter, während er 1963 auf dem Gebiet der Aktionskunst erst am Anfang stand und als 42-jähriger Professor vor Aufregung schwitzend und fahrig agierend noch keine wirkliche Attraktion war.

Angesichts der damals noch vorhandenen Unsicherheit bei den ersten Begegnungen mit der gut organisierten Gruppe der Fluxusleute, die in die Düsseldorfer Akademie einfielen, ist es verständlich, dass Beuys sich an die Akademie klammerte, die ihm in dieser Zeit wegen der befristeten Lehraufträge zwar nur eine bedingte finanzielle Absicherung bot, ihn aber mit einem Professorentitel ausstattete. Auch trug die prekäre Lage, in die er sich beim Betreten dieses neuen Feldes begeben hatte, dazu bei, dass er zunächst einmal gegen die Fluxusleute und allen voran Maciunas polemisierte, der sich offen gegen das Berufskünstlertum stellte. Mit diesen Herausforderungen ringend überraschte

Beuys 1964 in einem Brief an Vostell als Verteidiger akademischer Traditionen als Hort der Kultur: „Im großen und ganzen kann man sagen, daß Fluxus gegen seriöse Kunst oder Kultur und ihre Institutionen opponiert, gegen den Europäismus. Auch gegen den Kunstprofessionalismus, gegen Kunst als kommerzieller Artikel oder Weg zum Lebensunterhalt. Auch gegen jede Form der Kunst, die das Künstler-Ego fördert. Fluxus neigt also dazu, Oper und Theater (Kaprow, Stockhausen etc.), die die Institutionalisierung der seriösen Kunst repräsentieren, abzulehnen, und ist stattdessen für Vaudeville oder Zirkus, die mehr die populäre Kunst oder gar nicht-künstlerisches Amüsement repräsentieren (und von »kultivierten« Intellektuellen schief angesehen werden)."[39]

Die Lektüre dieses Briefs gibt eine Vorstellung davon, was Beuys nach seinen ersten Aktionen im Jahr zuvor (1963) auf Fluxusfestivals durch den Kopf gegangen sein musste. Nach seiner Teilnahme an der documenta 3 war er einerseits ein bildender Künstler, der an der Schwelle der internationalen Anerkennung stand, doch konnte durch seine Teilnahme an Fluxusveranstaltungen dieses junge Pflänzchen schon wieder gefährdet werden. Wohl deshalb erwog er, was die Intellektuellen – also die Kritiker –, die er als „kultiviert" apostrophierte, wohl davon halten würden. (Man muss sich darüber im Klaren sein, dass in dieser Zeit in Deutschland noch kritisch über den Surrealismus diskutiert wurde.[40]) Also antizipierte Beuys, was sie ihm vorwerfen konnten, nämlich einem Zirkus zu folgen und sich am Schaustellertheater zu beteiligen. Diese Sorgen beschäftigen ihn, als er sich an Vostell wandte, der mit diesem Thema robuster umgehen konnte, da er die „De-Collage" – sein Begriff für Happenings – schon als junger Künstler für sich entdeckt hatte und darin seine künstlerische Perspektive sah.

Die Haltung, die durch solche Äußerungen bezeugt wurde, dürfte Beuys zwar die Sympathien mancher Museumsleute gesichert haben, doch verrieten die Argumente, die Beuys gegen Fluxus in der Prägung von Maciunas anführte, auch seinen Kindheitstraum, den er 1938 als Ausreißer von zuhause beim Zirkus verwirklichte.

Obwohl Beuys durch seine Aktivitäten einen großen Teil der Professorenkollegen und der politischen Führung des Landes NRW vor den Kopf gestoßen hatte, wird nun mit dem paradoxen Argument, die Akademie sei Bewahrerin der Kultur, gegen die Antikunst der Kollegen gestichelt, die mit dem Fluxuskonzert in der Akademie für frischen Wind gesorgt hatten, hatten. Der Gefahr mit solchen Veranstaltungen identifiziert zu werden, beugte Beuys durch lavierende Statements vor, die seine Verunsicherung zu erkennen gaben. Angesichts der komplexen Situation und seinem Ringen beruht der Vorwurf von Ammann, Beuys hätte FLUXUS als Trittbrettfahrer[41] benutzt, zwar auf Fakten, doch bleibt er zu allgemein, während die Bemerkungen von Thomas Kellein[42] einen Schwachpunkt berühren, den es zu erhellen gilt.

Für Beuys musste es schwer erträglich gewesen sein, dass mit Maciunas ein Außenstehender an „seiner" Hochschule ein Festival vorbereitet hatte und ihn dafür einspannte, Gerätschaften bereitzustellen. Für deutsche Verhältnisse gingen von ihm zwiespältige Signale aus. Wissenschaftlich ausgebildet, passte er ganz und gar nicht in das in Deutschland durch akademische Ausbildung vorherrschende Bild vom Künstler. Und zu allem Überfluss preschte mit ihm auch noch ein bei den amerikanischen Besatzungstruppen in Wiesbaden arbeitender Angestellter vor, der allen gängigen Erfahrungen mit Kunst im Nachkriegsdeutschland über den Haufen warf. Das musste gerade einen Beuys, für den anscheinend zu dieser Zeit nur die Akademie als Betätigungsfeld infrage kam, provoziert haben; denn er stellte im Zuge der Begegnung mit FLUXUS seine ganze künstlerische Basis, die in der plastischen Kunst und in der Bildhauerei lag, in Frage. Die Erschütterungen, die den 42-jährigen Beuys damals getroffen haben müssen, stellten seine Auffassungen von Kunst in einer Situation tiefgreifend in Frage, in der sich eine Mehrzahl seiner Professorenkollegen im bürgerlichen Leben der Bundesrepublik bequem eingerichtet hatten. Diese Umstände sind bisher aus dem Bewusstsein der Forschung gefallen. Adriani deutete sie zwar an, bestritt aber den Einfluss von Fluxus, ja er hielt die „Anpassung an eine zeitbestimmende Kunstrichtung und ihre Vertreter" im Hinblick auf Beuys sogar für unwahrscheinlich, denn er schrieb die Umorientierung seines Werks allein der Initiative des Düsseldorfer Künstlers zu. Er meinte, dass Beuys' „engagierte Teilnahme an verschiedenen Fluxusfestivals (...) vielmehr auf einer immerwährenden Bereitschaft, völlig andere Mittel für sich zu entdecken, sobald bisher Realisiertes als abgeschlossen erkannt wird"[43], beruhen würde. Was aber soll dieses „immerwährend" sein? Ist es eine biologische Konstante, ist es der Ewigkeitsanspruch von Kunst, das Eurasische Etwas oder wurde das Beharren auf Selbstbestimmung, die Beuys als Maxime für sich erkannte, sogleich zu einem Dogma?

Der Brunftschrei des Führers...

Tatsächlich schoben sich immer wieder religiöse und pseudoreligiöse Momente ins Bild, wenn sich Beuys behaupten musste. War es die Dauer der Aktion „Der Chef" und das orphische Abtauchen in die Welt der Tiere, wurden später auch die darin abgerufenen Bedeutungen von Natur und Tierwelt auf die Möbel übertragen, die in seinem Büro „Direkte Demokratie" während der documenta 5 im Fridericianum in Kassel verwendet worden waren. Diese werden mit dem Titel „öö" versehen, worin der Brunftschrei von Hirschen aus der Performance „Der Chef“ nachhallt. Nun da das Immaterielle einer Performance zum Gegenstand geworden war, bekräftigte die Installation dieser Möbel unter Anrufung der Totemtiere seine Führungsposition abermals, und es wird außerdem unterstrichen, dass Beuys hiermit die sozialen und politischen Beziehungen aus der Natur ableitete.[44] Auf das Naturrecht bezogen begründet Beuys seine Position im Konkurrenzkampf unter den Künstlern mit darwinistischen Mustern. Die biologistische Ideologie war wie ein innerliches Kostüm, ein Relikt aus der Nazizeit an ihm hängen geblieben, und er benutzte sie im Wettstreit mit anderen Künstlern, um seinen Anspruch, eine öffentliche Leitfigur zu sein, zu untermauern. Sie entspricht in etwa auch der „immerwährenden Bereitschaft“ zur Veränderung, die Adriani glaubt, in Beuys erkennen zu können, ohne sich darüber im Klaren zu sein, dass hier auch die militärische Metapher des „allzeit bereiten“ Kriegers mitschwingt, der immer noch die Amerikaner und damit die Künstlerkollegen wie Kaprow, Maciunas und die Fluxusleute als Eindringlinge – wahrscheinlich in die Eurasische Welt – vor sich sieht und vertreiben möchte. Doch ist das nur *ein* Impuls, während ein anderer genau entgegengesetzt war und ihn neugierig auf Amerika und die amerikanische Kunst gemacht hat.

... und die Domestizierung des Kampfbereiten

Die Spannungen zwischen aufbrausender Kampfbereitschaft und stiller Einkehr sind ein Wesenszug seines Temperaments. Da letztere häufig in den intensivsten Momenten seiner Aktionen öffentlich sichtbar war, erinnern nur wenige die überbordende Aggressivität, zu der Beuys fähig war, wenn er angegriffen wurde.[45] Den Umgang mit Adrenalin lebt er öffentlich durch sein Interesse an Boxkämpfen aus, was ihn auch dazu brachte, während der d5 gegen David Abraham Christian anzutreten. Der Kampf in der Installation von Ben Vautier sorgte für Aufsehen, denn dieses sportlich verkleidete aggressive Verhalten stand im Gegensatz zu den sonstigen Bemühungen ein Künstlerbild zu inszenieren, das ihn gerne auch als Familienvater zeigte. Generell erscheint er so als ein zivilisierter Künstler. Dieses Auftreten freilich, mit dem er in der Zeit des Umwandlungsprozesses der Bundesrepublik wichtige symbolische Impulse für die Umgestaltung des geistigen und politischen Erbes der Nazizeit gab, ist wahrscheinlich zu einem erheblichen Teil Eva Beuys zu verdanken, die möglicherweise nicht nur im Hinblick auf das Ersetzen der Filzanzüge durch Jeans und Anglerweste in Erscheinung getreten ist (s.o.), sondern als Co-Autorin am Image ihre Mannes gearbeitet hat, wofür sie bisher nicht in Betracht gezogen wurde. Auch wenn hier eine konventionelle eheliche Aufgabenverteilung zu beobachten ist, ist dieses Moment der zivilisatorischen Mäßigung, das den aufschäumenden Hirschführer mit der Zeit befähigte, die Auseinandersetzung auf der akademischen Ebene der Kunst auszutragen, als ein Schritt zur kulturellen Deeskalation zu bewerten, mit der in der Bundesrepublik versucht wurde, das Image der Kämpfer und Haudegen, die in der Politik durch Franz-Josef Strauss oder Herbert Wehner repräsentiert worden waren, zu mäßigen. Der Beitrag von Beuys lag allerdings nicht in den Gewaltausbrüchen, die gelegentlich zum Vorschein kamen, sondern im neuen Gewand, das die Militäruniformen und das Bild männlicher Autorität konterkarierte.

Das Auslebens von zu viel Adrenalin und die damit einhergehende Mäßigung bestimmt die Dynamik von Schach-Boxen. Diese Sportart wurde von einem post-dadaistischen Künstler, dem niederländischen Künstler Iepe Rubingh, in Berlin erfunden, der 2003 die World Chess Boxing Organisation (WCBO) gründete. Die Verbindung zur Kunst, die in der Person ihres Gründers gegeben ist, stellt ein Antriebsmoment von Performancekunst dar. Sie reagiert in diesem Fall auf die physischen Reaktionen des menschlichen Organismus unter Stress und zeigt zugleich auf, wie durch Training die im Moment der Herausforderung oder Traumatisierung abgerissene Verbindung zum kontrollierten, also folgerichtigen Denken wieder hergestellt werden kann.

Eine Ikone entsteht

Der Ausflug in das Schachboxen als aktuelle Variante der Performancekunst ist bezüglich der Karriere von Beuys als Aktionskünstler von Bedeutung. Sie begann, wenn man so will mit einem Faustschlag. Ein Foto, das bei der Aktion „Kukei Eikope Nein" 1964 in Aachen entstand, zeigt den von einer Faust getroffenen Beuys mit blutender Nase – die Blutrinnsale ziehen sogar das Hitlerbärtchen nach – und einer wie zum Nazigruß erhobenen Hand. Da sie sich hier zusätzlich über eine Christusfigur am Kreuz wölbt, kann die Geste eben nicht nur allein als eine Erhebung nach Oben, sondern auch als eine Abschirmung gegen Oben verstanden werden. In Bezug auf die Christusfigur kann sie als theologisches Statement gelesen werden, durch das symbolisch Christus von Gott getrennt wird. Obwohl Beuys hier einen Moment lang priesterlich aufgetreten ist, muss klar gestellt werden, das Beuys zwar die Werte des Christentums für sich reklamiert hat, jedoch keiner Glaubensgemeinschaft angehörte.

Zusammenfassend lässt sich festhalten, dass Beuys mit pseudoreligiösen Gesten, mit Versatzstücken religiöser Verehrung und auf traditioneller Ikonographie spielte und einem Habitus pflegte, der die Selbstinszenierung der Politstars der Nazidiktatur aufgriff. Es ist eine Kunstauffassung, die sich auch auf den Politiker-Künstler Adolf Hitler bezieht, der mithilfe seines Beraters Albert Speer baulich und inszenatorisch Versatzstücke der Kunstgeschichte zur medialen und inszenatorischen Selbstdarstellung optimiert hatte.

Diese künstlerisch ambitionierte und in Teilen moderne Seite der Propaganda und des Bauens ist innerhalb der Geistesgeschichte der Bundesrepublik lange Zeit erfolgreich ausgeblendet worden, obwohl sie eine der Grundlagen für die Wirkung der Nazipropaganda war, die sich in den Köpfen der Deutschen eingebrannt hatte. Die Kunst der Nazis war nicht nur in traditionellen Bahnen verlaufen und nicht ausschließlich mit den Mitteln der klassischen Kunstgattungen realisiert worden. Die Architektur betreffend zeigten sich auch Beispiele, die wie das Kunstmuseum in Düsseldorf der Moderne verpflichtet waren. Ähnliches gilt besonders auch für die mediale Präsenz im Rundfunk und für Filme, sowie im Bereich der Aufführungskünste, die durch Rhetorik und Choreographien für Masseninszenierungen ausgebeutet wurden. Hier wurden besonders von Albert Speer und Leni Riefenstahl die Mittel der Performancekunst benutzt und weiter entwickelt, was zeigt, dass die 1930er und 40er Jahre kein blinder Fleck in der Geschichte der Aktionskunst sind. Bei den Olympischen Spielen in Berlin choreographierte Mary Wigman die Totenklage zur Eröffnung das Festspiel „Olympische Jugend" http://de.wikipedia.org/wiki/Mary_Wigman (04.02.2015) Diese Olympiade ging zudem mit der ersten TV-Live-Übertragung eines Sportereignisses in 28 „Fernsehstuben" in Berlin in die Mediengeschichte ein. http://www.bpb.de/gesellschaft/medien/143118/uebertragung-der-olympiade-1936 (04.02.2015)

Eine wesentliche Figur der Propaganda war die besonders populäre Vorbeifahrt von Machthabern im offenen Cabriolet, welche den Lebenden den Anschein von Plastiken auf einem fahrbaren Sockel gab.[46] In Bezug auf und im Bewusstsein über diese Inszenierungen war Beuys in Deutschland nach der Nazidiktatur die erste öffentliche Person, die nicht nur mit einer unverwechselbaren Kleidung, sondern auch körpersprachlich, habituell und rhetorisch Elemente dieser Propaganda aufgegriffen hat und ihr in der Umkehrung und Variation etwas entgegensetzte, was in den Massenmedien und beim Publikum auf Resonanz stieß und implizit ein Umdenken darstellte, bzw. andere Modalitäten des Verhaltens mustergültig vorführte.

Soziale Plastik als Auflösung des „Volkskörpers"

Die tabuisierten und verdrängten Bilder, mit denen die Nazis die Köpfe der Menschen besetzt hatten, konnten so überformt werden, ohne dass Beuys *Lebende Bilder* im aufklärerischen Sinn einsetzte oder wiederbeleben konnte. Diese fanden auch nicht unbedingt in verschiedenen der Kunst zugewandten politischen Organisationen und Milieus statt, die sich ihrerseits im Zuge der Studentenproteste wandelten. Dem auf äußerliche Formen und Rituale bezogenen Ansatz entspricht auch die „soziale Plastik", die einen Gegenpol zum politischen Geschehen auf einer kulturellen Ebene initiierte. Es handelt sich in der Vorstellung nicht mehr um monumentale Skulptur oder Sprachen der Architektur, sondern um Bilder und Vorstellungen von Veränderungen, die prozessual in allen Bereichen der Kultur, der Arbeitswelt, Kunst und des Sozialen stattfinden sollten. Diese Prozesse fanden sozusagen in einem sozialen Feld statt und waren in die bis dahin eher im wirtschaftlichen Denken befangenen politischen Diskussionen eingelagert. Diese hatte neben dem wachsenden Wohlstand auch eine Zunahme der zur Verfügung stehenden freien Zeit zur Voraussetzung, die auch durch eine zunehmende Mediennutzung ausgefüllt wurde, welche zugleich diese Bilder und Ideen verbreitete.

Beuys hatte intuitiv künstlerische und performative Elemente der Nazipropaganda aufgenommen, denn sie waren Teil seiner Geschichte. Nachdem er als Hitlerjunge 1938 am Sternmarsch nach Nürnberg teilgenommen hatte, begegnete er diesen verinnerlichten Bildern als Künstler mit eigenen einprägsamen Verkörperungen und Installationen sowie mit dem Begriff der *sozialen Plastik*, wobei er die Züge der Nazipropaganda verwischte[47] und die Rede vom „Volkskörper" umdeutete. In Aktionen, Kleidungsstücken und Installationen fanden die in den Köpfen seiner Generation eingebrannten Bilder Widerhall, doch wurden sie durch ihren ephemeren Charakter, ihre Instabilität und Immaterialität aufgelöst, modifiziert, durch Interpretationen und Äußerungen umgedeutet und von den Medien verbreitet und in neue Zusammenhänge gestellt. Dieser Vorstellung von Wandelbarkeit bewirkte auch, dass sich Beuys von FLUXUS angezogen fühlte, doch blieben, soziale Experimente betreffend, die Fluxuskünstler um Maciunas unter sich.

Die Aktionen und politischen Aktivitäten wirkten dagegen in das öffentliche Leben hinein, indem sich darin internalisierte Nazipropaganda spiegelte und transformierte. Auf diese Weise erlösten sie die kollektive Phantasie von belastenden Erinnerungen, die sich oft durchaus mit Scham vermischt in den Köpfen der Menschen festgesetzt hatten. Auf diese Weise boten sich Möglichkeiten, an die Zwangsvorstellungen und das Verdrängte heranzukommen, entlastend zu wirken und andere Muster zu praktizieren.

In dieser Hinsicht kann Beuys heute als ein Vorläufer von Ai Wei Wei gesehen werden, der mit Aktionen und Mitteln der plastischen Künste sowie Installationen innerhalb der kommunistischen Wirtschaftsdiktatur in China arbeitet. Indem er Gegenstände aus der Zeit vor der Revolution aufgreift und mit den Insignien des wirtschaftlichen Aufschwungs hybridisiert, bringen seine Kunstinstallationen sie als Bilder und als Lebensgefühl in das öffentliche Bewusstsein zurück. Im besten Fall umgeht er die politischen und kuratorischen Kontrollinstanzen, wenn er die Köpfe der Menschen in mediatisierter Form unmittelbar erreicht.

Beuys gelang es, ausgehend von seiner seelischen Krise, mit Unterstützung seiner Weggefährten und Freunde in den Folgejahren seine Kriegstraumata sowie die Zweifel an der Zivilisation aufzuarbeiten. Das hat er durchaus als eine Leidensstrecke aufgefasst, die er nach christlichem Muster symbolisiert durch Hirtenstab und Kreuz stellvertretend für viele auf sich genommen und zurückgelegt hat. Für das Gelingen dieses Projekts spricht schon allein das überwältigende Interesse, das seinem Werk und seiner Person seit Mitte der 1960er Jahre entgegengebracht wurde, und die aufgewühlten emotionalen Reaktionen. Auch wenn sie oft gegen ihn gerichtet waren, belegen selbst die Angriffe, dass er die durch den Krieg traumatisierten und demoralisierten Mitmenschen so nachhaltig berührt hat wie kein anderer Künstler.[48]

Bemerkenswert ist auch, dass die künstlerischen Versuche der Überwindung der Vorgaben aus der Nazizeit die Kritiker nicht daran gehindert haben, Beuys entgegen der offiziellen Stellenbezeichnung „Professur für Bildhauerei" immer wieder eine „Professur für Monumentalbildhauerei"[49] anzuhängen, ohne sich mit den Umständen auseinanderzusetzen. Wahrscheinlich ist es das Image einer gewaltigen Größe, das weiterhin faszinierte und bis heute als unterschwellige Bewunderung in den Köpfen weiter wirkt. So waren zwar die Voraussetzungen erkannt, um die Kontinuität des Nazierbes an den Hochschulen anzuprangern, doch bleibt auch ein Stück der gelungenen Einschüchterung weiter wirksam. Ja sie wird verwendet, um Beuys als Teil dieses Erbes unterschwellig auf- oder abzuwerten. Wegen solcher stillschweigender Anknüpfungsversuche an die Naziglorie, könnte man von ihrer untergründigen Weiterwirkung und einer Sehnsucht nach Macht und Größe sprechen. Das Verdienst von Beuys bleibt aber, dass er diese nicht verdrängte, sondern sie annahm und nach seinen Möglichkeiten in vielfältiger Weise umarbeitete.

Peter Weibel hat erst jüngst auf die Notwendigkeit des Umschreibens von Kunstgeschichte hingewiesen[50], die natürlich mit jedem Paradigmenwechsel aktuell wird und, wie Beuys gezeigt hat, gerade in der Nachkriegszeit von elementarer Bedeutung war, weil die Nazis ihrerseits über 10 Jahre Kunstgeschichte umgeschrieben und durch ihre Massaker mehrere Jahrzehnte Kunstgeschichte in Deutschland ausgelöscht oder geographisch verschoben haben.

Der Begriff der *sozialen Plastik* knüpft daran an und distanziert sich zugleich durch seine Immaterialität von den monströsen Körpern der Monumentalbildhauerei, die in der Fortführung des Klassizismus entstanden. Hier sei noch einmal an den Filzanzug als Parodie der Verdickungen der Konturen des nackten Körpers erinnert. Die durch Beuys geschaffenen Verdickungen des monumentalisierten Körpers haben jedoch den Vorteil, dass sie jederzeit abgestreift werden können.

1964 – Beuys macht Furore

Initiationen

Habitus und Körpersprache von Joseph Beuys verraten eine lebenslange Auseinandersetzung mit seiner Prägung als Soldat. Als solcher war er als Kämpfer initiiert worden, dessen Verhalten an ihm klebte wie eine zweite Haut.[1] Da er sie nach dem Krieg nicht einfach abstreifen konnte, war er gezwungen, sie auf initiatorische Weise zu verändern; denn der durch Initiation erreichte Status ist weder einfach abzuschütteln noch rückgängig zu machen. Er kann regredieren, weiterentwickelt werden oder in einen anderen Zustand verwandelt werden.[2]

Da sie dem Leben sehr nahe kommen, sind Beuys' Aktionen nicht bloß symbolisch, sondern auch faktisch und ein Bestandteil seiner persönlichen Auseinandersetzung. Ihre unverwechselbare Ausstrahlung erhalten sie durch den Wahrheitsgehalt, der durch physische Präsenz herbeigeführt worden ist, in deren teils unkontrollierten Äußerungen[3] das gelebte Leben weiterwirkt, das Beuys' Aktionen seit 1964 wie ein Grundrauschen begleitete. Den in den Aktionen enthaltenen schamanischen Gehalt hat Thomas McEvilley vielleicht treffender beschrieben als andere[4]. Während eine Initiation normalerweise durch eine von der Gesellschaft sanktionierte Person durchgeführt wird, die einen Adepten in einen gesellschaftlichen Status einführt, wie das heute während der Ausbildung etwa durch Prüfungen oder im Beruf durch Beförderungen geschieht, handelte Beuys als Solist, der durch die als Zeugen anwesenden Zuschauer getragen wurde. Zusätzlich hat er wie andere Künstler auch einen Teil seiner Qualifikationen im Zuge seiner Begegnungen mit Kollegen wie den Fluxuskünstlern Nam June Paik, George Maciunas und anderen Personen im sozialen und beruflichen Umfeld erweitert. Sie haben ihm nicht nur den Einstieg in die Aktionskunst ermöglicht, sondern auch seinen Umgang mit den in die Aktionen eingebrachten Gegenständen verändert. Diese sind nicht länger Material, das künstlerisch geformt wurde, sondern die Objekte gingen in ihrer vorgefundenen Gestalt und Funktion in die Assemblagen ein. Die Intervention des Künstlers richtete sich sogar darauf, sie mit Patina und Gebrauchsspuren möglichst unversehrt zu erhalten, wobei er sie zugleich so manipulierte, dass sie im Sinne von Kinderspielzeug für ihn lebendige, also gleichsam beseelte Begleiter seiner Aktionen wurden.[5]

Die Mühen der Zerstörung und der teilweise entstellenden, von John Cage und Nam June Paik angeregten Präparierungen von Klavieren erlaubten ihm, die künstlerischen Fesseln, die ihm die nachmittäglichen Klavierstunden anlegt hatten, zu überwinden und einen eigenen Zugang zur Aufführungspraxis zu finden. Auch hierin liegt ein initiatorisches Moment, das ein anderes Verständnis von künstlerischer Aufführung zum Vorschein kommen ließ. Die Umwälzung des üblichen und gesellschaftlich sanktionierten Verhaltens erklärt die in den 1960er Jahren erlangte Unabhängigkeit seiner Kunstausübung, die Beuys in einen permanenten Konflikt besonders auch mit der Beamtenhierarchie getrieben hatte, und die auch weiterhin während seines Engagements bei den Grünen mitschwang, bis sie letztlich auch seine Karriere als Politiker unmöglich machte. Die Weigerung des Ministeriums, ihn in den Beamtenstatus zu erheben, spricht dafür, dass der von Beuys ausgetragene Konflikt zwischen den archaischen und avantgardistischen Mustern der Kunstpraxis auch den Erwartungen widersprachen, die in einen staatlich alimentierten Künstler gesetzt wurden. Seine Qualifikationen als schamanisch initiierter Krieger und Künstler standen außerhalb der gesellschaftlichen und akademischen Gepflogenheiten.

„Kukei, akopee-Nein! Braunkreuz, Fettecken, Modellfettecken“

Die Aktion "Kukei, akopee-Nein! Braunkreuz, Fettecken, Modellfettecken“ fand im Rahmen des „Festivals der neuen Kunst“ am 20. Juli 1964 in der Aula der Rheinisch-Westfälischen Technischen Hochschule (RWTH) in Aachen statt. Der lange, umständliche und dadaistisch klingende Titel ist aus einem Kindersatz des Beuys-Sohnes Wenzel zusammengebaut: „Kukei“ bedeutet Hühnerei, „akopee“ einkaufen und „Nein!“, ist die Verneinung des Kindes, das nicht mitgehen will, um Eier einzukaufen.[6] Die drei Substantive bezeichnen künstlerische Elemente aus dem Werk von Beuys. Aus dem Video http://www.youtube.com/watch?v=tG-FNrhIoOE[7] sowie den Fotos, Zeitungsberichten, Interviews und anderen persönlichen Auskünften, die Uwe M. Schneede zusammengetragen hat, lässt sich ein aus verschiedenen Aktivitäten zusammengesetzter Auftritt von Beuys auf der Bühne des Auditorium Maximum der Rheinisch-Westfälischen Technischen Hochschule (RWTH) Aachen rekonstruieren. Die monographische Darstellung von Schneede hat allerdings den Nachteil, dass sie die Aktion von Beuys zu stark in den Fokus rückt, während die parallelen oder sequenziellen Aktionen der anderen Künstler: Bazon Brock, Stanley Brouwn, Henning Christiansen, Robert Filliou, Arthur Køpcke, Wolf Vostell und Emmett Williams auf dem Video erkenn-, hör- und sichtbar dahinter zurücktreten. Das Video zeigt dagegen, dass die Aktion von Beuys im gesamten Kontext bis auf die spätere Eskalation eher am Rande stattfand.

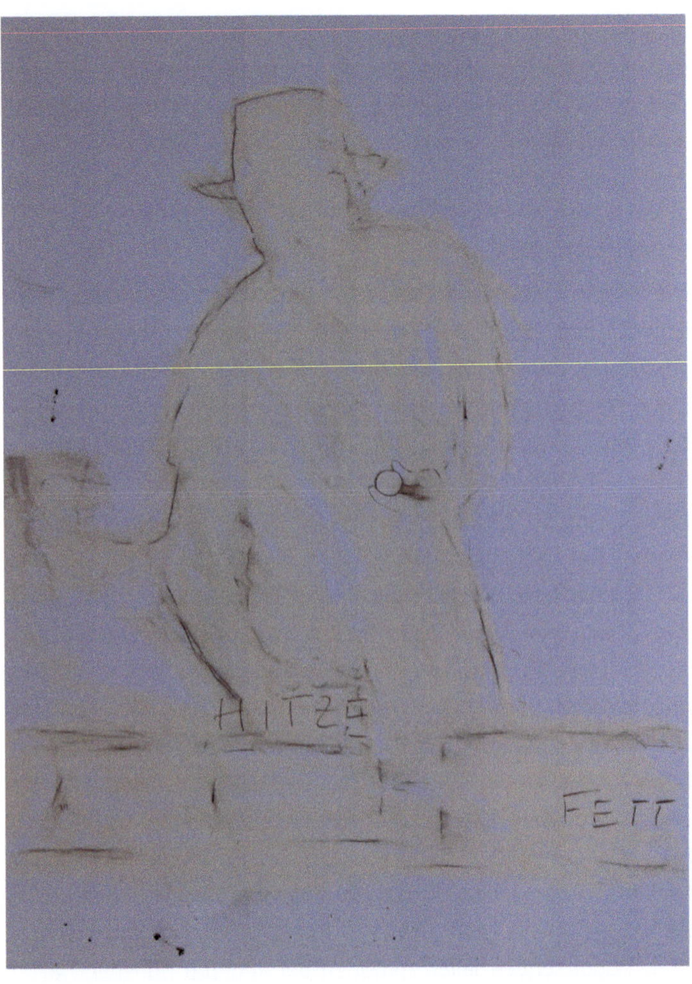

5 Beuys Aktion "Kukei, akopee-Nein! Braunkreuz, Fettecken, Modellfettecken“ im Rahmen des „Festivals der neuen Kunst“ am 20. Juli 1964 in der Aula der Rheinisch-Westfälischen Technischen Hochschule (RWTH) in Aachen. Illustration des Autors nach einem Foto von Peter Thomann

Die Materialien Für Beuys standen bereit: eine Doppelkochplatte, eine Zinkblechkiste, ein Kanister mit Schwefelsäure, ein Klavier, Kleiderkartons, die als Blende einer Lampe eingesetzt wurden, um dem Schatten eines Strauß' Rosen auf ein A1-Blatt zu projizieren, ein Kartenspiel und Fett. Diese Gegenstände waren in der vom Zuschauerraum aus gesehen linken Bühnenecke konzentriert. Schon das neben der Doppelkochplatte stehende Radio mit darauf liegenden Schweineknochen gehörte zur parallel laufenden Aktion von Vostell, die allein 2/3 der Bühne beanspruchte. Ein Blick auf die Totale der Simultanereignisse, wie sie das Video zeigt, relativiert die Position von Beuys. Der Film zeigt, dass es ihm Unbehagen bereitete, so dass er einmal, ohne dass ein Erfordernis der Aktion erkennbar wäre, vor der Bühne in die Mitte des Saales vorpreschte, als ob er die Kameraleute auf seine Aktion aufmerksam machen wollte.

Die Aktion Die Aktion hatte sich in das gleichzeitig laufende Programm einzufügen. Der Anteil von Beuys bestand zunächst aus dem Präparieren des Klaviers mit Waschpulver, Abfällen und Laub, wobei neben den genannten Materialien auch ein Bohrer zum Einsatz kam, mit dem Beuys, auf dem Klavierhocker sitzend, den Tastaturkasten perforierte. Er spielte sodann ein Stück von einem Notenblatt, das zuvor auf seiner rechten Seite bemalt worden war. Nach einzelnen Einlagen z.B. mit Spielkarten wurde Fett in einer rechteckigen Dose aus Zinkblech auf der bereitgestellten Kochplatte geschmolzen. Als ein Student behauptete, von der in einem Kunststoffkanister aufbewahrten Säure bespritzt worden zu sein, kam es zum Streit, bei dem dieser Beuys ins Gesicht schlug. Er folgte dem Schläger auf dem Weg aus dem Saal ein Stück weit, bis er ziemlich außer sich zurückkehrte. Die explosive Reaktion mochte nicht zuletzt auch eine Folge der Frustration darüber gewesen sein, dass Teile seiner eigenen Aktion in der

Kakophonie der Fluxusveranstaltung untergegangen waren. Um wieder zu sich zu kommen, griff Beuys nun auf der sich wegen des Tumults mit Zuschauern füllenden Bühne in einen seiner mit Gegenständen gefüllten Kartons und hob mit blutender Nase eine Assemblage von Objekten wie eine Monstranz hoch. Diese Assoziation stellte sich unmittelbar ein, weil darauf, leicht identifizierbar, ein christliches Kreuz montiert war.

Gedenktage, oder: Was sind 20 Jahre für einen Pop-Star?

Die Veranstaltung in Aachen fiel zusammen mit dem auch in der Hochschule veranstalteten Gedenken zum 20. Jahrestag des Sprengstoffanschlags, den Graf von Stauffenberg in der Festung „Wolfsschanze" an Hitler verübt hatte. Bei der ersten Niederschrift dieses Textabschnitts am 5. April 2014 sendeten die Radio-Feuilletons „Polly" und andere Songs von Curt Cobain zur Erinnerung an seinen Tod vor 20 Jahren. Dieses Erinnerungsritual gab mir ein Gefühl für 20 Jahre, auch wenn Zeit situations- und altersbedingt verschieden abläuft. Mit der Musik Cobains im Ohr, die ohne den lebenden Musiker verfügbar ist, hätte ich jedenfalls eine Wette auf seinen Todestag verloren. So näherte ich mich 2014 einer Zeitspanne von 20 Jahren. Doch war 1964 ein anderes Jahr[8]. Es war das Jahr, in dem der Sprengstoffanschlag auf Hitler auf der Zeitachse kalendarisch gleich weit entfernt lag wie der Selbstmord von Cobain 50 Jahre später. Dieses Konstrukt reicht dennoch nur bedingt, um mir vorzustellen, was es für viele Deutsche bedeutete, am 20. Juli 1964 des 20. Jahrestags der Tat von Stauffenberg zu gedenken. Es ist nicht ausgeschlossen, dass 1964 die Erinnerung an den Zweiten Weltkrieg bei vielen Menschen so gegenwärtig war wie heute für manche die Musik von Cobain, und Stauffenberg hatte für einige die Strahlkraft eines Pop-Stars. Er sah gut aus, wie übrigens viele Gefallene, Ermordete und Vermisste, deren Fotos womöglich in den Wohnungen von Familien hingen und von Freunden und Freundinnen wehmütig und trauernd betrachtet worden sind. Der Gedenktag 1964 konnte also auch ein Anlass gewesen sein, über die Schicksale der eigenen Angehörigen nachzudenken. Diesem konkreten Schmerz gegenüber muss das Gedenken an die Tat Stauffenbergs eher abstrakt gewesen sein, denn der Anschlag in Rastenburg hatte den Krieg nicht stoppen können. In der Baracke, in die die Besprechung kurzfristig verlegt worden war, hatte die für eine Explosion in einem Bunker ausgelegte Bombe den Tyrannen nicht umbringen können. Somit bleiben Zweifel, ob das Attentat wirklich für viele Deutsche ein Grund herzlichen Gedenkens war. Es steht zu vermuten, dass der Gedenktag ein Akt von besonderer politischer Bedeutung war und dazu diente, einen Helden vorzuweisen, von dem die Botschaft ausging, dass nicht alle Angehörigen der Eliten in Deutschland an der Seite Hitlers standen. Als es noch nicht so schlecht um das Deutsche Reich stand, wurden Attentäter ja allgemein grundsätzlich verurteilt und moralisch abgekanzelt. Des hingerichteten Georg Elsers, der schon am 8. November 1939 im Münchner Bürgerbräukeller einen Anschlag auf Hitler geplant hatte, wird erst seit 1997 in Königsbronn (Baden-Württemberg) gedacht[9]. Bis dahin wollten die Eliten in Deutschland dem Handwerker nicht die Ehre des versuchten Tyrannenmordes zuerkennen. Sie zogen stattdessen mit von Stauffenberg eine Figur vor, an der auch Konservative ihre kritische Haltung gegenüber Hitler exemplifizieren konnten, obwohl für diese erst nach der Wende im Krieg 1944 die Bedenken gegen den Diktator mächtig genug wurden.

Am 20. Juli 1964 fand jedenfalls in der Aula der RWTH in Aachen das „Festival der neuen Kunst“ statt. Ob die Parallelität mit dem staatlichen Gedenken „ein glorioser Zufall“ war oder nicht, bleibt offen.[10] Doch wertete dieses Datum die Bedeutung dieses Kunst

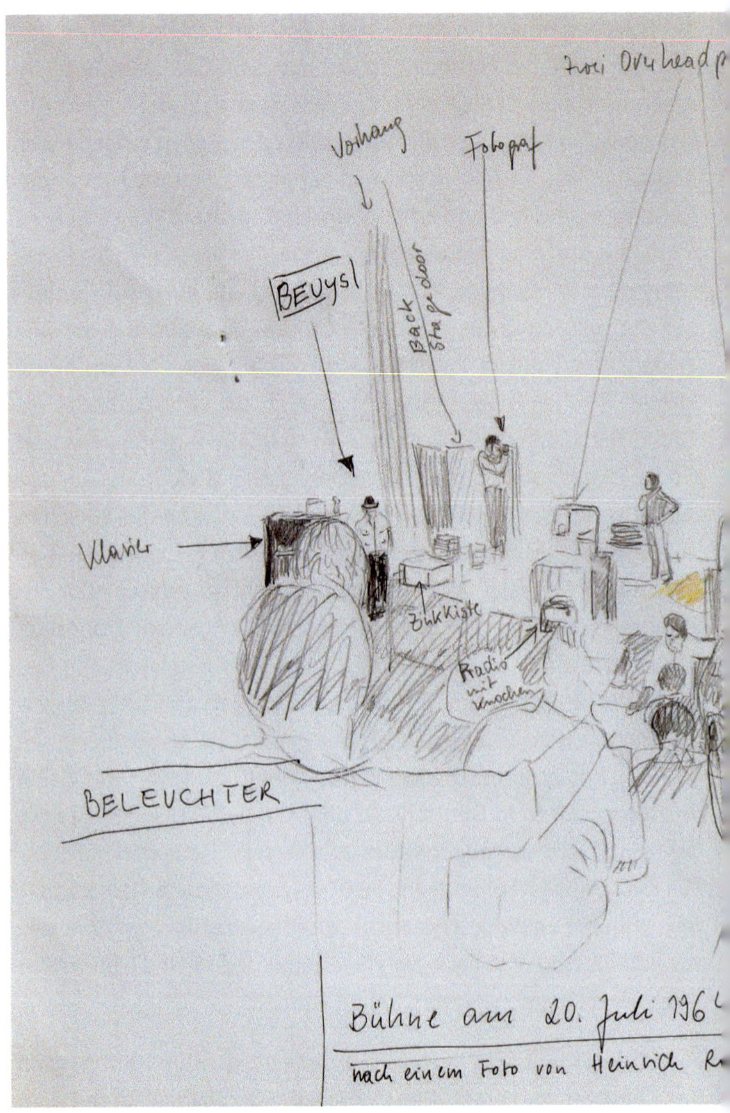

6 Skizze der Bühne aus der Zuschauerperspektive vom Autor nach einem Foto von Heinrich Riebesehl, 1964, Blei- und Farbstift, 2014. Man erkennt, dass die Aktion von Beuys in einem relativ kleinen Bereich am linken Bildrand stattfand

VOSTELL
8 Akteure von Vostell
Tontechniker mit Mikro(?)
Fotograf
Tonband
Tontechniker
Pult
RWTH Aachen

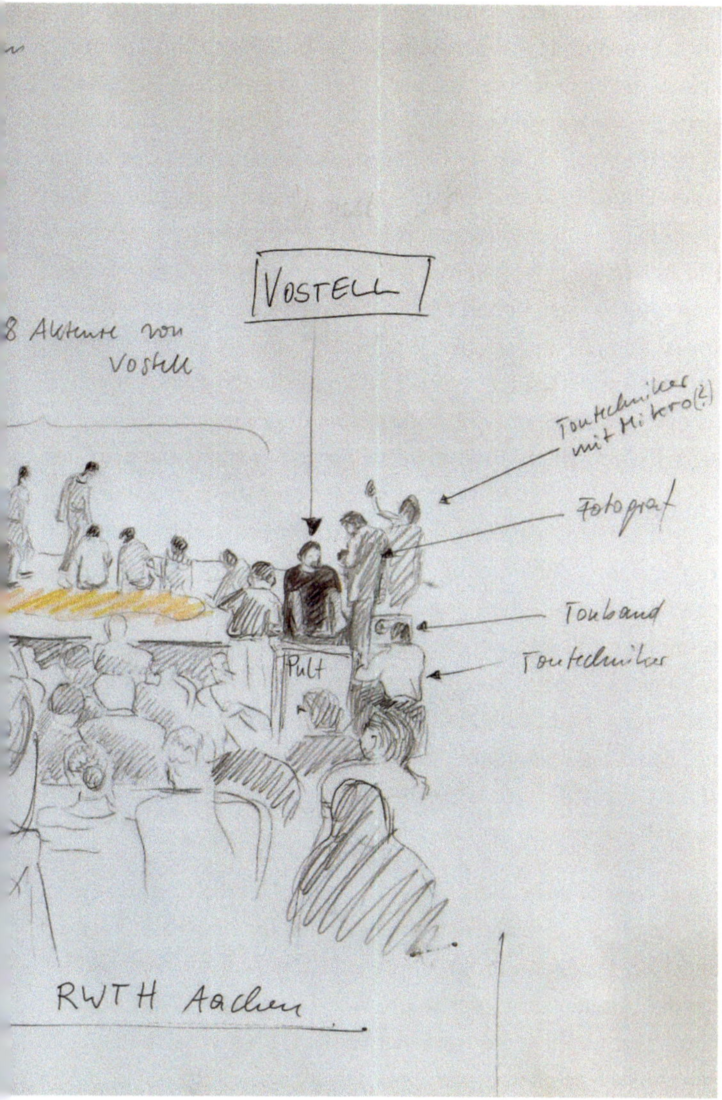

ereignisses auf, und es erlangte, wie sich zeigen sollte, tatsächlich höchste politische Aufmerksamkeit. Offensichtlich antizipierte der Rektor der Hochschule das, und „Seine Magnifizenz", wie Beuys Prof. Dr. Volker Aschoff im Interview bezeichnete[11], nicht ohne ironisch auf die durch den Krieg gewachsene Macht der technischen Eliten abzuheben[12], hatte anscheinend Erkundigungen über die beteiligten Künstler eingezogen. Das Programm verzeichnete Eric Andersen, Joseph Beuys, Bazon Brock, Stanley Brouwn, Henning Christiansen, Robert Filliou, Ludwig Gosewitz, Arthur Køpke, Tomas Schmit, Ben Vautier, Wolf Vostell sowie Emmett Williams, und die Auskünfte, die Aschoff gefunden haben muss, ließen anscheinend aus seiner Sicht Ärger befürchten. Einige der Beteiligten waren schon zuvor an dem von George Maciunas organisierten FESTUM FLUXORUM FLUXUS an der Kunsthochschule in Düsseldorf beteiligt gewesen, so dass Aschoff beabsichtigte, die von ihm erteilte Genehmigung kurzfristig zurückzuziehen. Dagegen mussten sich die schon angereisten Künstler wehren, was Beuys zusammen mit dem redegewandten Bazon Brock dazu antrieb, den Rektor – sozusagen unter Kollegen – in letzter Sekunde umzustimmen. Nicht zuletzt dürfte auch das internationale Prestige, das Beuys als Teilnehmer der documenta 3, die am 27. Juni 1964 in Kassel eröffnet worden war, vorweisen konnte, ein Übriges getan haben.

Allein dieser Versuch, die Veranstaltung so kurzfristig abzusetzen, ließ schon die Gewitterwolken erkennen, die hinter den hier auf den Plan tretenden Protagonisten aufzogen. Einer der Künstler, die die „Neue Kunst" vertraten, war 43 Jahre alt, Weltkriegsveteran und an einer Kunstakademie als Professor für Bildhauerei angestellt. Nachdem er auf dem besagten vorjährigen Fluxusfest in Düsseldorf eine erste Aktion öffentlich gezeigt hatte und damit sozusagen an einem *Crashkurs* in Aktionskunst teilgenommen hatte, stand Beuys nun zum zweiten Mal vor einem großen Publikum. Nach der Aktion in Düsseldorf und angesichts der Situation, die er in Aachen vorgefunden hatte, musste es ihm gedämmert haben, dass die Zukunft des künstlerischen Schaffens nicht mehr nur im Herstellen von Kunstobjekten lag, sondern dass Aktionen eine viel größere gesellschaftliche Reichweite hatten. Mit wortgewaltigen Protagonisten wie Bazon Brock auf ein neues Gleis gestellt, konnten auch die festgefahrenen Rituale akademischer Debatten über Kunst gelockert werden.

Blut lecken

In Aachen bot sich Beuys nun eine gute Gelegenheit, sich als innovativer Künstler vor einem relativ großen Publikum zu erproben sowie die Möglichkeiten der Aktionskunst in einem heiklen politischen Umfeld zu testen. Wer jedoch eine Hochschule als gesicherten Ort für Experimente betrachtete, musste sich aber getäuscht sehen; denn aus dem Kommentar Helmut Rywelskis im *Neuen Rheinland* lässt sich Gegenteiliges entnehmen: „Dass der wissenschaftliche Nachwuchs für die Technik das Neue, nicht leicht, vielleicht auch gar nicht zu Verstehende nur mit Vernichtung und Zerstörung beantwortete, erinnert in fataler Weise an die Scheiterhaufen, die hierzulande vor nun 30 Jahren neuer Kunst bereitet wurden."[13] Die Haltung der Studenten spiegelte in etwa die Haltung vieler Angehöriger der technischen Eliten wider – allein an der RWTH in Aachen gab es nach 1945 zahlreiche Professoren und mehrere Rektoren, die Mitglieder der NSDAP gewesen waren und sich auf verschiedenen Wegen bis hin zum Wechsel der Identität wieder Zugang zu lukrativen Posten verschafft hatten.[14] In dieser traditionellen Hochschule, die seit 1880 gemäß dem Bedarf der Industrie Ingenieure ausbildete, die seit jeher an der Konstruktion von Waffen und dem Bau von Industrieanlagen zu deren Herstellung beteiligt waren, begab man sich sozusagen in die Höhle des Löwen. Das gilt es sich vor Augen zu führen, wenn man das Konfliktpotential verstehen möchte, das sich vor, während und nach den Happenings in der Aula der Hochschule in vielfältiger Weise entlud. Die an diesem Ort vorhandenen Widersprüche wurden nun durch das Datum 20. Juli, an dem sich der Sprengstoffanschlag gegen Hitler in der „Wolfsschanze", einer von Albert Speer entworfenen Bunkerfestung in Ostpreußen, zum 20. Mal jährte, zusätzlich zugespitzt. Daher fragte Wolf Vostell in der am 25. Juli 1964 aufgezeichneten Diskussion: „Warum führt das zu einem Skandal, wenn Menschen in Farbe fallen?" Er bezog sich dabei auf seine Aktion mit Darstellern, die auf Pfiff in auf der Bühne verteiltes Pigmentpulver fielen, und meinte, dass es viel größere Skandale gebe, über die sich niemand aufregen würde.

Man ahnt auch, unter welchen Spannungen die Hochschulen standen, an denen in den kommenden Jahren unter den Forderungen der kritischen Studenten die Unruhe wuchs. Doch sollten noch große Anstrengungen notwendig sein, bis eine Auseinandersetzung mit der Nazivergangenheit der Lehrer- und Elterngeneration erzwungen werden konnte. Um die Interpretationsmacht zu wahren, legte nicht nur die Leitung der RWTU Wert darauf, einem interessierten Publikum im In- und Ausland, darunter auch den Westmächten, vor Augen zu führen, dass sich trotz ideologischer Belastungen der politische und wirtschaftliche Neuanfang in der Bundesrepublik gut entwickelte. Deshalb legte man auf die Konstruktion einer Tradition des konservativen Widerstands gegen Hitler großen Wert. Valdis Abolin vertrat als Kulturreferent des ASTA dagegen die Auffassung, dass auch ein kultureller Neuanfang notwendig sei und zum Recht auf Widerstand gegen Tyrannen auch die Freiheit der Kunst und Meinungsäußerung gehören müsse. Deshalb hatte er zu diesem „Actions/Agit Pop (sic!)/De-collage/Happening/Event/Antiart/L'autrisme/

Art Total/Refluxus" geladen.[15] Mit diesem Untertitel des „Festivals der Neuen Kunst" ließ man alle damals kursierenden Synonyme der Aktionskunst auf die Interessenten los. Und wie stark die Resonanz auf diese Veranstaltung tatsächlich war, lässt sich auch daran ablesen, dass eifersüchtige Künstler aus verschiedenen Gegenden des Landes anreisten, um durch Zwischenrufe und Eierwürfe auf sich aufmerksam zu machen. So reagierte etwa Timm Ulrichs gekränkt, dass er mit ansehen musste, dass ein 20 Jahre älterer Künstlerkollege, der wendig genug war, die Zeichen der Zeit zu verstehen, nun plötzlich auf dem Feld der Aktionskunst auftauchte und ihm etwas vormachte. Ulrichs jedenfalls konnte sich schon während der Eröffnungsrede von Bazon Brock nicht mehr auf seinem Platz halten und war auf die Bühne gestiegen, wo er den während eines Teils seiner Rede auf dem Kopf balancierenden Redner einfach umwarf. Im Hinblick auf die kommende Eskalation kann diese Intervention nicht einfach ignoriert werden; denn hier wurde schon zwischen den Künstlern der Klamauk exemplifiziert, den man später allein den Zuschauern vorwarf.

Zwischen den Generationen Das Neue, das sich hier nun Bahn brach, war Teil einer Aufholjagd, die parallel auch das Establishment umtrieb, das auf der documenta in Kassel damit beschäftigt war, sich zu Gemüte zu führen, was es in der Nazizeit verpasst bzw. zerstört hatte. Zu gewaltig war die Aufgabe und zu geplündert waren die Bestände durch die Raub- und Vernichtungszüge der Nazis, um das Projekt schlagartig zu bewältigen. Auch machte sich bemerkbar, dass die rasanten Entwicklungen in der Kunst nicht auf die deutschen Aufholanstrengungen warteten, die zusätzlich daburch erschwert wurden, dass der Blick in die Zukunft durch die Fixierung auf die verpassten Entwicklungen verstellt war. Darüber hinaus mangelte es an aufgeschlossenen Köpfen; denn 19 Jahre nach Kriegsende war die potentielle Wissenschaftlergeneration, die eigentlich dazu bestimmt gewesen wäre, an den Schulen und Hochschulen zu lehren, emigriert, ermordet oder gefallen, so dass es den Eliten der Nazizeit vereinfacht worden war, sich gegenseitig auf lukrative Posten zu hieven. Beuys, der wie viele aus seiner durch den Krieg dezimierten Generation weder den Jungen, die nach dem Krieg endlich studieren konnten, noch den Älteren, die teils beide Weltkriege überstanden hatten und an den Universitäten lehrten, angehörte, stand zwischen diesen Generationen, die das Alte verkörperten und/oder sich in einer neuen Bundesrepublik etablierten. Im Studentenalter war Beuys Soldat. Nach dem Krieg, äußerlich nur leicht verletzt dem Gemetzel entkommen, und nach kurzer britischer Gefangenschaft hatte er endlich studieren können und war Professor geworden. Seine Situation zwischen den Generationen ließ sich daran ablesen, dass er trotz Teilnahme an der documenta 3 und 4 an der Kunsthochschule weiterhin im Angestelltenverhältnis gehalten wurde. Er blieb umstritten, weil er sich als bildender Künstler seit 1963 die Ansätze von FLUXUS aneignete, womit er nicht nur zwischen den beiden Lagern aus der Vor- und Nachkriegsgeneration stand, sondern sich auch durch seine Annäherung an eine aus Amerika inspirierte neo-dadaistische Richtung vom geltenden Kanon der Kunst[16] entfernt hatte.

Versteckspiele Innerhalb der gespaltenen Gesellschaft der Bundesrepublik lieferte damals nicht allein die Aktionskunst mit ihrer Verknüpfung von Kunst und Leben eine Möglichkeit, wie Beuys sie nutzte, um einen „Lebenslauf/Werklauf“[17] zu konstruieren, der durch fiktive Einschübe Brüche in eine Gesamtdarstellung integrierte.[18] Das Umschreiben von Biografien fand nach dem Zweiten Weltkrieg auch unter den Nazis Verbreitung, die sich in das öffentliche Leben reintegrieren wollten. Betroffene mussten sich auf ihre „Entnazifizierungsverfahren“ vorbereiten und nutzten zahlreiche Möglichkeiten, um als harmlose Mitläufer eingestuft zu werden. Lange nach 1964 wurde an der RWTH in Aachen ein besonders krasser Fall einer gefälschten Nachkriegsbiografie aufgedeckt. Die dortige Professur für Neue Deutsche Literatur war mit Hans Schneider, einem ehemaligen SS-Mann besetzt, der sich als Hans-Ernst Schwerte neu erfunden hatte. Nachdem er sich an den Universitäten in Hamburg und Erlangen eingeschrieben hatte, um mit der falschen Identität noch einmal zu promovieren, stieg er zum Ordinarius für neue Germanistik auf und fungierte 1970-1973 als Rektor der RWTH, wo er als linksliberal galt.[19]

Für die noch ungeklärte künstlerische Position, in der sich Beuys damals befand, war bezeichnend, dass er trotz seiner Erfahrungen beim Fluxusfestival im Vorjahr zunächst beabsichtigte, ein Stück zu bringen, in dem er passiv und unsichtbar auf der Bühne gelegen hätte. Entsprechendes bekam Tomas Schmit mitgeteilt, dem Beuys schrieb: „ich schlafe während des Ablaufs anderer Sachen (mehrere Stunden) auf der Bühne eingerollt in eine graue Filzdecke die mit 2 braunen Kreuzen markiert ist mit 2 Arten Kaninchen ...“[20]. Dieses Vorhaben ist insofern bemerkenswert, als er bei der Veranstaltung von seinem Plan abwich und das Versteckspiel aufgab. In den zwei Monaten zwischen Konzepteinreichung oder auch erst im Zuge der Verhandlungen über die auf der Kippe stehende Veranstaltung mit dem Rektor der RWTH Aschoff verzichtete Beuys darauf, sich in ein Objekt zu verwandeln. Wenn er vor dem Professorenkollegen nicht sein Gesicht verlieren wollte, musste er seinem Status und Alter gemäß in die vorderste Reihe treten und Flagge zeigen. Auf diese Weise erfuhr Beuys nicht nur seine Feuertaufe, sondern leckte im wahrsten Sinne des Wortes Blut, das ihm nach dem Faustschlag durch den aufgebrachten Studenten direkt aus der Nase in den Mund floss. Diese Situation brachte dank des Fotos von Heinrich Riebesehl ein Fotodokument hervor, das Beuys zu einer Ikone der Performance Art werden ließ. Es zeigt den Künstler mit seinem Kreuzobjekt in der Hand dank Adrenalin im Blut mit hoher Präsenz. Mit verklärtem Blick stellt er ein triumphierendes Opfer dar, das sich zwar äußerlich mit einem christlichen Symbol identifiziert, doch soeben durch die Ereignisse vollständig zu sich gekommen war.

Vom eingeschlossenen zum befreiten Aktionskünstler

Es ist auch möglich, dass er hier eine ganz andere Form der Symbolik überwand; denn hinsichtlich seines ursprünglichen Plans, sich in Aachen mit einer Filzrolle zu umhüllen, muss man sich vor Augen führen, dass Beuys schon als Bordfunker des Sturzkampfflugzeugs gleichsam in einer Röhre eingeschlossen gewesen war. Sie hatte ihn in seiner Rolle als Angreifer anonym gemacht, wobei ihn sein Status als Soldat rechtlich, aber nicht psychisch vor den Folgen seiner Taten schützte. Da er sich eine Kriegsverletzung ja nicht – wie es immer wieder kolportiert wurde – bei einem Absturz bzw. einer Bruchlandung auf der Krim zuzog, sondern er erst später als Infanterist einen Wadendurchschuss erlitt, könnte sich für Beuys durch das Aufgeben einer Aktion im Verborgenen auch eine Überwindung des Fliegermythos ereignet haben. Er musste sich seiner nicht sehr ruhmreichen Vergangenheit als Infanterist stellen, die Deckung verlassen und sich offen – auch auf die Gefahr hin, verletzt zu werden – auf der Bühne zeigen. Und prompt wurde er ja auch blutig geschlagen. Wenn man diese Handlung berücksichtigt, die er mit blutender Nase vollzieht, so erscheint er hier tranceartig seinem Publikum zugewandt. Beuys stand auf und handelte. Es ging hier also nicht mehr um eine Wiederholung des Traumas, sondern um eine Initiation, die ihn aus seinem persönlichen Dilemma herausriss und zu einer öffentlichen Figur werden ließ.

Nachdem er sich den Schlag eingefangen hatte, gelang es Beuys, den Hebel umzulegen und sein Handeln zur Demonstration einer Verwandlung zu machen. Dass er danach Schokoladentafeln ins Publikum warf, erscheint denkwürdig, wenn nicht deplatziert. Das Einstecken eines Schlages und der sich danach gestisch manifestierende Triumph mit der Geste des Gebens aus dem rheinischen Karneval, bei dem Süßigkeiten unters Volk geworfen werden, bezeugt Dankbarkeit. Die Gabe ist eine Gegengabe für das verliehene Privileg. Und trotz allem hat die Schokolade aber auch mit seiner Kunst zu tun, obwohl die Erfahrung des Schmelzens von Schokolade in der Mundhöhle nach dem Tumult im Audimax kaum jemandem in Erinnerung geblieben sein mochte, hat diese sinnliche Empfindung doch auch mit der Kunsttheorie des Plastischen zu tun. Auf diese Weise hat er die Zuschauer durch eine symbolische Gabe an seinem Denken beteiligt. Er hat der visuellen Sensation eine olfaktorisch-geschmackliche hinzugefügt. Nach dem Adrenalinschock gewannen die Endorphine die Oberhand, und zum ersten Mal stand Beuys als ein befreiter Künstler vor seinem Publikum.

Beuys, der 1964 drei Fähnchen in die künstlerische Landkarte gesteckt hatte, schrieb sich seit Beginn seiner Karriere als ein Kuriosum in die Geschichte der Performance-Kunst ein. Die Umstände des Festivals in Aachen offenbaren die verzwickte Lage, die sich neuen künstlerischen Ansätzen in der Bundesrepublik nach Vernichtung und Vertreibung der Avantgarde bot, und gleichzeitig antizipieren die Ereignisse von 1964 schon die Höhepunkte der Studentenproteste 1968, in denen allerdings die Kunst nicht mehr die Rolle übernehmen sollte, die sich in Aachen angedeutet hatte. Auch als Beuys zum zweiten Mal als Teilnehmer der *documenta* ausgewählt worden war, hintergingen die Kunstoffiziellen noch neue Ansätze in der Kunst, indem sie plastische Arbeiten von Beuys auswählten. Seine inzwischen ausgeweitete Arbeit als Aktionskünstler wurde nicht verstanden und die Entwicklungen auf den Gebieten von Happenings und Aktionskunst blieben überhaupt unberücksichtigt. Die Funktionäre düpierten gerade die Künstler, die in Deutschland Verbindungen mit den internationalen Entwicklungen in der ephemeren Kunst hergestellt hatten, indem sie ausschließlich amerikanische und angelsächsische Pop- und Minimal-Art in den Vordergrund rückten. Durch das Abtrennen dieser Richtungen wurde zudem die Geschichte der Pop Art manipuliert, die sich, wie es Lucy Lippard schlüssig gezeigt hatte, besonders durch die verwandten neo-dadaistischen Strömungen der *Junk Art* und den gleichzeitigen *Happenings* zu einem politisch ambitionierten Zweig der Kunst ausgeprägt hatten.[21] Die abermalige Einladung an Beuys vergrößerte den Riss zusätzlich, der ihn als einen Künstler, der sich der ephemeren Kunst geöffnet hatte, auch persönlich spalten musste, denn die von Beuys ausgestellten Arbeiten aus den Bereichen Installation und plastischer-Kunst mussten ohne den Zusammenhang mit Fluxus und Aktionskunst nicht bloß stumm bleiben, sondern sie desavouierten seine Kollegen und Mitstreiter, die sich bei den frühen Fluxusveranstaltungen bereits auf den Weg in die Zukunft gemacht hatten. Die Brücke, die Beuys und vor allem auch Vostell zwischen den beiden Welten bildeten, wurde gar nicht zur Kenntnis genommen oder nur als ein freistehender Brückenkopf gesehen.[22] Die Baustelle auf der Seite des Neuen blieb damit ohne Anschluss, so dass neben der Demarkationslinie des Kalten Krieges zwischen Ost und West eine zweite die Köpfe der Kunstfunktionäre im Westen spaltete, die die Aufteilung und Spezialisierung in der Kunst und Kultur durch stures Weitermachen zu ignorieren versuchten. Ihre Ahnungslosigkeit blendete aber auch aus, dass längst eine Vielzahl von Kulturen entstanden war, über die sich mittels etablierter Institutionen keine Kontrolle mehr ausüben ließ.

Säure und sich selbst zerstörende Kunst

Die Vielzahl der von Beuys nach Aachen mitgenommenen Gegenstände, aus denen er in Windeseile das besagte Kreuz herausgreifen konnte, sollten ihm offensichtlich mehrere Varianten von „Ausstellungen" ermöglichen, die aktionistisch in Szene gesetzt werden konnten. Schon die Dinge und das Material, das ausgebreitet und benutzt worden waren, sowie die Skizzen und die Handlungen, die sein Erscheinen auf der Bühne begleiteten, wiesen die Grundzüge seines späteren Werks auf und können daher als Repertoire angesprochen werden. Selbst wenn nicht alles zum Einsatz kam, blieb dieses Potential nicht auf Beuys beschränkt, sondern weist auf größere Zusammenhänge hin, an denen in den 1960er Jahren gearbeitet wurde.

Heute erscheint es abenteuerlich, dass neben den schon genannten Dingen und Substanzen auch Säure, und zwar - wie im Film zu sehen ist - ein ganzer Kanister Phosphorsäure auf der Bühne bereitstand. Diese hatte ganz maßgeblich zur Eskalation der Veranstaltung beigetragen, denn der Student, der Beuys geschlagen hatte, hatte zuvor moniert, dass ihm Säure Löcher in die Hose geätzt hätte. Wie immer es dazu kommen konnte, fragt man sich allerdings, was Beuys dazu gebracht haben mochte, neben Fett und den anderen Materialien auch Säure einzusetzen.

Säure ist seit jeher ein Werkstoff, mit dem Oberflächen von Plastiken behandelt werden, doch hatte Beuys' Aktion offensichtlich nicht mit diesem klassischen Gebiet der Kunst zu tun. Auch wenn die Verwendung von Säure ein Ballast des Alten sein sollte, den Beuys mitschleppte, so wurde sie in der Aktion zu einem Katalysator des Neuen. Des Weiteren hatte es in England aufsehenerregende Experimente mit Säure gegeben, die sich unter interessierten Künstlern schnell herumgesprochen hatten: 1961 war Gustav Metzger mit seinem Manifest AUTO-DESTRUCTIVE ART hervorgetreten und hatte mit Säure auf Vinyl und Nylon gemalt, um die „Bilder" im Moment der Herstellung zu zerstören. Noch bevor sich Beuys durch die Begegnungen mit Nam Jun Paik 1962 und den Fluxus-Künstlern anlässlich des FESTUM FLUXORUM FLUXUS (Jan. 1963) in Düsseldorf neu orientierte, hatten seine Kollegen und namentlich die vier, die auch in Aachen dabei waren, nämlich Robert Filliou, Arthur Køpcke, Ben Vautier und Emmett Williams, an der von Daniel Spoerri und Filliou organisierten Ausstellung *Festival of Misfits* in der Gallery One in London vom 23.10. bis 8.11.1961 teilgenommen. Das machte es mehr als wahrscheinlich, dass Beuys Kenntnis von Metzgers Liste mit Materialien der *Sich-selbst-zerstörenden-Kunst* erlangen konnte, die mit Teilen der Materialien und Geräte, die Beuys für die Aktion in Aachen mitgeführt hatte, übereinstimmte: „Materialien und Techniken der Sich-selbst-zerstörenden-Kunst umfassen: Säure, Klebstoff, Ballistik, Leinwand, Lehm, Verbrennung, Druck, Beton, Korrosion, Kybernetik, Herabfallen, Elastizität, Elektrizität, Elektrolyse, Elektronik, Sprengstoffe, Feed-back, Glas, Wärme, menschliche Energie, Eis, Strömung, Licht, Ladung, Massenproduktion, Metall, Filme, Naturkräfte, Kernenergie, Farbe, Papier, Fotografie, Gips, Kunststoffe, Druck, Strahlung, Sand, Sonnenenergie, Klang, Dampf, Stress, Terrakotta, Schütteln, Wasser, Schweißen, Drähte und Holz."[23]

Ein Vergleich ist insofern aufschlussreich, weil zahlreiche der von Metzger aufgezählten Gegenstände, Kräfte und technischen Methoden auch in den damals neuen Arbeiten von Beuys vorkommen. Besonders auffällig ist, dass Säure an erster Stelle der Liste steht!

Metzger war als Kind von Nürnberger Juden durch einen Eisenbahntransport nach England gerettet und dort von einer Familie aufgenommen worden. Nach der Schule hatte er eine Tischlerlehre absolviert und danach eine Kunstakademie besucht. Unter dem Eindruck der Zerstörung britischer Städte durch den Bau von Schnellstraßen und der Aufrüstung Englands mit Atomwaffen hatte er seine künstlerische Arbeit aufgegeben und sich selbstzerstörenden Verfahren künstlerischen Arbeitens gewidmet. Mit öffentlichen Malaktionen, bei denen er mit Säure auf aufgespannten opaken Kunststofffolien malte, die sich noch während des Malakts auflösten, hatte er für Aufsehen gesorgt. Er nannte es „Auto-destructive-Art" und demonstrierte das Missverhältnis des künstlerischen Anspruchs, Werke von Dauer zu schaffen, während gleichzeitig die Zerstörungskräfte durch Atomwaffen, die Automobilisierung der Gesellschaft und andere Ergebnisse der technologischen Entwicklung weiter entfesselt wurden. Diese Kunstpraxis demonstrierte aus damaliger Sicht nicht nur das Ende der Kunst angesichts der Möglichkeit einer totalen Auslöschung von Städten und Landstrichen, sondern konkret eine tief empfundene Machtlosigkeit der traditionellen künstlerischen Mittel.[24] Diese bis heute aktuellen Themen bilden eine Verwandtschaft zwischen beiden Künstlern, die im Falle von Beuys nach seiner Aktion in Aachen eine besondere politische Bedeutung erlangen sollte und ihn dazu bewegte, Alternativen zu entwickeln.

Wie kommt der Bundespräsident ins Spiel?

Am 27. Nov. 1964 bekam der Kultusminister des Landes NRW einen Brief vom Bundespräsidenten Heinrich Lübke, der Paul Mikat aufforderte, über die Weiterbeschäftigung von Beuys nachzudenken.[25] Letzterer wurde daraufhin vom Rektor der Düsseldorfer Kunstakademie vorgeladen, was aber wegen einer mehrheitlichen Unterstützung der Professorenschaft für den Kollegen Beuys ohne Folgen blieb. Als es 1966 um die erneute Erteilung eines Lehrauftrags ging, legte sich Mikat schließlich quer und verlängerte erst nach dem zweimaligen Einspruch seitens der Mehrheit der Professoren, die Beuys sogar als Vizedirektor berufen wollten, den Lehrauftrag – doch wieder lediglich um ein Jahr.[26]

Das Gedenken an Stauffenberg war damals ebenso staatstragend wie die konservative Auffassung von Plastik und Skulptur. Stauffenberg war als Figur des Widerstands besonders gut geeignet, weil sich durch ihn konservative Politiker und ehemalige Funktionsträger und Mitläufer wie Lübke in die Nähe des Widerstands rücken und folglich sogar als Gegner Hitlers inszenieren konnten. Der Student, der Beuys geschlagen hatte, war Mitglied einer studentischen Verbindung, was es durchaus möglich erscheinen lässt, dass ein informeller Informationsweg innerhalb der Eliten ausgelöst worden war, der schließlich das Präsidialamt erreichte. Auch angesichts der zahlreichen damals in Aachen tätigen ehemaligen NSDAP-Mitglieder kann man davon ausgehen, dass Netzwerke alter Kameraden, von Verbindungsstudenten und kooperierenden Hochschullehrern aktiviert worden waren. Da von allen Künstlern im Audimax in Aachen allein Beuys im Staatsdienst tätig war, wurde auf ihn gezielt. Warum aber nahm dieser Angriff seinen Weg über die höchste staatliche Instanz, den Amtssitz des Bundespräsidenten in der Bonner Villa Hammerschmidt?

Beuys bekam persönlich zu spüren, dass Politiker ein Auge auf künstlerische Äußerungen hatten, und es muss ihm spätestens hier bewusst geworden sein, dass seine Kunst politisch brisant war. In den Augen der zuvor in der Nazihierarchie tätigen und nun die Bundesrepublik politisch vertretenden Politiker erschien ein Kunstprofessor weiterhin als ein Instrument politischer Machtentfaltung, zumal Beuys ein Nachfolger auf dem von den Nazis eingerichteten Lehrstuhl für Monumentalbildhauerei war. Lübke, ein ehemaliger Angestellter der Rüstungsindustrie, der im Auftrag der Firma von Walter Schlempp für die Umverlegung von Zwangsarbeitern aus KZs zuständig gewesen war, sah den staatlichen Einfluss auf die Kunstausübung offensichtlich auch in der Bundesrepublik Deutschland als gegeben an. Die Firma Schlempp war zwischen 1943 und 1945 für den Einsatz von Häftlingen in Peenemünde zuständig und dem Ministerium von Albert Speer unterstellt. Nach dem Krieg arbeitete Lübke zunächst für den Architekten Rudolf Wolters (der ebenfalls seit 1937 für Speer in der Reichshauptstadt gearbeitet hatte). Diese Firma betrieb auf Geheiß des inhaftierten Speer ein Baubüro für Plattenbauten. Bezeichnend ist hier die Rekrutierung von Personal aus dem Apparat des für Zerstörung zuständigen Ministeriums für ein Architektenbüro, das nach dem Krieg für den Wiederaufbau zuständig war. Diese Verbindung zeigt in besonders perfider Weise, wie nach dem Krieg eine Kontinuität lukrativer Geschäfte schon dadurch in Gang gehalten worden war, dass die Eliten von staatlich alimentierten Geschäften mit systematischer Zerstörung auf solche mit dem Wiederaufbau umschalten konnten. Anlässlich der Unzahl von Aufträgen in den zerstörten Städten konnte sich Heinrich Lübke selbständig machen, ehe er nach der Gründung der Bundesrepublik in die Politik ging und innerhalb der CDU vom Bundestagsabgeordneten zum Minister und zuletzt zum Bundespräsidenten aufstieg.

Wie Gustav Metzger in England, hatte Beuys in Deutschland die Verstrickungen der Politik in das Geschäft mit der Zerstörung verstanden. Die Intervention des Bundespräsidenten bestätigte das, auch wenn 1964 die Beteiligung Lübkes an der Umsetzung der Anweisungen aus dem Speer-Ministerium noch nicht bekannt war.[27] Die Entwicklung nach der Aktion an der RWTH Aachen lässt aber erkennen, dass Beuys anders als beispielsweise Wolf Vostell nicht von vornherein als politischer Künstler angetreten war; erst die Reaktionen auf seine Aktionen offenbarten, dass seine Art der Kunstausübung politisch provozierte. Die Ursachen sind komplex, doch offensichtlich hatte Beuys ins Schwarze getroffen und forderte als Angehöriger der Soldatengeneration die in NS-Hierarchien eingeübten Reflexe und Kommandostrukturen heraus. Gleichzeitig war seine gesellschaftliche Wirkung auch durch traumatische Erfahrungen bedingt, die Beuys als Kriegsteilnehmer mit seinen Landsleuten teilte. Die Ausstrahlung seiner Aktionen konnte vielleicht gerade deshalb erstmals ein breiteres Publikum erreichen, weil Beuys nicht wie etwa Bazon Brock analysierend und verbalisierend vorging, sondern seine Körpersprache und Symbolik auch ungebildete Menschen erreichte und unterschwellig berührte. Hieraus ergeben sich zahlreiche Ansatzpunkte, um den Blick auf die Wirkung der künstlerischen Arbeiten von Beuys seit den 1950er Jahren zu lenken.

Beuys wird zum Medienkünstler

Riegel bezeichnete Beuys bei aller Kritik als eine „omnipotente Medienfigur"[28]. Auch wenn diese Etikettierung übertrieben wirkt, war die Beachtung, die Beuys in den Medien fand, für einen Künstler seiner Generation ungewöhnlich, denn er polarisierte. Das aber gehörte zum Stil damaliger politscher Debatten etwa mit Bundestagsabgeordneten wie Franz Josef Strauß und Herbert Wehner. Ergänzend dazu fand Beuys zwar noch nicht so stark wegen seiner Äußerungen Beachtung, die erst in den 1970er Jahren in Form von Interviews oder Statements verbreitet wurden, dafür sorgten aber die Beschreibungen seiner Aktionen und seiner Materialien in den Printmedien für Furore. Dazu kamen die Bilder von seinen Aktionen, die in den Augen der Kritiker, die noch im Denken der klassischen Moderne befangen waren, gar nicht mit Kunst in Zusammenhang gebracht werden konnten. Auch die Ärmlichkeit der abgenutzten Materialien, die Unreinlichkeit der

Substanzen und der Schmutz stießen die Menschen ab, die den erbärmlichen Verhältnissen der Nachkriegszeit mit ihrem Mangel und der Notwendigkeit der Improvisation gerade erst entronnen waren. Doch gerade deshalb traf Beuys die Lebenserfahrungen vieler Menschen. Es war prinzipiell jedem möglich, Beuys zu verstehen, und dieses Verstehen war die Grundbedingung sowohl für die heftige Ablehnung wie auch für die Befürwortung des Künstlers. Auch lässt sich die teils fanatische Gefolgschaft seiner Studenten durch seine Zeitgenossenschaft erklären. Beuys war die Vaterfigur, die viele vermissten, deren Väter gefallen waren, und seine Gesprächsbereitschaft stand im Gegensatz zum allgemeinen Schweigen, selbst wenn nicht alles zur Sprache kommen konnte.

Ikone der Bundesrepublik Die Wirkung von Performances auf das Leben bekam bei Beuys eine Reichweite, die die Möglichkeiten der von Philip Auslander eingeführten *liveness* bestätigt, doch in vielen Punkten über die Grenzen der medialen Übertragung und Fixierung von Aktionen hinausgeht. Auslander ist der Ansicht, dass Performances generell auch durch ihre mediale Präsenz eine Wirkung entfalten können, doch war es nicht nur bei Beuys so, dass seine Aktionen in sehr vielfältiger Hinsicht auf ihn selbst, seine Zuschauer und natürlich auch vermittels der Medien gewirkt haben, dass wahrscheinlich nicht einmal alle Aspekte schon erfasst sind, geschweige denn medial übertragen worden sind. Auch geht der Mythos von Beuys nicht nur auf Dokumente oder eine Lifeübertragung zurück, sondern, was die Aktion von 1964 betrifft, besonders auf ein einziges Foto, das Heinrich Riebesehl in Aachen aufgenommen hat, sowie auf die Einmischungsversuche von Politikern. Diese Wirkungen sind zudem eng mit der Geschichte der Bundesrepublik verbunden, die hier im Bruchteil einer Sekunde symbolisch kondensiert worden war und durch dieses Foto eingefroren wurde. Auf den ersten Blick ist die Geste durch ihre Ähnlichkeit mit dem Hitlergruß auffallend und konnte 1964 von den meisten Menschen schnell aufgefasst werden. Durch die Handlung wird jedoch der gestreckt erhobene rechte Arm zu einer Geste, die den Nazis fremd war. Beuys hielt die Hand wie einen Schirm über das Kreuz, wodurch die Geste in kombinierter Hinsicht eine ikonische Präsenz erhielt. Die Wirkung blieb nicht aus, hing aber, wie schon im ersten Kapitel gezeigt, mit den besonderen Bedingungen der Nachkriegszeit in Deutschland und der Biographie von Beuys zusammen. Der Unterschied lässt sich auch an der verhältnismäßig verhaltenen emotionalen Wirkung auf das Publikum der Einzelausstellung im Guggenheim Museum in New York City 1979 festmachen, wo Beuys isoliert vom künstlerischen Kontext und politischen Umfeld in der Bundesrepublik einen Künstler seiner Generation repräsentierte und in einer vollkommen anderen Hinsicht wirkte als in den 1960er Jahren[29]. Auch durch seine besondere Genese als Künstler sowie durch die einseitige Rezeption in Deutschland war er ja ein Monolith, den besonders linke Kritiker nur schwer oder nicht einordnen konnten. Die Diskussion zwischen Catherine David, Jean-François Chevrier und Benjamin Buchloh führt mit dem Abstand von über 30 Jahren noch einmal den geringen Stellenwert vor Augen, der Beuys von der internationalen Kunstkritik eingeräumt worden war. Chevrier hebt verstärkend hervor, dass Beuys' Werk „unterdrückt worden war".[30] Auch wird deutlich, dass die Autoren durch ihre Selbstbefragung auf einen blinden Fleck gestoßen waren, weil zumindest Buchloh infolge der Abwehr des Surrealismus innerhalb der Linken keine Mittel fand, die Rolle von Beuys hinsichtlich seiner Rückgriffe zu klären, die lediglich als Regression beurteilt wurden.[31] Sicherlich spielt das Vakuum, das in Deutschland durch Krieg und besonders durch den Schwund an Intellektuellen und Künstlern eingetreten war, eine Rolle. Doch wurden auch die Möglichkeiten des Archaischen, die Beuys durch seine Adaption schamanischer Motive und Praktiken auslotet, nicht erkannt. Sie wurden als „Gefahr" gewertet, was sie wegen ihrer gegen die Ideologie des Fortschritts gerichteten Haltung ja auch waren. Schließlich müssen die drei Diskutanten passen, weil eine ikonologische Analyse der Bestandteile des Beuysschen Werks vor dem Hintergrund seiner Erfahrung als Soldat und unter Berücksichtigung der besonderen Bedingungen der Bundesrepublik nicht durchgeführt worden ist. Auch die Bedeutung der medialen Präsenz im TV hatten die noch an der Fotografie als Kunst zweifelnden Kritiker nicht auch nur ansatzweise im Blick. Weiterhin ist zu bedenken, dass Beuys international erst als Künstler der Postmoderne Beachtung fand, wodurch klar wird, dass es in einer geteilten Kultur keine einheitliche Linie der Avantgarde mehr geben konnte. Umso wichtiger war Beuys für die gegen Ende der 1960er Jahre im Umbruch befindliche Bundesrepublik, in der das Establishment noch eine relativ einheitliche Kunstauffassung pflegte. Hier verkörperte der Geschlagene die Anstrengungen zur Bewältigung der eigenen Geschichte und die Kraft der Erneuerung, die sich gegen die Beharrungskräfte des Alten durchzusetzen wusste.

Mit dem ikonischen Foto, das Beuys mit erhobenem Kreuz und blutender Nase zeigt, wurde zugleich ein Stück Mediengeschichte geschrieben, das zeigt, wie wichtig eine Fotografie sein kann, um das ephemere Geschehen einer Aktion einem breiten Publikum zugänglich zu machen. Dazu stoppt ein Foto zunächst einmal die Aktion. Die Bewegung eines Augenblicks wird aus dem Fluss der Zeit herausgeschnitten, wodurch gerade bei einem Stück Life-Art die Dauer der Aktion und ihre Komplexität negiert wird. Insofern hat ein Foto wie das hier von Riebesehl wenig mit dem Hergang der vollständigen Aktion zu tun. Der Fotograf hat allerdings einen Kulminationspunkt erwischt, der dazu beigetragen hat, dass das

Foto – auch historisch und ikonografisch gesehen – eine herausgehobene Bedeutung bekommen hat.

Die Kuratoren der Ausstellung und die Autoren der Katalogs „Fotos schreiben Kunstgeschichte“[32], die Einblick in die Bestände von Fotografien aus der Geschichte vorrangig der ephemeren Kunst im Rheinland gewähren, sehen die Fotografie als archivarischen Bestand und musealen Schatz an und vernachlässigen die massenmediale Wirkung der Aktionsfotografie. Dann nämlich hätten die Autoren anerkennen müssen, dass die Fotos auch Zeitgeschichte schreiben und eine unmittelbare politische Wirkung entfalten.

Der damals in Aachen gedrehte Film blieb wegen mangelnder Aufführungen weitgehend unbeachtet. Erst seine digitale Version erreicht heute im Internet potentiell ein größeres Publikum. Dennoch ist angesichts der am 1.11.2014 angezeigten Anzahl von 405 Klicks auf das Video seine Reichweite gemessen am medialen Echo von Beuys zu seinen Lebzeiten gering. So untypisch diese nur eine Sekunde dauernde Geste für seine gesamte Aktion auch war, so umfassend repräsentiert sie das Konfliktpotential der Nazivergangenheit, das diese Veranstaltung von Anfang an beherrscht hatte. Paradigmatisch brechen sich in dem Angriff auf Beuys die aufgestauten Emotionen sowie Unverständnis und Misstrauen zwischen Studenten und Künstlern. Das Foto setzt also einen kritischen Augenblick ins Bild, der über das tatsächliche Geschehen hinausweist, weil es zusätzlich zur Aktion des Künstlers die Geistesgegenwart und Kompetenz des Fotografen zur Geltung brachte, der diese Wendung der Aktion mit dem sich im Streit öffnenden Verhältnis zwischen Publikum und Künstler intuitiv erfasst hatte. Es war nämlich so, dass sich während des Streits um die Säureverätzung der Hose die Bühne mit Zuschauern füllte, so dass Beuys nach der Ohrfeige und nachdem er von der Verfolgung des Angreifers zurückkam vom Publikum umringt war. Nun hatte er die Aufmerksamkeit erreicht, um die er am Anfang der Aktion gerungen hatte.

Der 16 mm-Film lenkt anders als die Fotografie die Aufmerksamkeit auf diesen Ablauf, so dass heute nachzuvollziehen ist, dass Beuys nach der Rückkehr von der Verfolgung des Schlägers spontan in eine seiner Kisten griff, das mit dem Kreuz kombinierte Objekt herausnahm und sich damit aufrichtete. Das sakrale Objekt, das er in die Richtung hielt, in die der Angreifer verschwunden war, wurde gleichsam zu einer Abwehrwaffe und zum Instrument eines Stehgreifexorzismus.

Was Medien vorenthalten So stark die Bedeutung der Medien infolge dieser Aktion erkennbar wird, so offensichtlich werden auch ihre Mängel, wenn es um die Rekonstruktion und die Wirkung von Performance Art geht. Ohne die Aussagekraft dieses Fotos hätte Beuys möglicherweise einen anderen Weg eingeschlagen und die Aktionskunst in Deutschland hätte eine andere Richtung genommen; denn der 16-mm-Film zeigt auch einen planlos herumirrenden Beuys, der ab und zu ins Bild drängt. Wahrscheinlich hatte er beobachtet, dass die Filmkamera überwiegend auf die spektakuläreren Aktionen wie die von Vostell gerichtet wurde, weshalb er sich selbst ins Bild zu setzen trachtete. Daran wird die Zwiespältigkeit von Medieninformationen deutlich, die Abläufe verzerren und fragmentieren können, denn die olfaktorischen Anteile am Geschehen und die aufgeladene Atmosphäre im Saal entzogen sich der filmischen Reproduktion vollständig. Sie sind nur durch die Vorstellungskraft zu rekonstruieren, wobei neben den medialen Informationen auch die Äußerungen von Zeugen hilfreich sein können. Man muss sich nur vorzustellen versuchen, dass durch das ins Klavier gestreute Waschpulver, das auf der Platte des Kochers verbrennende Fett und die staubenden Pigmente von Vostell eine olfaktorische Atmosphäre an der Grenze des Unerträglichen entstanden war, die die Zuschauer auch emotional erregte. Deshalb ist es nicht ausgeschlossen, dass sie zum anschließenden Tumult beigetragen hat, der ja nach dem Verspritzen der Säure eskaliert ist. Daher muss gefragt werden, ob nicht die alle Sinne ansprechenden Aktionen und die Aggressionen von Künstlern gegen Künstler (s.o.) die Atmosphäre schon so stark aufgeheizt hatten, dass sich die Spannungen nach einer Explosion bei den Utensilien von Beuys entluden. Er selbst berichtete ja von einem Knall „... da wurde der Kocher aufgestellt, heiß gemacht. Dann wurden die Fettblöcke geschmolzen, und das Fett in dieser Fettkiste wurde erwärmt; das war wohl dieses »Kukei« (...) und als ich diese Kupferstange, die jetzt in der Sammlung Ströher ist, mit dem Filz hochhob, da gab's eine einzige Explosion."[33] Hier kam es also zu einem starken Geräusch, das die Anwesenden erschrak hatte und eventuell auch Angst bis hin zur Panik auslöste. Zusammen mit den durch die Explosion sich verbreitenden Gerüchen hat dieser Teil der Aktion Reflexe ausgelöst und Instinkte geweckt, die zur Eskalation führten. Jenseits der audio-visuellen Aspekte erlaubt es erstdie Berücksichtigung des Olfaktorischen und seine Rekonstruktion, das wirkliche Konfliktpotential der Performance auszumachen.

Kapitel III

Einschreibung des Verdrängten[1]

„Mit dem Wort Krieg kann
ohne adäquate Gefühlsregungen auszulösen
über massenweisen Mord gesprochen werden."
Marlene Streeruwitz, Kultur und Vielfalt,
in: FR 7.7.1999

Sich durch die Trümmer arbeiten

In diesem Kapitel richtet sich der Blick auf die Umformung der Erfahrungen von Joseph Beuys. Wie gelangen diese trotz der individuellen und gesellschaftlichen Verdrängung des Kriegsgeschehens in den Objekten und Materialien an die Oberfläche? Es ist ja frappierend, dass in der Sprache Worte kursieren, die explizit mit dem Krieg zu tun haben, ohne dass bei ihrer Verwendung darüber nachgedacht wird. Daher stellt sich die Frage, ob nicht die Gestalt, die Beuys seinen Erfahrungen in Aktionen und den dabei benutzten Materialien, Objekten und Installationen gegeben hat, ähnlich funktioniert. Es könnte ja sein, dass hier ganz offen Bilder verwendet worden sind, die, entsprechend gedeutet, dazu beitragen könnten, bisher Unbekanntes offenzulegen.

In der Nachkriegsgeschichte bestimmten Verschweigen, Fälschen und Verdrängen zahlreiche Biografien. Zwar sind Übertreibungen und Legenden in der Kunst nicht neu, doch sind sie in einem Umfeld, das von Anpassung in dem von den Alliierten besetzten Land bestimmt ist, nicht mehr einzigartig. Sie sind Teil eines Klimas, in dem Täuschung und Verschweigen z.B. der Mitgliedschaften in politisch geächteten Organisationen oder der Verstrickungen in illegale Kriegshandlungen und Verbrechen zum Alltag gehören. Es wird beschönigt und vertuscht. Das Umschreiben von Biografien erlaubte es, Distanz zur eigenen Vergangenheit herzustellen sowie erlittene traumatische Erfahrungen zu überspielen bzw. abzuspalten. Die zahlreichen individuellen Vorgehensweisen trafen sich mit kollektiven, teilweise sogar behördlich gedeckten und erwünschten Verdrängungsleistungen. So galt es Jahrzehnte lang als nicht opportun, dass sich Deutsche als Opfer des Bombenkriegs darstellten. Den Anstiftern des Krieges sollte es dadurch erschwert werden, sich als Opfer zu betrauern. Allerdings traf die Verdrängung der grauenhaften Erfahrungen in den brennenden Städten besonders die Frauen, die neben Kindern und Alten die hauptsächlichen Leidtragenden der Bombenangriffe waren und obendrein in den Städten die Aufräumarbeiten organisiert und durchgeführt hatten. Schon das Fotografierverbot in bombardierten Städten, das durch die Nazis verhängt worden war, hatte eine Voraussetzung dafür geschaffen, dass viele Traumata nur die eigene Erinnerung als Anhaltspunkt hatten. In mancher Hinsicht fehlte deshalb die durch bekannte Bilder und Erzählungen gefestigte Anschauung, um sich dem Verdrängten zu stellen. Dennoch versuchten die Nazis, Bombenangriffe wie den auf Dresden für ihre Propaganda gegen die Feinde zu instrumentalisieren, auch wenn die Städte im Westen Deutschlands häufiger unter den Bombenangriffen mit weitaus verheerenderen Folgen zu leiden hatten. Nach dem Krieg aber durften diese Verheerungen nicht mehr offen thematisiert werden, und verstärkend trug noch die Rückkehr der geschlagenen Soldaten dazu bei, dass die Erfahrungen der im Land gebliebenen sogenannten Zivilisten seltener zur Sprache kamen und keinen Platz in den Medien fanden.

Die Kriegsheimkehrer besetzten ganz selbstverständlich wieder leitende Funktionen und kontrollierten und reorganisierten unter der Kontrolle der alliierten Behörden besonders auch die Medien. Man beschäftigte sich also vorrangig damit, die äußerlichen Folgen des Krieges so schnell wie möglich zu beseitigen. Diese Restitution der autoritären Strukturen machte die durch Bomben Traumatisierten doppelt sprachlos. Ihr Stammeln wollte keiner hören, und die Intellektuellen und Schriftsteller, die anders als Ernst Jünger aus der Perspektive der Opfer den Terror artikulieren konnten, waren bis auf wenige emigriert, ermordet oder gefallen[2].

Im Folgenden sollen nun die Wirkungen von Bombenangriffen erörtert werden, um damit einen möglichen Kontext der Erfahrungen aufzuzeigen, die in die künstlerischen Arbeiten von Beuys Eingang gefunden haben.

Einschreibungen des „Feuersturms" in Objekten und Materialien

Bis heute geistern Begriffe aus dem Bombenkrieg durch die Sprachen der am Weltkrieg beteiligten Länder. Meist unbedacht ausgesprochen, sind sie Teil der Umgangssprache und damit des kollektiven Gedächtnisses geworden. Gerade dadurch, dass die Ursprünge der Wörter selten oder gar nicht reflektiert werden, tragen sie das unterschwellige Weiterwirken traumatischer Erfahrungen als Bestandteil von Kultur in sich.

Hinter dem deutschen Wort *Bombenwetter*, das schönes Wetter mit guter Sicht bezeichnet, verbirgt sich ein ursprünglich für Bombenflugzeuge ohne elektronische Ausrüstung notwendiger wolkenloser Himmel, der für nächtliche Angriffe unabdingbar war.[3] Kinobesucher und Fernsehzuschauer werden auch heute noch mit

Blockbustern konfrontiert, weil erfolgreiche Kinofilme mit diesem englischen Begriff etikettiert werden, der ursprünglich bedeutet, dass ein Film möglichst viele Bewohner aus ihren Wohnungen lockt; denn vor der Verbreitung von TV hatte jeder Wohnblock ein eigenes Kino. Kaum jemand ahnt jedoch, dass in der Soldatensprache eine Bombe mit hoher Sprengwirkung „blockbuster" hieß, weil sie einen kompletten Wohnblock zertrümmern konnte.[4] Bezeichnend ist aber, dass viele dieser Filme Gewalt darstellen, glorifizieren oder im besten Fall auch reflektieren, womit sie sich auch mit Ängsten und ihren Ursachen auseinandersetzen. Insofern sind, wie es Paul Virilio in technischer Hinsicht gezeigt hat, auch auf der emotionalen Ebene Kino und Krieg unterschwellig eng verflochten, wodurch sich Bilder vom Krieg auch im Unterbewusstsein derer einnisten können, die selbst keinen Krieg erlebt haben.

Mit den genannten Begriffen ist die Soldatensprache in den Alltag eingeflossen und überträgt die Erfahrungen der Leidtragenden telegrammartig. Eine solche Okkupation der Alltagssprache wurde im Nachkriegsdeutschland möglich, weil die Nazis und der Krieg die zu einem kritischen Umgang mit Sprache befähigten Künstler und Intellektuellen ermordet und vertrieben hatten, so dass die Kompetenz, das Erlittene sprachlich zu fassen, verringert war. Während die Eliten einen Teppich des Schweigens über das Grauenhafte breiteten, verwandelte seine volkstümliche Weitergabe das Leiden teilweise in Erzählbares. Politisches Räsonnement verlangte zudem von den deutschen Eliten, die den Krieg ja zum Teil mit entfesselt und verwaltet hatten, sich nicht als Opfer darzustellen oder gar zu bemitleiden.[5]

Die Bombardements der Alliierten trafen die dicht besiedelten Wohnviertel von Arbeitern und Angestellten besonders hart, weshalb sich der Krieg auf diese und ihre Familien anders auswirkte als auf die Eliten in den militärischen Stäben, Ministerien und Behörden. Derartig gespaltene Erfahrungen begünstigten die Verdrängung zusätzlich und festigten das Schweigen der Traumatisierten, so dass diesbezügliche Erzählungen in den inoffiziellen Gedankenaustausch wanderten, sich dort veränderten und erst in die sehr viel später geschriebene Literatur eingingen.[6] Der mangelnde Erfolg des unmittelbar nach dem Krieg geschriebenen und 1956 erschienenen Romans *Vergeltung* von Gerd Ledig, der die Ereignisse während eines 69-minütigen Bombenangriffs auf München aus verschiedenen Perspektiven als simultanes Geschehen darstellt, wurde aus politischen Gründen, darunter auch wegen der Hetze gegen Kommunisten, weitgehend ignoriert, so dass eine Wiederauflage erst im Todesjahr des – wie Beuys – 1921 geborenen Autors 1999 erfolgte.

Da die Sprache jedoch die Hauptquelle der Geschichtsforschung ist, stellt sich die Frage, wo die Erfahrungen der durch Traumata häufig sprachlos gewordenen Menschen geblieben sind. Um diesen Erfahrungsschatz zu heben, müssen andere Quellen, die das Unausgesprochene aufbewahrt haben, zum Sprechen gebracht werden.

Die Wiederkehr des Zerstörten – Den Horror sichtbar begraben

Sturzkampfbomber sollen überwiegend militärische Ziele angegriffen haben, doch ist davon auszugehen, dass sie auch Angriffe auf Wohngebäude geflogen haben, wenn darin Partisanen oder andere militärische Ziele vermutet wurden. Als Bordfunker Rücken an Rücken mit dem Piloten im engen Cockpit positioniert, konnte Beuys die Folgen jedes Angriffs überblicken, wenn die Maschine hochzog. Damit befand er sich physisch in der Position des

„Engels der Geschichte", den Walter Benjamin als ein rückwärts in die Zukunft fliegendes Wesen schilderte, dessen Antlitz der Vergangenheit zugewendet ist. Benjamin schrieb: „Wo eine Kette von Begebenheiten vor *uns* erscheint, da sieht *er* eine einzige Katastrophe, die unablässig Trümmer auf Trümmer häuft und sie ihm vor die Füße schleudert."[7] Dermaßen überwältigt von dem, was er sah, vermied Beuys es, als Veteran über diese Erfahrungen zu sprechen. Bestenfalls entstellte er sie mystifizierend.[8] Es erscheint daher naheliegend zu fragen, welche Mittel und Wege er als Künstler fand, um die Last des Gesehenen zu mildern. Die Aufmerksamkeit gilt hier und im folgenden einigen Objekten und Materialien, in denen sich Schuldgefühle offenbaren und Traumata zum Gegenstand werden.

„Trümmer auf Trümmer"

Eine verkohlte Tür (1954/56)[9] deutet nach einer Latenzzeit die Zerstörung der Haustür als die einer Grenze zwischen Innen und Außen an. Zusätzlich hängen an der Tür Hasenohren und ein Reiherschädel und stellen schon hier eine Verbindung zu Tieren her, die die Erfahrungen des Künstlers als Flieger und Infanterist thematisieren. Kommunikation mit Tieren gehört auch zum Repertoire von Schamanen[10], die sich darauf spezialisiert haben, mit solchen und anderen Techniken ein traumatisierendes Ereignis wachzurufen, um zu seiner Objektivierung und später zu seiner Überwindung durch Auslagerung zu gelangen. Tiere oder ihre Verkörperungen teilen zudem die Sprachlosigkeit Traumatisierter, weshalb die Anwesenheit von Tieren oder auch Gegenständen als wohltuend empfunden wird. Traumatische Erfahrungen können besonders gut auf sie übertragen werden, weil sie leicht zu manipulieren sind und sich besonders auch z.B. durch Verjagen oder Vergraben der Bälger sowie – im Fall von Kunstwerken – durch Ausstellen und Verkauf vom traumatisierten Subjekt trennen lassen. Die dadurch stattfindende Entlastung kann zur Überwindung traumatisierender Erfahrungen beitragen.

Für eine mit starken Emotionen verbundene Projektion spricht auch, dass Beuys später Kaninchen, die er in Aktionen benutzte, „Hasen"[11] nannte. Das Kaninchen nahm somit eine Rolle als Darsteller oder Stellvertreter ein. Das jedenfalls lässt auch das kleine Objekt „Hasengrab" von 1962[12] vermuten, das Beuys aus Schutt oder Atelierresten zusammengefügt hatte. Das Bild eines durch Kriegseinwirkung zertrümmerten Objekts oder Hauses drängt sich auf und erhält durch den Titel die vom Künstler gewünschte Assoziation. Vielleicht diente es tatsächlich der Trauer um einen unter Trümmern begrabenen oder verschollenen Freund, Angehörigen oder sogar eines Haustiers. Wenn man berücksichtigt, dass das elterliche Haus ebenfalls zerbombt worden war, könnte auch ein Spielzeug oder ein dem Kind Trost spendendes Kuscheltier gemeint gewesen sein. An die Stelle eines unsichtbar gewordenen Subjekts tritt also ein Objekt, das zudem eine nicht vorhandene reguläre Grabstätte repräsentiert. Das „Hasengrab"[13] könnte derartiges konkretisieren, und zugleich ermöglichen, dies Objekt abzustoßen, wenn es zu einem Kunstwerk geworden ist, so dass es zum Teil einer übergeordneten symbolischen Ordnung wird.

Die zeitliche Nähe der Kunstwerke aus den 1950er und frühen 1960er Jahren zum Kriegsende macht ihren Bezug nur wahrscheinlicher. Dabei muss man sich auch vor Augen führen, dass die in Beuys' niederrheinischer Heimat gelegene Stadt Wesel zu 99%, also vollständig, zerstört worden war. Luftaufnahmen zeigen anstelle der Stadt eine Kraterlandschaft, und wo zuvor Häuser gestanden hatten, haben sich in den Bombenkratern Tümpel gebildet. Andere Fotos, die nach dem Krieg aufgenommen worden sind, bezeugen zudem, dass es üblich war, Überreste von Toten provisorisch in gerade verfügbaren Kisten (Munitions- oder Konservenkisten) zu bergen. Da kaum noch etwas der Zerstörung entgangen war, hatten in der Eifel Angehörige oder Kameraden einen Schädel und Knochen in eine Kiste aus alliierten Militärbeständen mit der Aufschrift „ANTI-LOUSE-POWDER" gefüllt. Das Foto eines improvisierten Sargs von Hermann Classen mutet geradezu dadaistisch an, führt aber eindringlich die Dürftigkeit der Verhältnisse in einer Situation vor Augen, in der es an allem mangelte.[14]

In diesem Klima der Verdrängung, karger Lebensverhältnisse und grotesker Augenblicke gelang es Beuys Objekte zu schaffen, die auf der materiellen Ebene der Anspruchslosigkeit der Nachkriegsjahre entsprachen, aber in künstlerischer Hinsicht diese Verhältnisse so verdichteten, dass sie vom Publikum als Entlastung erlittener Traumata verstanden werden konnten, ohne dass diese ausdrücklich abgebildet oder benannt wurden. Die Resonanz, die Beuys erzielte, sprach dafür, dass er solche Bedürfnisse in vielfacher Hinsicht getroffen hatte.

Der Vietnamkrieg setzt Kriegserfahrungen ins Bild

Zwei Jahrzehnte nach Weltkriegsende bot der Vietnamkrieg eine Folie zur kritischen Projektion und Spiegelung des Grauens eines Bombenkrieges und seiner Auswirkungen. Für viele Linke wurde er zum Fanal und zum „Stellvertreterkrieg" in einem anderen Sinn, als ihn diese Vokabel damals hatte.[15] Für die Generation der rebellierenden Studenten, die als Kinder der vom Zweiten Weltkrieg und der Nazidiktatur betroffenen Eltern in den Kriegsjahren geboren waren, kam dieser Krieg dank der Fernsehteams und der Kriegsreporter direkt in die Wohnzimmer und ließ dort den auf Kriegsschauplätzen entfachten Horror wieder aufleben. Der Fernseher wurde zu einem Guckloch in die Vergangenheit, in der der verdrängte Schrecken eine Anschauung bekam. Im Kopf überschnitten sich die Bilder: Für die Jüngeren wurde sichtbar, was Krieg bedeuten konnte und für die Älteren zeigte sich die Kontinuität erlittener Grausamkeiten. Bilder warfen konkrete Fragen auf, die das Schweigen der Väter unhaltbar machten. Angesichts des Anschauungsmaterials wurde der Hinweis, dass Jüngere mangels Erfahrung nicht mitreden könnten, entkräftet. Beuys war als ehemaliger Berufssoldat und aufgrund seines Alters dieser Vätergeneration zuzurechnen und verhielt sich mit seinen verschlüsselten und rudimentären Äußerungen über den Krieg wie die anderen ehemaligen Kameraden, insofern er seinen Studenten Informationen über seine Kriegserfahrungen schuldig blieb. Vor diesem Hintergrund ist es nicht ganz unwahrscheinlich, dass er stattdessen die Lehre Rudolf Steiners nutzte, um die Diskussionen in andere Bahnen zu lenken.[16]

In seiner Beuysbiografie erwähnt Heiner Stachelhaus die Kriegseinsätze von Beuys nur kurz und bringt seine Haltung an zwei Stellen auf den Punkt: „Der Krieg hat Beuys offenbar wenig berührt."[17] und: „Auch die Gefangenschaft nach dem Krieg belastete ihn nicht sonderlich."[18] Hier sanktionierte Stachelhaus die kollektive Verdrängung und schrieb sie fälschlicherweise auch noch einer vermeintlichen Robustheit des Künstlers zu. Stachelhaus war nicht in der Lage oder willens, Beuys' Krise mit dem Krieg in Verbindung zu bringen und kritisch nachzubohren. Stattdessen zitiert er die Liste der Länder und Orte, die Beuys für seine Ausstellung 1961 in Kleve zusammengestellt hat.[19] Als wäre der Krieg eine touristische Veranstaltung gewesen, werden Kriegserlebnisse in Richtung einer persönlichen Bildungs- und Forschungsreise umgedeutet.[20] Stachelhaus ist nicht der einzige, der keine Gedanken darauf verwendet, die Äußerungen von Beuys kritisch auszuwerten. Stattdessen verfolgt er die Bedeutung der Tiere, wobei er den von Rudolf Steiner sanktionierten Bienen einen besonderen Stellenwert einräumt.[21] Danach erwähnt Stachelhaus den Hasen auf nur zwei Seiten, wobei er auch auf das „Hasengrab“ von 1962 eingeht, in dem er statt Schutt „eine Ansammlung von chemischen Substanzen“ identifiziert. Da er darunter „Farben, Laugen, Medikamente, Säuren, Jod, gefärbte Ostereier“[22] zu erkennen glaubt, fragt man sich, auf welches Objekt er sich überhaupt bezieht. Mit der Anpassung der wahrgenommenen Gegenstände an seine Sichtweise, blendete Stachelhaus das in Frage kommende Objekt vollkommen aus und erweckte den Eindruck, dass das „Hasengrab“ der Lehre Steiners, oder was immer er auch darunter verstanden haben mochte, nahe stünde. Doch befinden sich in dem an Atelierabfall erinnernden Haufen gar keine Flüssigkeiten, schon gar keine Laugen und Säuren. Die Streichholzschachteln und Fläschchen sind leer und liegen neben Tonklumpen, Sicherungen und unter Riemen, einem Luftpumpenschlauch sowie Elektrokabeln. Auch Spielzeug ist erkennbar, so dass die dem Leser nahegelegten Bezüge zur Chemie und damit zur Mythographie des Hasen und zur Lehre Steiners auf Abwege führen.[23]

Der Haupteindruck dieser Arbeit, die wie eine Kiste voll aufgesammelter Trümmer aussieht, wird durch die Beschreibung, die Stachelhaus gibt, unkenntlich gemacht. Dabei ist hier die Umkehrung der Verhältnisse bedenkenswert, weil aus deutscher Sicht im Allgemeinen an die Alliierten gedacht wird, wenn von Bombardieren die Rede ist. Beuys gehörte jedoch selbst zur Besatzung eines Bombenflugzeugs und hat die Zerstörungen gesehen, die mit der Bombenlast und den Bordwaffen seines Flugzeugs angerichtet worden sind. Nun wendet er sich nach seiner Krise mit den Mitteln eines Künstlers den Folgen von Desastern zu. Wenn er das im Rheinland tut, so schaut er angesichts der Kriegszerstörung der Alliierten als einer, der aus dieser Gegend kommt, also als Betroffener auf das Geschehen und kann es zugleich als Angehöriger der Luftwaffe aus eigener Erfahrung beurteilen. Deshalb kann er sich im Einzelnen als Künstler mit seinen Arbeiten auf eine doppelte Erfahrung beziehen. Damit entsteht ein Feld, man könnte auch sagen ein Aktionsfeld oder ein Kriegsschauplatz, in dem die Position eines Angreifers mit der eines Bombenopfers aus der Sicht jeweils verschiedener Kriegsparteien und Schauplätze hybridisiert wird.

Vorausgesetzt, dass die Verlautbarungen von Beuys die Wahrnehmung und Interpretation seiner Arbeiten gesteuert haben, wird im Folgenden die Aufmerksamkeit auf die bisher vernachlässigten kriegsbezogenen Aspekte der Arbeiten von Beuys gerichtet. Die Bezüge zur Anthroposophie sollen überhaupt nicht bezweifelt werden – sie wurden oft genug untersucht –, doch stünden sie hier einer weitergehenden Fragestellung im Weg. Die Berücksichtigung der Kriegserfahrungen im Werk von Beuys zeigt dagegen auch für die Geschichte der Kunst in der Bundesrepublik Deutschland bedeutungsvolle Zusammenhänge auf, die im folgenden Kapitel weiter untersucht werden.

Kapitel IV

Vorsicht bei Fett, Hasen und Kaninchen

„Ein paar halbe Jaguare
Und verkohlte Dromedare (...)
Und vom Himmel fiel'n die Funken
Und das ganze hat gestunken –„

Georg Kreisler: Als der Zirkus in Flammen stand, aus: Lieder zum Fürchten, 1963

Hasendarsteller fördern Verschüttetes zutage

Die Legenden, die Beuys um sein Leben wob, schließen seine Beteiligung am Krieg ein. Doch blieben die Interpreten diesbezüglich zurückhaltend, besonders wenn es darum ging zu fragen, welche Spuren seine Erfahrungen in einem Bombenflugzeug in seinen Werken hinterlassen haben. Obwohl seine Auskünfte über seine Zeit als Soldat oft ausweichend waren und tatsächliche Ereignisse mystifizierten, haben die von ihm konstruierten Legenden einen belegbaren Kern schon deshalb, weil sie zum Instrument der Verdrängung und mithin der Bewältigung von traumatischen Erfahrungen geworden sind. Die als lebensbedrohlich beschriebene Krise in den 1950er Jahren bildet eine Basis seiner Künstlerexistenz, um die sich die verschiedenen Phasen ihrer Bewältigung Schicht um Schicht abgelagert und verdickt haben. Im Sinne Paul Ricœurs „Archäologie des Subjekts"[1] gilt es in diesem Kapitel die

Schichten offenzulegen, die Beuys' existenzielle Erfahrungen als Soldat eingekapselt haben, so wie es durch die Filzdecke bei der Aktion „Der Chef" verkörpert worden ist.

Als Soldat war Beuys zugleich Täter und Opfer, Leidbringender und Leidtragender. Und am Ende des Krieges wurde aus dem fliegenden Bordfunker, der außerdem das Bordmaschinengewehr zu bedienen hatte, auch noch ein Fußsoldat. Dieser hatte sich nun im Feld ohne das schnelle Flugzeug, eine kombinierte Angriffs- und Fluchtmaschine, zu schlagen, was für den Berufssoldaten Beuys eine demütigende Erfahrung gewesen sein muss.

Bei der Aufarbeitung dieses Traumas wurden Hasen und Kaninchen als Symboltiere essentiell. Sie bildeten mit verschiedenen Materialien und Gegenständen die Basis der Beuysschen Selbstdarstellung in Installationen und Handlungen durch Symbolisierungen, Umbenennungen, Auslagerungen, Verkörperungen und Modifikationen. In die mit Nagerfellen gefütterten Mäntel gehüllt, trug er die Erfahrung des verlorenen Krieges an sich, der nicht nur ihn, sondern die gesamte Nation psycho-physisch geprägt hatte. Als einer von vielen Besiegten konnte er dank der Präsenz seiner Bilder und Aktionen in den Medien ein größeres Publikum als andere Künstler erreichen und diesem seine traumatischen Erfahrungen mitteilen. Er brauchte sie nicht einmal zu exemplifizieren. Die lebhafte und in einzigartiger Weise in allen Gesellschaftsschichten geführte Debatte über Beuys bestätigt, dass diese implizite Art der Mitteilung von den Menschen, die wie er selbst durch den Krieg geprägt worden waren, verstanden wurde. Kaninchen spielen dabei eine Doppelrolle, und zwar als Boten, die zwischen Beuys und dem Publikum vermitteln, sowie als Symboltiere, die sich in Hasen verwandelt haben. Durch sie kommt ein komplexer Prozess der Übermittlung und Umwandlung in Gang, wobei Erfahrungen teilweise in die Welt der Tiere ausgelagert werden. Was es mit diesen vielschichtigen Symbolisierungen und Verwandlungen auf sich hat, soll in diesem Kapitel untersucht werden. Dabei geht es aus heutiger Sicht neben Verdrängung und Heilung um Aktionen als Instrumente seelisch-leiblicher Präsenz, denn durch die Aktionen wurden die Erfahrungen nicht nur zur Erscheinung gebracht, sondern bekamen auch einen Ort, an dem sie verstärkt und differenziert werden konnten. Selbst wenn sie nicht die intellektuelle Qualität von Diskursen erreichten, stellte Beuys für die nach dem Krieg Geborenen Situationen, Objekte und Material bereit und in Zusammenhänge, die den Erfahrungen der Kriegsteilnehmer öffentlich Gestalt und Gesicht gaben.

Flieger und Höhlenbewohner

Identifikationsmöglichkeiten mit Hasen und Kaninchen Die unterschiedlichen Eigenschaften, die sowohl dem Hasen wie auch dem Kaninchen zugeschrieben werden, verweisen auf animalische Jagdmuster und archaische Verhaltensweisen. Der Hase, ein Steppenbewohner, flüchtet in der Ebene, auf der sich keine Verstecke bieten, vor seinen Feinden, indem er durch plötzliches Hakenschlagen auf ihn herabstürzende Greifvögel ins Leere fliegen lässt. So verschafft er sich eine Atempause und ermüdet seine Jäger. Während der Hase eher einem aus der Luft bekämpften Ziel gleicht, entspricht die Perspektive der Militärflieger eher dem Jagdschema von Raubvögeln. So griffen Sturzkampfbomber und Jagdflieger nicht nur stehende sondern bewegliche Ziele wie Soldaten oder Zivilisten an. Auch ist zu berücksichtigen, dass in einem Stuka der rückwärts zur Flugrichtung sitzende Funker das angegriffene Ziel nicht sehen konnte und bei Angriffen auf das Flugzeug statt des Funkgeräts das Bordmaschinengewehr zu bedienen hatte. Hier zeichnet sich ab, dass die Verhältnisse im Sturzkampfbomber die Möglichkeiten von Greifvögeln überstiegen; denn aus der nach dem Angriff aufsteigenden Maschine konnte nach unten geschossen werden. Eine Annäherung an die Wirklichkeit der Stuka-Einsätze wirft auch die Frage auf, ob sich Beuys mittels des Hasen nicht auch solchen Erfahrungen stellte, um sich die Situation der Opfer solcher Angriffe vor Augen zu führten? Außerdem dürfte es Beuys in all den Jahren kaum entgangen sein, dass „Hasen jagen" ein Euphemismus für die Jagd auf Juden war.[2]

Weil in den dokumentierten Aktionen der Balg eines Kaninchens einen Hasen abgeben musste, wird die Aussagekraft des Tiers ambivalent. Beuys selbst lieferte keine Details zur Differenzierung, sondern hielt die Zuschreibungen der Eigenschaften von Kaninchen und Hase offen, womit die Möglichkeiten der Vertauschung quasi autorisiert wurden. So ging der Hase als „das Symbol der Inkarnation" durch, obwohl Beuys ihm die Eigenschaften eines Kaninchens zusprach, als er sagte, der Hase mache, „was der Mensch nur in Gedanken kann. Er gräbt sich ein, er gräbt sich einen Bau. Er inkarniert sich in der Erde, und das allein ist wichtig."[3] Mit einem dem magischen Denkens entstammenden Bild der Inkarnation bezog sich Beuys außerdem auf archaische Vorstellungen, die in der Erde formende Kräfte am Werk sehen, die Gegenstände und Bilder hervorbringen.[4] Monika Wagner hat an Motiven bei Philip Otto Runge und Friedrich Perthes gezeigt, wie die Vorstellung von den mit Blut und Körpern befruchteten Schlachtfeldern aktualisiert wurden: „Dort nimmt die Erde als mythische Mutter den toten Krieger in sich auf und transformiert ihn."[5] Auch die lehmbraune Farbe, die Beuys häufig verwendete, lehnt sich noch an diese Vorstellungen an und symbolisiert etwas Irdenes, das gelegentlich Spuren schon vorhandener Zeichnungen und Notizen verdeckt.

Kaninchen ermöglichten es Beuys, auf das Graben und Schanzen von Soldaten anzuspielen, denn noch am Ende des Krieges wurde er als Fußsoldat vom Jäger zum Gejagten, dem keine Geschwindigkeit mehr half, weshalb er seine Rettung in der Erde suchen musste. In einer Stellung liegend, konnte er in einer für ihn und sein Land hoffnungslosen Lage nicht mehr siegreich kämpfen, sondern lediglich sein Überleben sichern.[6] Verließ er seine Deckung und lief über das Gefechtsfeld, hieß es, so schnell wie möglich wieder in einem Loch zu verschwinden. Diese Erfahrung teilte er mit Kaninchen, die entgegen tierkundlicher Tatsachen in der gesamten Literatur über Beuys als Hase durchgegangen sind[7]. Alle Autoren akzeptierten Beuys' Angaben bereitwillig, denn wer mochte in den Jahren des Wirtschaftswunders einen aufstrebenden Künstler mit einem sich eingrabenden Verlierer identifizieren?

Der fliegende Hase und das verspeiste Kaninchen Als Beuys behauptete, der Hase würde „sogar mit der Berliner Mauer fertig"[8], verortete er den Hasen gar nicht mehr auf oder in der Erde, sondern imaginierte ihn als ein fliegendes Wesen, das mit gewaltigen Sprungkräften ausgestattet ist; denn es ist einem Hasen unmöglich, sich wie ein Maulwurf unter den Fundamenten einer Mauer hindurch zu graben. Hier erweist sich die Übertreibung als ein probates Mittel, um virtuelle Superkräfte zu beschwören, mit denen sich der Künstler identifiziert und als Befreier in Szene setzten kann. Dies ist insofern anzunehmen, als Beuys Mittel finden musste, die ihm erlaubten, sich nach dem unrühmlichen Ende seiner Laufbahn als Berufssoldat neu zu erfinden und nach der Depression als Künstler das notwendige Überlegenheitsgefühl zu entwickeln. Das zog er aus dem Hasen als Symboltier, denn die Symbiose aus Hase und Kaninchen erweiterte seine darstellerischen und gestalterischen Mittel. Der Hase wurde zu einem imaginären Superwesen, dem flexible Eigenschaften zugewiesen werden konnten, die es Beuys ermöglichten, sich bei Bedarf in Luft aufzulösen oder pfeilschnell zu verschwinden. Deshalb ist festzuhalten, dass Beuys den Hasen praktisch weniger als Symbol betrachtete sondern ihn, wie er sagte, als Inkarnation von sich selbst benutzte. Sich als Erdwesen selbst re-inkarnierend, war er stärker als ein Symbol; denn die lebendige fleischliche Verkörperung von etwas ist materiell, während das Symbol lediglich eine literarische oder künstlerische Materialisation ist. Dieser herausgehobene Status folgte der christlichen Vorstellung, nach der Jesus Christus als Mensch die Fleischwerdung Gottvaters ist, während für den an sich unsichtbaren Heiligen Geist ein Symbol wie etwa das Bild einer Taube ausreichen muss. Also sah sich der Hasendarsteller dem Schöpfergott nahe stehend.[9]

Solange die konkreten Zusammenhänge in einer künstlerischen Vorstellungswelt aus Gegenständen und Symbolen aufgehoben und so gut wie verborgen waren, sah Beuys überhaupt keine Veranlassung, die Verwechslung aufzuklären. Sie kam ihm sogar entgegen; denn er nutzte dieses Vexierspiel auch, um seinen Einsatz als Infanterist in den letzten Kriegsmonaten zu verschleiern. Deshalb behauptete er, als Fallschirmjäger eingesetzt worden zu sein.[10] Abgesehen davon, dass ein Fallschirmjägereinsatz für ihn nicht nachweisbar ist, hatte die Wehrmacht 1945 in dem besagten niederrheinischen Gebiet nahe der holländischen Grenze aus der Luft heraus überhaupt keine militärischen Optionen mehr. Ferner war die Unterstellung unter das Kommando des 7. Fallschirmjägerbataillons auch nicht notwendig damit verbunden, dass der ausgebildete Bordfunker am Fallschirm hinter den feindlichen Linien abgesetzt worden wäre. Er wurde vielmehr als Kanonenfutter in einen verzweifelten Abwehrkampf geworfen. Dennoch hängt seinem letzten Dienstgrad „Oberjäger“ eine ironische Dialektik an, weil darin semantisch auch das Jagdprivileg eingeschrieben war.

Angesichts des Mangels an allem war ein Kaninchen nach Kriegsende ein ideales Nahrungsmittel und ein Felllieferant; denn für normal Sterbliche war es so gut wie unmöglich, ohne Jagdlizenz und -revier sowie ohne Waffenbesitz zu jagen, um etwa einen Hasen zu erlegen. Hauskaninchen ließen sich dagegen überall, also auch in der Stadt gut in „Kaninchenkästen" halten und während des Sommers mit überall wachsendem Gras und Löwenzahn sowie mit Schäl- und Gartenabfällen füttern. Insofern hat Beuys auch keine kompletten Kaninchen verwendet, sondern ihr präpariertes Fell, das den Kaninchen nicht vollständig „über die Ohren gezogen" worden war. Das Fleisch hatte zuvor einen leckeren Braten für die Familie und für Freunde abgegeben. Ein Brief an Tomas Schmit bezeugt, dass Beuys die Verwendung dieses Haustieres als Hasendarsteller von Anfang an geplant hatte, denn darin differenzierte er sogar „2 Arten Kaninchen", wie er sie später bei der Aktion „Der Chef" tatsächlich verwendete.[11] Er musste allerdings bemerkt haben, dass das Kunstpublikum, das seine feinen Differenzierungen gar nicht verstand, geschweige denn in der Lage war, Kaninchen von Hasen zu unterscheiden, leicht in die Irre zu leiten war. Ahnungslosigkeit und Leichtgläubigkeit haben ihn schließlich ermuntert, in noch tollkühnerer Weise symbolische Belegungen zu verwenden und die Zugkraft verschiedener symbolischer Belegungen von Materialien und Gegenständen auszuprobieren.

Mit Bezeichnungen und Bedeutungen spielend, befand sich Beuys aber auch auf Augenhöhe mit den philosophischen Debatten dieser Zeit, die inspiriert waren u. a. von Ludwig Wittgenstein und Martin Heidegger, die Zweifel am Wahrheitsgehalt von Sprache geäußert hatten. Diese später „linguistic turn" genannte geisteswissenschaftliche Entwicklung hatten Kubisten, Futuristen, Dadaisten und Surrealisten vorbereitet, die wie etwa René Magritte mit Bildern wie: „Ceci n'est pas une pipe" Sprache in ihre Kunstwerke und das Kunstmachen eingeschleust hatten.[12] Auch Beuys benutzte die Technik sprachlicher Umbauten. Um seine Biographie zu gestalten, folgte er dem Vorbild von Max Ernst, der seine „Biographischen Notizen" mit dem bezeichnenden Untertitel „Wahrheitsgewerbe und Lügengewerbe" versehen hatte. Allerdings gestaltet sich die Prosa bei Beuys etwas knapper. Als Abfolge fiktiver Ausstellungen angelegt, bekam sie Verweischarakter; denn sie bezieht sich auf Orte, Architektur und Installationen. Zunächst wurde Sprache genutzt, um reale Gegenstände und Sachverhalte sowohl von ihren Abbildungen als auch von ihren Bezeichnungen abzukoppeln und so lange zu verschieben, bis sie hinter der Begrifflichkeit verschwanden. Dabei wurde der Anlass selbst verwandelt, bis er als etwas Neues wieder auftauchte. Diese Loslösung von Begriffen ist besonders auch in seinen Installationen nachzuweisen.[13]

Das Vexierspiel geht weiter Hätte man dem Alltag der Menschen in der Nachkriegszeit und dem Leben des Kriegsheimkehrers und Lehrbeauftragten Beuys, der schlechter verdiente als seine verbeamteten Kollegen, stärkere Beachtung geschenkt, so wären auch bei Beuys die Anteile des durch die Armut der Nachkriegszeit erzwungenen kleinbürgerlichen Lebens stärker ins Bewusstsein gerückt. Stattdessen haben seine Freunde und Förderer mit ihm das Große gesucht und das Abstrakte bevorzugt, um den umstrittenen Lehrer gesellschaftlich aufzuwerten und auf dem Kunstmarkt zu etablieren, was nicht zuletzt auch dazu beitrug, die noch nicht lange zurückliegende Schmach des verlorenen Kriegs zu kompensieren. Wagen wie der Bentley oder der Lincoln Continental, die Beuys fuhr, sowie Steiner und die Anthroposophie eigneten sich besser, um ihn zu einem repräsentativen Künstler aufzubauen, als die Kargheit des Alltags, welcher durch die ärmlichen Materialien evoziert wurde, auf die sich parallel auch die italienische Arte Povera berief. Die Nähe zu dieser Kunstrichtung trug wesentlich zur Wertschätzung bei, die Beuys in Italien erfuhr, während die Kunstoffiziellen in Deutschland gerade diese Aspekte seines Werkes geringschätzten. Diejenigen, die ihn nicht ablehnten, verschlossen lieber ihre Augen vor Beuys' anti-modernen Ambitionen, durch die er besonders in der englischsprachigen Kunstszene zu einem Leitbild der Postmoderne aufstieg.[14] Dagegen fühlte sich die westdeutsche Nachkriegskunstgeschichte mit den ersten vier *documenta*-Ausstellungen weiterhin der Moderne verpflichtet, bis Harald Szeemann diese Sicht mit der d5 1972 einer Revision unterzog.[15]

Es lag nicht im Interesse von Beuys, den für seine Künstlerkarriere nötigen Brückenbau in dieses schwierige Umfeld zu behindern. Schließlich hatte er die Brückenpfeiler selbst hochgezogen und durch seine Selbstdarstellung kräftig an der Bildung des Mythos um seine Person mitgewirkt. Um seiner Person mehr Gewicht zu verleihen, gab er sogar vor, Pilot, also Offizier, gewesen zu sein, oder wertete seine Taten als Infanterist durch Abzeichen wie das Eiserne Kreuz und mehrere Verwundetenabzeichen nachträglich auf.[16] Bis 1996 dachte niemand daran, seine Angaben und besonders seine Funktion als Pilot anzuzweifeln oder umgekehrt seinem Einsatz als Jäger in den letzten Kriegsmonaten Beachtung zu schenken.[17] Ein einfacher Vergleich hätte indessen ergeben, dass die beiden Dienstgrade in keinem Verhältnis zueinander stehen können, denn seine Tätigkeit als Jäger zum Kriegsende wäre einer Degradierung gleichgekommen. Ähnlich verfuhr er mit den Kindheitserlebnissen, aus denen er in „Lebenslauf Werklauf" die Grundlage seiner ebenso poetischen wie legendären Biografie konstruierte, die seine kleinbürgerliche Vergangenheit mystifizierte. Sie erklärt auch, warum Beuys nach seiner Entlassung dermaßen um seine Professur kämpfte. Ohne sein Ethos als Lehrer in Abrede stellen zu wollen, hatte er eine Verbeamtung auch deshalb immer wieder angestrebt, weil sie ihm eine Pension gesichert hätte, auf die er als Berufssoldat eine Anwartschaft erworben hatte. Doch schon beim Militär hatte er den Aufstieg in den höheren Dienst verpasst, weil seine Farbenblindheit und das fehlende Abitur[18] einer Pilotenlaufbahn entgegenstanden, weshalb ihm auch der Rang eines Offiziers verwehrt geblieben war.

Das Vexierspiel mit dem Hasen als Kaninchen und dem Kaninchen als Hasen bietet sich auch hier als Folie an, weil ihm seine durch fiktive Elemente bereicherte Biografie erlaubte, glückliche Momente des Spiels und der unbefangenen Phantasie aus seiner Kindheit verfügbar zu machen, um der tristen Wirklichkeit des kleinbürgerlich-materialistischen Denkens zu entrinnen.[19] Nach dem Studium von einer Depression geplagt, die heute als Posttraumatische Belastungsstörung (PTBS) bezeichnet werden würde, verbrachte Beuys eine für ihn rettende Zeit auf dem Bauernhof der van der Grintens. Als landwirtschaftlicher Helfer beschäftigt, konnte er wie ein Kaninchen graben, scharren und Nahrung gewinnen. In seiner Freizeit baute er damals ein Hockergrab und Grabhöhlen.[20] Innerhalb dieses erdgebundenen Lebens blieb er weiter auf einer inneren Flucht vor den quälenden Erinnerungen, wie ein Hase, der tatsächlich auf dem freien Feld oder in der Steppe lebt und sich in Sassen duckt und versucht Haken schlagend zu flüchten. Hier ist ein Spiel aus Täuschung, Verbergen und Flucht angelegt, das Beuys hinsichtlich seiner Kriegserfahrungen auf verbaler Ebene beibehielt.

Agenten der Heilung – Kulturelle Verwandtschaft mit Tieren

Im Kapitel über die Aktion „EURASIA Sibirische Symphonie 1963, 32. Satz (EURASIA) Fluxus“, die in Kopenhagen am 15.10. und in Berlin am 31.10.1966 stattfand, versammelte Uwe M. Schneede Beuys-Zitate über den Hasen, die dieses Steppentier als ein „Überbrückungszeichen für Bewegung“ oder „Überbrückungsvehikel“ bezeichnen.[21] Demgegenüber ist die Symbolik des Hasen in der Literatur über Beuys auch gerne traditionell, also der mittelalterlichen Ikonographie des Hasen folgend, aufgefasst worden.[22] Anders als enge kunsthistorische Interpretationen verweisen Schneedes Begriffe auch auf die stammesgeschichtlichen Wurzeln von Tieren, obwohl er an dieser Stelle noch nicht weiter auf Schamanismus eingeht.[23] Der amerikanische Kulturanthropologe und Philosoph Thomas McEvilley brachte schließlich die Anleihen bei schamanischen Praktiken im Werk von Beuys mit den desorganisierenden Folgen des Kriegs in Verbindung.[24] McEvilley band verbale und künstlerische Äußerungen von Beuys in eine sich auf Anthropologie und Ethnologie stützende Sicht auf die verschiedenen Phasen der Menschheitsgeschichte ein und stellte damit Beuys' oft rätselhaft erscheinendes Schaffen in einen größeren Zusammenhang.

Jenseits aller Symbolik und Metaphorik machte Beuys aber auch das Kaninchen in einer kindlichen Manier zum Hasen, was möglicherweise damit zu tun hatte, dass infolge des Bombenangriffs auf Kleve im zerstörten Haus seiner Eltern unter seinen Kindheitserinnerungen auch ein entsprechendes Lieblingstier verschüttet wurde. Dieser Verlust würde auch eine alternative Interpretation der Installation „Hasengrab“ (1962) erlauben; schließlich steckt im kindlichen Verhalten immer auch ein Rest Rückerinnerung an frühere Kulturstufen. Entsprechendes gilt für Menschen, die durch Schock oder überwältigende Schicksalsschläge traumatisiert wurden. Sie suchen sich wie Schamanen ein Tier, das als Partner und Freund fungiert, mit dem sie sprechen können.[25] Während der Gesprächsfaden zu ihren Mitmenschen abgerissen ist, ermöglicht ihnen ein Tier oder ein Tierdarsteller, sich zu artikulieren und verlorenes Vertrauen in ihr Leben wiederzuerlangen. Auch die Verbindungen zwischen verschiedenen Phasen eines Lebens würden sich ja durch den Begriff „Überbrückungsvehikel" erfassen lassen. (Eine aktuelle literarische Variante dieses Verhaltens findet sich in den Zwiegesprächen Eds mit dem toten Fuchs im Roman *Kruso* von Lutz Seiler)

Bei der Aktion „Der Chef" lag Beuys eingewickelt in einer Rolle aus Filz, vor deren Enden Kaninchen/Hasen abgelegt worden waren. Als Materialien verwendete er überdies Haarbüschel, Fußnägel, Fettstreifen und Fettecken – also kondensiertes oder extrahiertes Material von Menschen und anderen Lebewesen. In der Filzrolle gab Beuys Laute von sich, welche die Anwesenden an Tierlaute erinnerten. Ihre Imitation bekundete die entwicklungsgeschichtliche Zusammengehörigkeit von Menschen und Tieren. Weitgehend reglos in eine ihrerseits aus Tierhaaren bestehende Filzdecke gehüllt, passte sich Beuys dem organischen Material toter Lebewesen an. Ihm kam es darauf an, „das, was ein Tier sozusagen an Geistigkeit hat, mit hineinzunehmen; hineinzunehmen in das, was wir verloren haben an – wie soll ich sagen – Kultur."[26], womit er konkret Formen des Animismus ansprach, dem er sich in seinen Aktionen annäherte.[27] Als er von der Kultur der Tiere sprach, nahm er Ansätze in der Forschung vorweg, die sich erst nach seinem Tod Geltung verschaffen konnten.[28] In diesem Zusammenhang wird auch deutlich, warum Beuys verlangte, der westliche Mensch solle sich nach Osten wenden, um das Verlorene zurückzugewinnen, was mit dem Schamanismus auf dem asiatischen Festland zu verorten ist, der seine Spuren schon in der Moderne hinterlassen hatte. So untersuchte etwa der russische Dichter Velimir Chlebnikov die Sprache der Vögel und machte sie zu einer Grundlage seiner Dichtung.

Weil beide Weltkriege nicht nur die materiellen Grundlagen, sondern auch die spirituellen und geistigen Gewissheiten zerstört hatten, schöpfte Beuys wie schon die revolutionäre Avantgarde in Russland aus archaischen Ressourcen und strebte so eine Heilung im doppelten Sinn an. Der Versuch, „die eigene Psyche durch schamanische Selbsttherapie zu heilen"[29], beinhaltete auch über das individuelle Wohlbefinden hinausgehende gesellschaftliche Ansprüche, die Beuys im pädagogischen und politischen Engagement zu realisieren suchte. Diese führten ihn schließlich zu ökologischen Projekten wie „Difesa della natura" in Bolognano.[30]

Da McEvilley als Amerikaner vorbehaltloser mit anthropologischen Argumenten umgehen konnte, als es in Deutschland möglich war, wo Völkerkunde als Rassenforschung von den Nazis instrumentalisiert worden war, vermochte er auch über die teilweise reaktionären Ansätze von Beuys und seiner Umgebung hinwegzusehen.[31] McEvilley hob hervor, wie notwendig es für Beuys war, „direkt mit der Natur zu kommunizieren". Dabei ging er so weit zu behaupten, dass Beuys, um sein Trauma zu überwinden, „aus der Geschichte hinein in die Natur"[32] trat. Die Frage ist, wie das gelingen konnte?

Hase als Übergangswesen Es ist eine Besonderheit von Hasen und Kaninchen, dass Laien das Geschlecht an der äußeren Erscheinung dieser Tiere nicht ohne weiteres bestimmen können. Neben verschiedentlich überlieferten Verwandlungen vom Menschen zum Tier und umgekehrt oder von Tier zu Tier kommt es auch zu unklaren Geschlechterrollen, die nicht nur aus Märchen und Legenden bekannt sind.[33] Auf die Überlagerung von Weiblichem und Männlichem, das Beuys mit dem Anlegen eines dreieckigen Gazefilters um den Hosenlatz in der Aktion >> H a u p t s t r o m >> 1967 realisierte, hat schon Eva Huber aufmerksam gemacht und dabei auch auf Schamanismus verwiesen.[34] Zwar gibt es im Schamanenwesen Transformationen, die mit sexuellen Ambivalenzen einhergehen können, doch führen die Initiationen von Schamanen in vielen Weltgegenden eher zur Zerstückelung und Auflösung des Körpers und einer neuen Zusammensetzung der geläuterten, also nach den Überlieferungen angeblich zwischenzeitlich gekochten Stücke und Organe. Diese können gelegentlich auch gegen Artefakte ausgetauscht werden.[35] Diese Vorstellung böte eher eine Möglichkeit, den Fettklumpen kulturgeschichtlich zu verorten, den Beuys anstelle seines Herzens bei den van der Grintens vergrub.[36] Solchen Transformationen gemeinsam ist der Übergang von etwas Unsichtbarem in eine Erscheinung und von etwas Okkultem in ein Wesen, das gestisch, sprachlich, bildlich oder mittels Kleidung[37] sichtbar gemacht wird.

Sich eingraben Motive des Grabens finden sich in „Lebenslauf Werklauf". Dort heißt es: „1928 Kleve Erste Ausstellung vom Ausheben eines Schützengrabens / Kleve Ausstellung um den Unterschied zwischen lehmigem Sand und sandigem Lehm klarzumachen." Demzufolge haben sich Beuys und seine Mitschüler schon als Siebenjährige mit dem Ausheben von Schützengräben befassen müssen, die für den Stellungskrieg im Ersten Weltkrieg bedeutsam waren. Selbst wenn es dabei weniger um Geologie, sondern um militärische Früherziehung ging, die mit Fächern wie Wehr- und Heimatkunde zum Schulunterricht gehörte[38], so hat die Erfahrung des Grabens nachhaltig auf den Jungen gewirkt. Zunächst einmal holte diese paramilitärische Ausbildung, die Beuys in seiner Kindheit erfahren hatte, den Weltkriegssoldaten ein, ehe er sich als Veteran damit auseinandersetzten konnte, was ihm wiederfahren war. Deshalb lässt sich sein Werk nicht erschöpfend begreifen, wenn hinsichtlich der bei Aktionen verwendeten Kaninchen, z.B. bei „wie man dem toten Hasen die

Bilder erklärt" in der Galerie Schmela am 26. Nov. 1965, einseitig nach der Bedeutung dieses Tiers in der Mythologie, Religion und traditionellen Symbolik gefragt wird. Das trifft gleichfalls auf den Spaten als Objekt in zahlreichen Aktionen und Installationen zu. Besonders die doppelstieligen Spaten, wie sie 1965 bei der Aktion „24 Stunden" in der Wuppertaler Galerie Parnass eingesetzt wurden, sind ambivalente Instrumente im Dienst von Leben und Tod; denn Spaten helfen dabei, den Boden zu kultivieren, die Fundamente eines Hauses auszuschachten, Schützengräben anzulegen oder ein Grab zu schaufeln. Im Leben von Beuys gibt es noch weitere Hinweise auf die Abgründe, die sich mit dem Spaten öffnen lassen; denn während der Krise 1954-57 beschäftigte er sich auch mit dem Bau eines Hockergrabs.[39]

Mit der Umstrukturierung seiner Person nach dem Krieg und dem anschließenden Kunststudium wachsen dem Graben weitere Bedeutungen zu. Es wird zu einem

1. Akt der Sühne und des Opfers
2. sexuellen Akt
3. Akt der Transformation

Zu 1. Als Flieger konnte es Beuys vielleicht noch verborgen geblieben sein, dass Verbände der Wehrmacht und der SS Massengräber ausheben ließen und an deren Rändern diejenigen erschossen, die die Arbeit des Ausschachtens verrichtet hatten. Erst im Zuge des Auschwitzprozesses in Frankfurt 1964 wurde öffentlich darüber diskutiert, und das deutsche Fernsehen zeigte Aufnahmen solcher Erschießungen.[40]

Zu 2. Das Eindringen in den Schoß der Erde ist eine sexuelle Metapher, die auf die archaische Auffassung zurückgeht, im Körper der Erde einen fruchtbaren Leib zu erkennen, der die Grundlagen des Lebens spendet und den Pflanzen und Tieren Nahrung und

Wohnung gibt. Letzteres trifft besonders auf die Nagetiere zu, die Ahnen aller Säugetiere sind, weil sie nach der kreidezeitlichen Katastrophe mit Kälte und Dunkelheit in der Erde überlebt haben. Auch als Beuys sagte: „Ich bin ein ganz scharfer Hase“[41], bezog er sich implizit auf die Fruchtbarkeit und den scheinbar übermäßigen Sexualtrieb der Kaninchen.

Zu 3. Als Künstler vollzog Beuys den Akt der Transformation zunächst ganz sinnbildlich, indem er sich in einer Simulation zu einem Teil der Erde machte und sich schließlich daraus gebären ließ. Die Aktion „Der Chef“, bei der er sich in eine Filzdecke hüllte, stellte dies explizit dar. Die eingerollte Filzdecke aus den Haaren von Nagetieren und von zwei Kaninchen flankiert, erscheint auf den Abbildungen zunächst wie ein phallisches Objekt mitten im Raum. Als er sich darin durch nachgeahmte Tierstimmen bemerkbar machte, gab er sich als Insasse zu erkennen, wodurch sich dieses gestreckte Objekt schließlich von einem phallischen Gegenstand in ein haariges Uterusobjekt verwandelte, das ihn aus vielen Schichten bestehend einmummte. Die Merkmale beider Geschlechter vereinend, erinnert die rundliche Form schließlich auch an den Urmenschen, den Plato als eine Kugel beschrieb, die halbiert worden ist, so dass Mann und Frau seitdem Unvollkommenheit empfinden, die es zu kompensieren gilt.

Verwüstung der Erde als Körper Die Bedeutung der Erde als Körper wird auch mit dem Spaten mit zwei Stielen adressiert, den Beuys im Rahmen der Aktion „und in uns … unter uns … landunter“ 1965 in Wuppertal einsetzte, dessen Titel ebenfalls auf Erde anspielte. Das Objekt besteht aus zwei handelsüblichen Spaten, denen je ein Stück aus der Schneide abgetrennt worden ist. Durch das Zusammenschweißen an beiden Schnittstellen fügten sich die beiden metallenen Schneiden zu einem herzförmigen Gegenstand, aus dem die Stiele ragen wie Arterie und Vene. Diese Assoziation verstärkte sich bis zur Symbolik eines Herzens, als Beuys das Objekt tatsächlich vor seinen Brustkorb hielt.

Von der Aktion getrennt in Kunstsammlungen überführt, wurden schließlich aus zwei Serienprodukten, die ihrer Funktionalität beraubt worden waren, Kunstgegenstände. Indem er sie als Edition von zwei Objekten herausgab, schlug Beuys erstmals auch einen Bogen von der Aktions- zur Objektkunst und ihrer Spielart, dem Multiple.

Die Verwandlung in ein Kunstobjekt negierte zwar den Werkzeugcharakter der Spaten, doch ließ sich das Bild der Spatenkolonnen des Reichsarbeitsdienstes nicht verdrängen, zumal das durch die Stiele gebildete rechtwinklig geöffnete „V" unter anderem an Volk und Volkssturm erinnert sowie die Form von Dienstgradabzeichen nachahmt, die von Unteroffizieren an Schultern und Oberarmen getragen wurden. Das damalige Publikum konnte die militärischen Symbole der Wehrmacht noch lesen, so dass auch die Kragenspiegel an dem Mantel für Schweizer Militärärzte, den Beuys nach seiner Entlassung im Oktober 1972 trug, als er das Spalier aus Polizisten in der Kunstakademie in Düsseldorf durchschritt[42], den Auftritt zum Statement eines Veteranen machten. Ob man auch daran dachte, dass der Mantelträger durch den Krieg um seinen Traumberuf Arzt gebracht worden war, bleibt dahingestellt.

Mit dem Multiple, das die Zweckbestimmung des Spatens als Werkzeug suspendierte, kann auch ein neuer Blick auf das Graben geworfen werden, das die Nazis zu einem Vernichtungsgeschäft gemacht hatten, wo immer sie die zum Nahrungsanbau und Hausbauen nützlichen Grabinstrumente für kriegerische und letztlich zerstörerische Zwecke instrumentalisiert hatten.[43]

Beuys hatte die Spaten unbrauchbar und zu einem ästhetischen Objekt gemacht und dabei schon die Forderung „Schwerter zu Pflugscharen", die in den 1980er Jahren mit der Friedensbewegung aufkam, in ihrer Doppeldeutigkeit sinnbildlich umgesetzt. Die Umkehrung meint, dass Waffen zu in der Nahrungsmittelproduktion dienlichen Werkzeugen umgewandelt werden sollten, während in der Version von Beuys diese Maxime doppelt negiert wird. Das missbrauchte Grabinstrument bleibt eine Waffe, die hier als Kunstobjekt in einem Kampf um Kunst und Kreativität eingesetzt werden kann. Einen Sieg antizipierend wird das Objekt schließlich als Zeichen entmaterialisiert, das nach dem Krieg auch als „V" für „Victory" gelesen werden konnte, das in Wuppertal möglicherweise schon für einen vorweggenommenen Sieg der Kunstauffassung von Beuys stehen konnte.

Die Umwidmung oder die Neudefinition wird hier außerdem nicht durch das Verflüssigen und Umschmelzen wie bei der plastischen Verwendung von Fett und Metall erreicht, sondern durch Fixierung. Durch Verschweißen werden zwei funktionierende Objekte in ein dysfunktionales verwandelt. Das Eindringen des Spatens in die als weibliche Substanz verstandene Erde (*Mutter Erde*, Gebiet der Fruchtbarkeit) wird verunmöglicht. Auch darin deutet sich noch einmal die ambivalente Beziehung zum Kaninchen an, das sich mit seinen weichen Pfoten in die Erde eingraben kann, während das den Besitzern des Doppelspatens erschwert wird, und es darüber hinaus unschicklich ist, das Kunstobjekt wieder einem praktischen Gebrauch zuzuführen.

Zu den Möglichkeiten, die sich rund um das Tier öffnen, gehören schließlich auch die strategischen Momente des Verbergens, die gleichzeitig mit dem Aufdecken der Vorgänge unter der Erde verbunden sind. Das bewirkte, dass sich für Beuys Einsichten in Zwischenwelten ergaben, in denen die Grenzen zwischen materiell und immateriell, faktisch und fiktional, unbekannt und benannt, Natur und Kultur fließend werden.[44]

Materialisierte Laute Beide Spatenobjekte zeigen, wie sich Beuys mit Zeichen und Sprache und den Möglichkeiten ihrer Materialisierung auseinandergesetzt hat, ohne jedoch – bis auf das „V" – Buchstaben zu benutzen. Die Ausübung der Sprache war in ein visuelles Äquivalent überführt worden. Hier kann man von einer objektivierten „Performanz" sprechen; denn anstelle eines Sprechakts brachte Beuys die plastischen und damit bildnerischen Qualitäten der Sprache zum Vorschein. Indem er das Sprechen von der visuellen Seite aus in Objekte umsetzte, brachte er – von der Forschung vernachlässigt – eine eigene Position in die künstlerische Auseinandersetzung mit Worten, Zeichen, Buchstaben und Literatur ein.[45]

Kopplungen mit Fett

In Publikationen über den Zweiten Weltkrieg wird die olfaktorische Realität meist nur angedeutet – viel häufiger jedoch verschwiegen. Die Beschreibung verbrannter Tiere und Menschen nach Feuersbrünsten wird durchgehend vermieden, wahrscheinlich weil sich ihr Geruch schlecht abbilden lässt, obwohl er viel nachhaltiger wirkt, weil er nicht mehr *aus der Nase zu kriegen* ist. Er wird also meist verdrängt.[46] Berücksichtigt man den penetranten Geruch von verbranntem Fett, so bekommt man eine Ahnung, wie tief sich Erinnerungen, wie sie das Fett in den Werken von Beuys transportiert, in die Sinnlichkeit der Kriegsteilnehmer eingegraben haben. Fett gewann also nicht nur aus der oft anekdotisch angeführten Lage der elterlichen Wohnung in Kleve gegenüber der Margarinefabrik der Firma van den Berg seine Bedeutung. Gleichwohl hatte diese Nähe der Fettproduktion schon den jungen Beuys befähigt, die Erscheinungsformen von Fett zu differenzieren, sodass er es nicht nur als plastisches Material betrachten, sondern es auch wegen seiner olfaktorischen Qualitäten beurteilen konnte. Doch bleibt offen, wie es um den Zustand der Fette in der Fabrik nach der schweren Bombardierung Kleves am 7.3.1945 bestellt war. Neben den physikalischen und ästhetischen Erscheinungsformen von Fett sind auch verfahrenstechnische Vorgänge des Extrahierens und Kondensierens von Interesse.

Da Beuys außerdem Tiere als Subjekte der Kultur betrachtete, hatte er ein inniges Verhältnis zu ihnen, so dass er sie kaum als bloße Lieferanten von Fett betrachten konnte. Als Kondensat aus Pflanzen oder Tieren ist Fett als verdichtete Lebensenergie mehr als bloße Substanz, was auch die Etymologie von Tran widerspiegelt. Das Wort hat denselben Stamm wie Träne oder Tropfen, denn es meint: „Durch Kochen dem Fett abgepresster Tropfen."[47] Das Kochen von Tran nahm in den Konzentrationslagern und im Krieg besonders perfide Formen an und floss im wahrsten Sinne des Wortes in den Bedeutungsumfang dieser eigentümlichen Substanz ein. In ihr manifestierte sich für Beuys jedenfalls der prozesshafte Austausch zwischen belebter und unbelebter Natur besonders nachhaltig.

Die Kenntnis der Bandbreite der Zustände und kulturellen Bedeutungen von Fett hilft, die zärtlichen Gesten der Zuneigung gegenüber dieser Substanz etwa bei „und in uns ... unter uns ... landunter" am 5. Juni 1965 besser zu verstehen. Während seines Beitrags zum 24-Stunden-Happening in der Galerie Parnass in Wuppertal näherte sich Beuys dem Fett sachte mit Handrücken und Gesicht, indem er etwa seine Wange daran schmiegte. Im Gegensatz dazu hatte er zwei Keile aus Fett parallel auf dem Boden liegen, auf die er seine Füße stellte. Der Titel der Aktion verbindet den Körper „in uns" und die Erde „unter uns" („landunter") mit dem Bild einer Katastrophe. Diese Zusammenhänge müssen einem Publikum vorgehalten werden, das seit der skandalösen Reinigung der Zinkbadewanne versuchte, die von Beuys benutzen Materialien anekdotisch zu relativieren und lächerlich zu machen.

Synästhetische Grundlage der Wiederkehr des Verdrängten

Angesichts der erstmaligen Verwendung von Fett bei einer öffentlichen Aktion, die Beuys in der Galerie Zwirner nach einem Vortrag von Alan Kaprow am 18. Juli 1963 durchführte, nehmen Adriani u. a. formale Gründe an, die „diese an sich gestalt- und inhaltslosen, trivialen Materialien zur bedeutungsvollen Substanz" werden lassen. Trotzdem spricht die Autoren „ein angenommener, teilweise in den Fetischen bestimmter Naturvölker begründeter Bedeutungsgehalt" an, „der dem auf den psychischen Bereich übertragenen Material entsprechend seiner Eigenart auferlegt wird. Allein daraus ergibt sich dessen besondere Verweiskapazität, d.h. die assoziative Verbindung zu dem begrifflich Verborgenen oder Verdrängten, für das es als Anschauliches, als hilfreiches Vehikel stehen mag."[48] Dieser Satz bezeichnet auf einer abstrakten Ebene den Wirkmechanismus von Materialien und Objekten, die Beuys benutzte. Nach einer Konkretisierung der Bedeutungen, die Adriani vermutete, sucht man allerdings vergeblich. Ohne Beispiele kann das Fett sogar auf Bienen bezogen werden, die tatsächlich ja Wachs und Honig herstellen[49]. Das mit der Zuordnung des Fetts zu Bienen weiterhin Verschleierte und damit auch das Verborgene sowie Verdrängte, das in der Verwendung von Fett bei Beuys zutage getreten ist, muss deshalb noch identifiziert und spezifiziert werden.

Aroma und Erinnerung Fette sind sowohl tierischen wie pflanzlichen und mineralischen Ursprungs und von hoher Energiedichte. Sie sind im geronnenen Zustand sichtbar und von unterschiedlicher Beschaffenheit, manchmal von blasser Farbigkeit, oft weißlich, glänzend, matt oder opak. Nach dem Überschreiten des Schmelzpunkts werden reine Fette transparent, sie riechen je nach Ursprung, Aufbewahrung und Alter unterschiedlich. Haptisch zeichneten sie sich durch Formbarkeit und starke Haftung an der Haut aus, wobei viele Fette im Bereich der Körpertemperatur ihren Aggregatzustand verändern. Aus diesem Grunde ist Fett ein Material, das idealtypisch nicht nur Beuys' *Plastische Theorie* verkörpert, sondern besonders als Nahrungsmittel mit der menschlichen Lebenswirklichkeit verbunden ist wie Luft und Wasser. Die Wichtigkeit, die Fett deshalb in der Nachkriegszeit hatte, geht auch auf die Fettwirtschaft der Nazis zurück, mit der diese dessen Verteilung kontrollierten, weshalb es „vor allem in Deutschland historisch beladen"[50] war. Das mag ein weiterer Grund dafür gewesen sein, dass Beuys in seinen Äußerungen zu Fett, abgesehen von der Betonung der plastischen und wärmespendenden Eigenschaften dieser Substanz sehr vage bleiben konnte; denn jeder verknüpfte eigene existenzielle oder anekdotische Erfahrungen damit, in die sich der Mythos, den Beuys über seine Rettung durch die Tataren nach seinem Absturz mit dem Jagdflugzeug verbreitet hatte, umstandslos einfügte. Hier wurden ja bekanntlich Fetteinreibungen als heilende Prozedur und wärmende Filzdecken als Erste-Hilfe-Maßnahme mit den bekannten Folgen namhaft gemacht. Allerdings weiß man inzwischen, dass Beuys damals gar nicht lebensgefährlich verletzt worden war und sich von seiner Gehirnerschütterung im Lazarett erholen konnte.[51] Dennoch muss nicht einmal bestritten werden, dass Einheimische zur Absturzstelle kamen und dem Verletzten Erste Hilfe leisteten oder ihm etwas zu trinken gaben. Es ist auch durchaus möglich, dass der abgestürzte Bordfunker Beuys den Fettgeruch und die Filzkleidung der ihm zur Hilfe geeilten Menschen unter Schockeinwirkung besonders intensiv wahrnahm. Dabei mochten auch Erinnerungen an andere Erlebnisse geweckt worden sein, weshalb dieser olfaktorische Eindruck zu einem Schlüsselreiz werden konnte, der eine Kette von weiteren damit verbundenen Ereignissen tranceartig auslöste und nach sich zog. Auch ist nicht ausgeschlossen, dass Beuys und sein Pilot vor oder während des Einsatzes Amphetamine eingenommen hatten, die betreffende Sinneseindrücke verstärkten. Dazu kommen Benommenheit, Stress und Angst.

Gegenüber derartig zugespitzten Ereignissen sind die synästhetischen Aspekte des Fetts in den Abbildungen und unter den konservatorischen Bedingungen, unter denen die Fettreste heute gezeigt werden, vollkommen unwirksam. Eva Huber wandte daher schon früher gegen eine zu kurz greifende Interpretation von Eduard Beaucamp ein: „Es fehlen so wichtige sinnliche Eindrücke wie z. B. der penetrante, ekelerregende Fettgeruch, der vergammelte Schmutzcharakter des Raums mit dem fettig verschmierten und glitschigen Fußboden und Beuys' vor Fett triefender Habitus, die dem ganzen Ambiente eine völlig antiästhetische, archaische Kreatürlichkeit gegeben haben müssen." [52] Festzuhalten ist, dass Hubers Einwand sowohl für den Geruchssinn als auch für den Tast- und Gleichgewichtssinn zutrifft. Sie zeigt auch, dass die Verwendung von Fett als Materie und der Begriff, den Beuys davon hatte, mit dem Tod verbunden sind. Fett ist ja deshalb haltbar und als Energievorrat geeignet, weil es extrahiert, konzentriert und verschlossen lagerfähig gemacht werden kann. Dazu wird es von der Materie eines lebenden Organismus mit seinen anderen organischen Bestandteilen abgetrennt, nimmt aber Gerüche und Ausdünstungen anderer Stoffe an; denn Fett ist ein Aromaträger und wird als solcher in der Küche sowie in der Parfüm- und Lebensmittelindustrie geschätzt.

Einverleibung und Abstoßung

Die prägende Wirkung synästhetischer Eindrücke aus seiner Kindheit offenbaren sich in „Lebenslauf Werklauf", worin Beuys anlässlich der Aktion in Aachen 1964 wichtige Ereignisse seines Lebens zusammengestellt hat.[53] Darin hat er Orte und Ereignisse chronologisch aufgelistet und „Ausstellungen" genannt. Man ist geneigt sie als fiktiv abzutun, weil die früheste Ausstellung 1921, im Jahr seiner Geburt, stattgefunden haben soll. Die Kommentare zu der hier folgenden Auswahl zeigen jedoch, dass sich diese Biografie entgegen dem Anschein auf sehr konkrete Orte sowie die damit verbundenen olfaktorischen Atmosphären und Ereignisse bezieht.

„1921 Kleve Ausstellung einer mit Heftpflaster zusammengezogenen Wunde"

> Hier wird der typische Geruch von Klebstoff und Desinfektionsmittel angesprochen, der sich nach dem Abziehen der Schutzfolie des Pflasters noch verstärkt[54]

„1922 Ausstellung Molkerei Rindern b. Kleve"

> Der Besuch einer lokalen Meierei gehörte bis in die 1960er Jahre überall in Deutschland zum Alltag; denn dort konnten frische Milch, Quark, Sahne und Butter bezogen werden. Charakteristisch war der leicht säuerliche Geruch, der diese Räume durchzog und auch die Milchküchen der Bauernhöfe prägte, in denen die häufig noch mit der Hand gemolkene Milch in Kannen gesammelt wurde. Hier wie dort setzten Milch- und Fettsäuren spezifische Aromen frei.

Beuys selbst gibt einen lebhaften Eindruck dieser Geruchskulisse in einem Interview, wo er sie in ein Tatarenzelt verlegte: „Die hatten Filzzelte, das ganze Gehabe von den Leuten, das mit dem Fett, das ist sowieso wie ein ganz allgemeiner Geruch in den Häusern, auch das Hantieren mit dem Käse und dem Fett und der Milch… das ist alles in mich eingegangen … Aber wahrscheinlich wäre ich nie wieder auf Filz gekommen, ohne dieses Schlüsselerlebnis. Also auf das Material, auf Fett und Filz."[55] Es ist gut möglich, dass er während der Stationierung auf der Krim in einem Dorf mit der Milchbearbeitung, der Quark- und Käseherstellung in Berührung gekommen ist. Dabei wurden die starken olfaktorischen Kindheitserinnerungen geweckt und mit aktuellen sinnlichen Erlebnissen vernetzt. Auf solche synästhetischen Ereignisse hatten sich schon Georg Baselitz und Eugen Schönebeck in ihrem Pandämonium/Manifest von 1961 bezogen, in dem sie verkünden: „In mir sind vorpubertäre Einschlüsse (der Geruch bei meiner Geburt), in mir ist die Grünung der Jugend …"[56]

Beuys' Erinnerung an das Pflastern des Nabels eines Neugeborenen ist auch durch die Geburt seiner eigenen Kinder aufgefrischt worden, denn sein Sohn Wenzel wurde 1961 und seine Tochter Jessyka 1964 geboren. In diesem Zusammenhang kann es auch zu einem Flash-Back des Anblicks von Bauchverletzten gekommen sein, so dass das eigentlich erfreuliche und zugleich dramatische Ereignis einer Geburt mit eigenen verdrängten Kriegserinnerungen gekoppelt worden ist. Die andauernden Atombomben-Tests, der Bau der Berliner Mauer 1961 und besonders die Kubakrise 1962 schürten in dieser Zeit außerdem Ängste vor einem neuen Krieg. Angesichts dieser Bedrohungen ist in dem Bild der zugezogenen Wunde auch die Hoffnung auf Heilung sowie der Wunsch nach einem Neuanfang enthalten, wie er sich mit der Geburt eigener Kinder konkretisiert hatte.

Solche Nachhallerinnerungen, die durch aktuelle Ereignisse ausgelöst worden waren, bildeten Mitte der 1960er Jahre die synästhetischen Grundlagen seiner Kunst, deren Möglichkeiten Beuys in einer künstlerischen Umbruchphase erprobte. Bei der Begegnung mit den Protagonisten des Fluxus spielte selbstverständlich auch die Tatsache eine Rolle, dass Maciunas als Zivilangestellter des US-Militärs in der Zeit der Zuspitzung des Kalten Krieges einen anderen Verhaltensstil an den Tag legte, als ihn Beuys vom zivilen Militärpersonal auf den Fliegerhorsten seiner Militärzeit kannte. Obwohl er keine freundschaftliche Beziehung zu Maciunas aufbaute, konnte sich dieser des aufmerksamen Interesses des Luftwaffen-Veteranen gewiss sein.[57]

Der folgende Eintrag in „Lebenslauf Werklauf“ darf auf keinen Fall vergessen werden, denn er zeigt, wie ungebrochen der Geist des Imperialismus in katholischen Milieus zwischen den Weltkriegen fortwirkte und wie folgenreich die Veränderung von nur einem einzigen Konsonanten sein kann: „1924 Kleve Öffentliche Ausstellung von Heidenkindern“, heißt es bei Becker/Vostell[58]. Es ist bemerkenswert, dass Adriani in der Übernahme von „Lebenslauf Werklauf“ stillschweigend die „Heidenkinder“ in „Heidekinder“ verwandelt hat.[59] Wahrscheinlich war den Autoren nicht klar, dass ungetaufte Kinder aus anderen Kontinenten in Deutschland von katholischen Geistlichen „Heidenkinder“ genannt wurden. Möglicherweise haben Missionare in Kleve sogar afrikanische Kinder vorgeführt, um die Bereitschaft zu Spenden für die Mission in Afrika zu wecken oder zumindest Gebete für die nach christlicher Auffassung ungetauften und somit dem Teufel ausgelieferten Seelen dieser Kinder anzuregen.

Das sich hier äußernde missionarische Bestreben reflektiert die Erfahrungen des Kolonialismus im Deutschen Reich, die Beuys als Kind erreicht hatten, so dass ihm noch im Krieg seine Beteiligung an der neoimperialistischen Ausdehnung Deutschlands nicht unrechtmäßig erscheinen musste. Als „Ausstellungen" bezeichnet, geben diese biografischen Fragmente heute Einblick in eine schon vergessene und befremdlich erscheinende Lebenswirklichkeit, der Beuys auch die vielen von ihm bevorzugten, zum Teil noch der Vorkriegszeit entstammenden Materialien und Utensilien verdankte.[60] Durch seine Teilnahme an Fluxus-Veranstaltungen fand Beuys, ganz anders als seine Kritiker aus dem akademischen Kunstkosmos befürchteten, die umfassende sinnliche Relevanz seiner Materialien in der Kunstpraxis bestätigt.[61] Besonders die Kunstauffassung von Maciunas, dessen Diagramm der historischen Entwicklung von Fluxus die Synästhesie zum Leitthema machte [62], bestätigte indessen die Materialauswahl von Beuys. Auch die überall geführten lebhaften Debatten unterstrichen deren ästhetische Reichweite in allen Teilbereichen der Gesellschaft. Das gab Beuys nicht nur eine geistige und künstlerische Unabhängigkeit, sondern die von ihm benutzten Materialien und Objekte schlugen auch eine Brücke in den Alltag der Menschen ohne Zugang zur Kunstwelt.

Synästhetische Koppelungen Als „Ausstellungen" in „Lebenslauf Werklauf" eingebunden, kommt den prägenden Kindheitserlebnissen eine künstlerische Bedeutung zu und macht sie zugleich als Ereignisse namhaft, die Beuys' Sinnlichkeit geformt haben. Diese durch künstlerische Mittel verstärkten Prägungen verbanden sich später mit traumatischen Erfahrungen, sodass ihre Koppelung mit dem Kunstkontext Bedingung dafür war, dass Beuys auf seine synästhetischen Erfahrungen auch zur Heilung und Selbstrettung zurückgreifen konnte. Deshalb sind die „Ausstellungen" in der Biografie auch nicht als Fiktionen zu verstehen, sie sind vielmehr Konstrukte, die ihm erlaubten, räumlich und zeitlich auseinanderliegende Erfahrungen sowohl zusammenzuführen wie auch zu entflechten.

Wie er diese Auffassung von Zeit sah, benannte er folgendermaßen: „Ich versuche sozusagen hinter die Zeit zurückzukehren, um sie als etwas sichtbar zu machen, das aus einer kreativen Richtung kommt.“[63] Die künstlerische Aktualisierung hebt die Trennung von Gegenwart und Vergangenheit auf, womit frühkindliche Erfahrungen in lebensbedrohlichen Situationen aus der Erinnerung auftauchen und rettend wirken. So kann etwa durch die Aktualisierung einer tief eingegrabenen kulturellen Prägung eine heillose Situation erträglich werden. Auf diese Weise ist die in seiner Kindheit positiv belegte Atmosphäre einer Molkerei für Beuys zu einem rettenden Anker für das eigene Überleben geworden; denn nach der Notlandung auf der Krim ging es anscheinend weniger um eine lebensbedrohliche Verletzung als um Gefühle des Ausgeliefertseins, der Schutzlosigkeit, Angst und Einsamkeit, die durch Kindheitserinnerungen kompensiert werden konnten, die ihm halfen diese Situation zu meistern.

Es ist möglich, dass auch das Vergraben eines Klumpens Fett während seiner Krise mit dieser Kopplung zu tun hat, denn es verkörperte auch die metaphorische Versenkung einer Erinnerung in den als Ressource der Schöpfung und der Umwandlung verstandenen Körper der Erde. Man spricht ja davon, dass sich eine Erinnerung eingräbt, und Beuys vertraute sie in Form des Fettklumpens, an dem seine Erinnerungen hafteten wie Aromen, der Erde an.

Walter Benjamin hat dagegen das Erinnern als eine Aktion in die Luft verlegt, als er auf einer philosophischen Ebene das Bild der Aufhebung von Zeit und Raum als einen „Tigersprung ins Vergangene“[64] beschrieb. In beiden Metaphern zeichnen sich Rettungshandlungen in bedrohlichen Zeiten des Umbruchs ab, die sich aus zwei divergierenden kulturellen Wurzeln speisen: Liegt der Trigger für Beuys im landwirtschaftlich basierten Denken im Bearbeiten und Bestellen der Erde, so kommt für den kosmopolitisch denkenden Philosophen Benjamin die Mobilisierung des Denkens aus der Poesie. Beide sind dialektisch durch das Wissen um die Möglichkeiten eines rettenden Transports miteinander verbunden: Der Tiger ist von irgendwo abgesprungen und muss auch wieder auf dem Boden landen. Während Dichter und Philosoph mit Worten arbeiten, wirft der grabende Künstler die Erde um, stößt auf Schichten vergangener Zeiten, die belebt werden können und löst dabei visuelle und olfaktorische Reize aus, die, weil sie dann flüchtig wie Gerüche, ebenfalls durch die Luft unterwegs sind. In dieser Phase durchdringen sich ephemere Akte des Denkens mit der offengelegten Materie, sodass sich Logik mit Sinnlichem vermittelt. Die Entscheidung für die Aktionskunst erlaubte es Beuys, die unterschiedlichen Ebenen zusammenzubringen. So lässt er letztlich den Hasen zum Tigersprung über die Berliner Mauer abheben – freilich ohne den Bedeutungsüberschuss zu verbalisieren.

Ein performativer Erfahrungsraum

Zwischen Trance und Ergriffenheit Durch Aktionskunst hob Beuys ältere Erfahrungen in sein aktuelles Bewusstsein und das des Publikums, sofern es dafür ein Gespür oder mindestens eine Ahnung besaß. Die mit den Aktionen geschaffene olfaktorische Atmosphäre trieb eine derartige Erinnerungsarbeit an und konnte tiefer oder entfernter liegende Erfahrungen durch eine tranceartige Situation, die idealerweise auch auf das Publikum übergriff, hervorrufen. Dadurch entstand ein performativer Erfahrungsraum, der zumindest bei einem Teil der Anwesenden Resonanz fand und entsprechende Erinnerungen mobilisieren konnte. Hier ereignete sich, was man als *Überspringen eines Funkens* bezeichnet, der es ermöglicht unter Anspannung bzw. in akuter Gefahr intuitiv, geistesgegenwärtig und sicher zu handeln. Die damit verbundene Selbstverlorenheit erzeugte die Aura, die die besten Aktionen von Beuys wirkungsvoll machte und das Publikum verzauberte. Durch Wecken eigener Erfahrungen wurde es dazu gebracht, die spezifische Aktion zu vergegenwärtigen, selbst wenn sie jeder anders erlebte. So notierte der Ko-Performer Henning Christiansen zu „Celtic (Kinloch Rannoch) Sibirische Symphonie" in Edinburgh 1970: „Beuys stellt sich vor mich mit Speer. Blut von Speerspitze bis Hand. Steht bis zum bitteren Ende", während es Georg Jappe nicht mehr aushalten konnte: „Weder die Fotos von Ute Klophaus … noch ein Video können die Ausstrahlung von Beuys wiedergeben, wie er zum Schluss, den Speer reglos in der Hand, eine halbe Stunde lang durch das Publikum hindurchstarrte. Stüttgen stand auf und suchte den Blick aufzufangen und auszuhalten; kein einziges Wimperzucken von ihm (Beuys) war zu beobachten in dieser ehrfürchtigen Stille, das Publikum war real ‚in den Bann' geschlagen (ich hielt es nicht mehr aus und lief hinaus)."[65]

Durch diese Sympathie wurden Aktionen zu mehr als nur symbolischen Handlungen: Sie waren real und schlossen vergangene Ereignisse ein, die jenseits der Frage von Wahrhaftigkeit von jedem der Anwesenden mit eigenen Erfahrungen gekoppelt werden konnten, wodurch auch diese „plastisch" formbar wurden. Auf diese Weise ließ sich die historische Zeit überwinden und die Linearität der Zeit durchbrechen. Vergangenheit, Gegenwart und Zukunft wurden nicht nur plastisch, sondern konnten – als ein Puzzle oder Patchwork – vorgestellt und in neuer Folge arrangiert werden. Sie so zu sehen, ermöglicht, diese Erfahrungen Übersprungsereignisse zu nennen. Was Beuys als „Ausstellung" bezeichnete, realisierte er später mittels Installationen, in denen neben den Objekten mit ihrer Patina auch ihre Applikationen erhalten sind, weshalb sie – wie die alte Linotype („Teremoto",

1981) mit den Zetteln und Notizen der Schriftsetzer, die an ihr gearbeitet haben – Momente aus der Vergangenheit transportieren und sie in die Gegenwart herübertragen und in die Zukunft retten können.

Die Überlagerung von Ebenen erinnert entfernt auch an eine Tranceinduktion, wie sie Bryan Gysin mit seiner Dream-Machine ermöglichen wollte. Die durch Flackern geweckten Bilder wurden hier durch vorwiegend visuelle Reize ausgelöst und rutschten dann wie in einem Puzzle von Platz zu Platz, so dass sie einen virtuellen Bilderteppich ergaben, dessen Muster sich permanent – wie eine kinematografische Montage – veränderten. In Bezug auf die Aktionskunst mit ihrem Publikum ist die Arbeit von Gysin allerdings eher eine an Träume erinnernde Zwischenstufe; die ihren Vorläufer in dem von F. T. Marinetti beschriebenen orientalischen Raum mit seinen Lampen findet. Marinetti malte in der Einleitung von *Gründung und Manifest des Futurismus* ein Stimmungsbild, das die mörderische Kraft der Maschinen beschwor, die das menschliche Reaktionsvermögen umgeformt haben.

Damals deutete sich schon an, wie stark Innerlichkeit und Empfinden im 20. Jahrhundert mit den Maschinen bzw. ihren Auswirkungen in Krieg und Alltag verknüpft ist. Im Unterschied dazu blieb Beuys geradezu bilderlos; denn die auf das Publikum übergreifende Stimmung verdankte sich bei ihm dem Olfaktorischen und Akustischen, für das er eigens Henning Christansen hinzugezogen hatte. Auch ist bei den Aktionen von Beuys das Publikum ein wichtiger Bestandteil, dessen Anwesenheit die Aktionen verstärkte. Hier liegt der entscheidende Unterschied zwischen Trance und Ergriffenheit. Die Intensität der letzteren führte in der Aktionskunst schließlich zu Übersprungsereignissen.

Das Unaussprechliche – Fett als das Verworfene Als ein Schlüssel für die unmittelbare Verknüpfung von Kriegsereignissen und synästhetisch wirkenden Substanzen bietet sich das Objekt *Fettecken in Dosen* von 1965 an, weil auf der Liste der Objekte, die 1965 in der Galerie Schmela ausgestellt worden sind, in Klammern die Bezeichnung *Handgranatenwerfer* hinzugefügt wurde.

Die Ummantelung mittels Dose stellt eine konservierende Absicht in den Vordergrund und signalisiert, dass das Fett längere Zeit frisch gehalten werden soll. Hinzu kommt, dass dem Fett eine Waffe zugeordnet wird, die Beuys als Infanterist kennen gelernt hatte. In dieser Kombination wächst dem Fett eine ganz andere Bedeutung zu. Wenn der Blick auf den Soldaten gerichtet wird, ist ein Handgranatenwerfer nicht allein als Waffe, sondern auch als Person anzusprechen, die eine Handgranate wirft, so dass hier mit Fett neben dem Objekt auch ein Soldat identifiziert wird. Hier könnte es personalisiert werden, als das Fettgewebe, das bei Verletzungen sichtbar wird. Zwar ist es unwahrscheinlich, dass bei der schlanken Statur von Beuys seine eigene Verletzung am Unterschenkel nennenswerte Anteile von Fettgewebe freigelegt hatte, doch ist er auf dem Schlachtfeld, dem Verbandsplatz oder im Krankenhaus sicherlich mit von Granatensplittern aufgerissenem oder durch Feuer verbranntem Fettgewebe konfrontiert worden.

Schließlich stellt die Dose eine der Kleidung entsprechende Hülle dar, die gut einen Menschen meinen könnte, der auf seine Stofflichkeit reduziert worden ist und dadurch auf einen Zustand vor der Schöpfung zurückgeworfen wurde. Gegenüber dem göttlichen Schöpfungsakt stellt ein Klumpen Fett – geläutert (also: aufgekocht) durch Kriegseinwirkung – eine Rückverwandlung der belebten Materie in eine Substanz dar, die zwischen Leben und Tod angesiedelt ist. So ließ Berthold Brecht seinen *Egoisten Fatzer* angesichts des Ersten Weltkriegs fragen: „Was ist der Mensch?", um Fatzer antworten zu lassen: „4 Eimer Wasser, ein Sack Salz." Mit einer Dose Fett könnte diese rüde Quantifizierung des Menschen als entpersönlichte geschlechtslose Summe seiner Substanzen komplettiert werden. Der Titel des Objekts „Fettecken in Dosen" schließt hier vier Jahre, nachdem der italienische Künstler Piero Manzoni 1961 seine Exkremente in Dosen füllte und als Auflagenobjekt „Merde d'artista/Künstlerscheiße" in Umlauf brachte, an die serielle und körperorientierte Konzeptkunst an und huldigt damit einem radikalen – jede Illusion und Moral aufgebenden – Materialismus.[66] Dieser ist eine Variante des Lebensgefühls, das vom Ausbau der Atomwaffenarsenale geprägt war und vom radioaktiven Fall-Out begleitet wurde, der infolge der zunehmenden Atomtests weltweit niederging. Nicht unbeträchtlich ist zudem, dass viele Menschen Gesundheitsgefahren befürchteten und sich Konservenvorräte mit unbelasteten Nahrungsmitteln zulegten. Angesichts der Atomarsenale der damals auf vier angewachsenen Zahl der Atommächte (USA, UdSSR, Frankreich, England) griff das Bewusstsein um sich, dass sich jederzeit, und sei es nur durch einen Unfall, die Auslöschung Europas ereignen könnte.[67] Dass insbesondere die Deutschen mit ihren Schuldgefühlen für diese Vorstellung empfänglich waren, hatte dieselben Ursachen wie die Herausforderungen, denen Beuys gegenüber stand.

Dieses militärische Szenario wurde im Westen durch den wachsenden Massenkonsum begleitet. Insofern hat die Dose das ehemals Organische auch in eine Ware verwandelt. In dieser Form stellen die Dosen beider Künstler mehr als nur Auflagenobjekte auf dem Kunstmarkt dar; denn sie bedeuteten ja damals, dass eine tierische oder menschliche Substanz, die die Ekelschwelle der meisten Menschen überschritt, marktkonform präsentiert und verkauft werden konnte. Damit gelang es beiden Künstlern, ekelerregende Substanzen in eine allgemein akzeptierte Zirkulationssphäre von Waren oder - in diesem Fall - von Kunstprodukten einzuschleusen und mit ihnen das Verdrängte akzeptanzfähig zu machen.

Das Eigene wird das Gesellschaftliche Fett- und Fäkalienkonserven sind Kunstobjekte, die das gesellschaftlich Verworfene verhüllen und als Warenform kaschieren. Sie führen mustergültig vor, wie verabscheute Dinge und Substanzen, die an Sterben, Tod und Vergänglichkeit erinnern und vom Alltag abgeschieden werden, in der kapitalistischen Gesellschaft erfolgreich vermarktet werden können. Das von der Gesellschaft Ausgeschlossene, Tabuisierte und Verdrängte wird als Kunstwerk in besondere Orte des Sammelns lanciert, wo es nach einer Phase der gesellschaftlichen Auseinandersetzung einerseits als Trophäe verschlossen aufbewahrt wird und andererseits in den Sprach- und Vorstellungsraum der Menschen als Synekdoche eindringen kann. So bleibt der Begriff des Fett-Künstlers für Beuys erhalten, womit ihm das Verworfene, das Körperliche und schließlich die Toten angehängt werden.

Julia Kristeva hat das Verworfene besonders im Hinblick auf die literarische Annäherung durch den Arzt und Schriftsteller Ferdinand Céline untersucht. Sie brachte ihr Forschungsobjekt den Lesern mit dem Bild des Kindes nah, das sich vor der Haut ekelt, die sich faltig auf der heißen Milch bildet: Mit einem geilen Gefühl des Aufbegehrens im Magen, im Herzen und auf der Haut trennt sich ein Kind hier vom Angebot der Eltern und etabliert sein eigenes „Ich" als ein Anderes. Dieses entsteht, indem es sich dem Herausgewürgten, Ausgespuckten und Verabscheuten stellt, das es an die Grenze von Leben und Tod führt.[68] In den Fettobjekten begegnen sich somit individuelle Nachhallerinnerungen und gesellschaftliche Abstoßungs- und Einverleibungsvorgänge, so dass die Aktionen mit Fett als Versuche gelten können, das Unsägliche der eigenen traumatischen Erfahrungen zu fassen und als Übersprungsereignis öffentlich zu machen, um das Verdrängte in den gesellschaftlichen Kontext einzupflanzen.

Das Verworfene in beiden Substanzen sah Benjamin Buchloh im Objekt „Fettstuhl" kombiniert, weil *Stuhl* im Deutschen diese Doppelbedeutung hat. Buchloh benutzte diese, um mit Otto Fenichel eine psychoanalytische Deutung ins Spiel zu bringen, die in der koprophilen Phantasie eine Verdrängung der Kastrationsangst diagnostiziert, die auch auf ein mangelndes Bewusstsein für die Geschlechterdifferenz schließen lässt.[69] Diese Interpretation könnte in Bezug auf das Androgyne weiterführen, doch trifft sie hier das Verworfene, wie es Kristeva versteht, also Fett und Fäkalien direkter und gleichermaßen, zumal hier die Auseinandersetzung als Akt der Emanzipation verstanden wird. Diese Schlussfolgerung erlaubt den Künstlern die Objektivierung des Verdrängten zur Behauptung ihrer Selbständigkeit. Als Kunstwerke werden diese Objekte schließlich zum Vehikel, das die gesellschaftliche Werteskala erweitert. Dieser Prozess mit gesellschaftlich relevanten Folgen wird durch Aufnahme in das Archiv bestätigt, so dass das kontroverse Kunstwerk auf dem Weg in die Zukunft mitgenommen werden kann. Die Emanzipation des Künstlers wird mithin zu einem gegenseitigen Tauschgeschäft im Sinne des Kapitalbegriffs von Beuys und materialisiert die Idee der *sozialen Plastik* im Kulturellen und Politischen.

Indem Beuys Fett in Dosen füllt oder ihm als „Fettecke" eine definierte Form zuweist, bereinigt er das Bedrohliche in seiner Nähe so sehr, dass es manchem sogar als Kristallines erschienen ist.[70] In dieser Form konnte es sogar den Schriften Steiners entsprechend gedeutet werden, wodurch das Fett den Weg zum Geläuterten fand, das natürlicherweise z. B. in Gestalt von Honig und Wachs der Bienen vorliegt. Diese von der Hochkultur akzeptierte Einschließung der Todesmaterie in einen, dem Leben nahestehenden Kontext wie dem der Imkerei entschärft das Fett allerdings durch einen Trick. Es wird vom Ekelerregenden gereinigt, um es in eine diskursive Ebene zu überführen, bis es weit genug vom Verdrängten entfernt ist, so dass sein Auftauchen in der Hochkultur die Subkultur nicht einmal mehr streift.

Wegen der kulturpolitischen Integration wurde dieses Fett schließlich nicht mehr als Abfall betrachtet, zumal es gelang, das Fett mit anderen Gegenständen und Substanzen aus dem „profanen Raum“, also den alternativen Aufführungsorten, die Boris Groys als „Reservoir für potentiell neue kulturelle Werte“ sieht, in den Bereich der „valorisierten Kultur“, also in Museen und Archive einzuschleusen.[71] Dort wurde der Bedeutungsüberschuss konserviert, um die Erforschung seiner Ursachen, seiner Zusammenhänge und ihrer gesellschaftlichen Bedeutung schließlich der Wissenschaft zu überlassen. Fett war neben der Kleidung und anderen Merkmalen zwar schon ein Indikator für erlittene Traumata, doch seiner gesellschaftlichen Relevanz konnte erst nach dem Tod von Beuys allgemeine Beachtung geschenkt werden, als mit der Verrentung ehemaliger Flackhelfer und Soldaten massiv Depressionen diagnostiziert wurden und endlich entsprechend behandelt werden konnten.[72]

Das vollständig Verdrängte Die Wahrnehmung von Fett, das in den Wunden Verletzter zum Vorschein kam, mag marginal gewesen sein, doch hatte es eine weitaus erschreckendere Wirkung auf diejenigen, die den Bombenkrieg und die Konzentrationslager mit dem Geruch verbrannter Körper erlebt haben. Diese nahezu vollständig verdrängte Verbindung zwischen Krieg und Fett schließt besonders den Mangel an Fett ein, dessen Verfügbarkeit durch Rationierung zulasten von Zwangsarbeiten und Lagerinsassen gestreckt wurde. Diese Vorgeschichte könnte auch hilfreich sein, um die hysterischen Reaktionen auf die Verwendung von Fett speziell bei der Aktion „Kukei, akopee-Nein!" in Aachen am 20. Juli 1964 zu verstehen. Hier hantierte Beuys außerdem mit Schwefelsäure, in der Rosenblätter zersetzt wurden, und hier erhitzte er Fett auf einer Elektroplatte, bis es zur Explosion kam.[73]

Schmelzvorgang und Explosion verstärkten die durch das Fett ohnehin vorhandene olfaktorische Atmosphäre noch, was den verdrängten Horror wachrief, der dazu beigetragen hatte, die Lage an der RWTH in Aachen mit dem Schlag ins Gesicht von Beuys eskalieren zu lassen. Diese Reaktion hat nichts mit den privaten Konstellationen, wie etwa der vor der elterlichen Wohnung in Kleve gelegenen Margarinefabrik zu tun, sondern geht auf die verdrängten kollektiven Erinnerungen zurück; denn die in der Hitze der brennenden Städte gesottenen Menschen setzten unter anderem eine bis dahin wohl kaum in dieser Masse wahrgenommene Menge Fett frei.[74] In den bombardierten Städten hatte sich das Geschehen im Inneren der Verbrennungsöfen der Konzentrationslager gleichsam nach außen gekehrt. Doch bleibt jedes dieser Ereignisse für sich ein eigenes „Bild" der Hölle auf Erden, das aus jeweils anderen, wenn auch zusammenhängenden Impulsen hervorgegangen ist und danach moralischen und politischen Erwägungen unterworfen wurde, die nicht einfach zu entwirren sind und viele Menschen bis heute bedrücken. Unter den Bedingungen des Krieges hatte Fett ein Eigenleben bekommen, das es ermöglichte, den plastischen Schöpfungsvorgang zur Erschaffung Adams aus Lehm rückgängig zu machen. Der Körper als Organismus wurde in seine substanziellen und chemischen Bestandteile zerlegt und erinnerte darüber hinaus auch an die parallele industriemäßige Verwertung und Verbrennung der Menschen in den Konzentrationslagern. Diese rief Beuys mit der „Auschwitz-Vitrine" auf, in der er Objekte aus den Jahren 1956–1964 kombinierte und durch den Titel mit Auschwitz in Verbindung brachte. So fanden sie Eingang in den „Beuys-Block" genannten Werkkomplex der Sammlung Ströher in Darmstadt. Ob nach allem, was hier bisher über die Arbeiten von Beuys bis Mitte der 1960er Jahre erörtert worden ist, die Objekte in der Vitrine tatsächlich mit Auschwitz verbunden werden können, muss allerdings schon deshalb offen bleiben, weil sie genauso gut aus der Perspektive des Soldatenlebens des Künstlers betrachtet werden können. Es ist daher fraglich, was die in der Vitrine versammelten Objekte wie die Doppelkochplatte mit zwei Fettblöcken („Wärmeplastik", 1964), die Ratte („1. Ratte", 1957) und das Stück Zollstock („Blitz", 1964) in je einem hölzernen Gefäß, eine Metallscheibe mit Loch, durch das ein blinder Spiegel sichtbar wird, vier ringförmige Dauerwürste („Akku (Wurst)", 1963), der Abguss eines Holzreliefs („Fisch", 1956), ein mit brauner Farbe gestrichenes Kruzifix aus Plastilin und ein Keks auf einem weißen Teller („Kreuz" 1957, „Tellerkruzifix mit Keks" oder „Kreuz auf Suppenschüssel") und eine Höhensonnenbrille mit Auschwitz zu tun haben sollen, wäre nicht in der Vitrine ein als Leporello gefaltetes fotografisches Panorama von Auschwitz aufgestellt.[75]

Da Kreuz, Brot (Keks), Fisch und Teller christliche Symbole sind, rückt sie das nicht unbedingt in einen Zusammenhang mit Auschwitz, wie Iris Gniosdorsch vermutet; auch nicht weil dort christliche Prinzipien verraten worden sind. Schließlich war Auschwitz keine christliche Einrichtung, auch wenn Teile der Kirchen sich nicht von den Nazis distanziert hatten. Gegen diese Interpretation spricht besonders die Herkunft einiger Objekte, die aus verschiedenen Kontexten stammen, wie die Kochplatten aus der Aktion in Aachen (1964). Besondere Aufmerksamkeit verdienen hier die Medizinfläschchen aus dem Jahr 1962 mit den Titeln: „Flasche mit Fett (fest)", „Flasche mit Fett (liquide)" und „JOD (Flasche)" und die Metallmarke (Erkennungsmarke) an einem Band „Nichterkennungsmarke (Aluminium)", 1964. Fett in geringer Dosierung könnte auch auf seinen Mangel in den Lagern mit seinen Wassersuppen hinweisen. Beuys war kein Zyniker, der so auf die Vernichtung durch Nahrungsentzug hingewiesen hätte. Dagegen stellt die Erkennungsmarke einen eindeutigen Bezug zu Soldaten her, deren Verwundungen von Sanitätern versorgt wurden (JOD zur Desinfektion), während die in den Konzentrationslagern Gefangenen den Lagerärzten ausgeliefert waren. Daher fällt ein anderes Licht auf Fett in Verbindung mit dem Jod. Es ist ein Beleg für die oben angestellte Vermutung, dass das bei Verwundungen freigelegte Körperfett das Interesse von Beuys auf sich gezogen hatte. Besonders verwunderlich sind die unkoscheren Wurstringe, die in dem vom Titel suggerierten Kontext einer Verhöhnung der Ausgehungerten gleichkommen würde.

Beuys war in den 1960er Jahren, wie hier gezeigt wird, noch befangen in seiner Suche nach einer eigenen künstlerischen Identität, die einherging mit der Bewältigung seiner soldatischen Vergangenheit und des Krieges. Dabei verhielt er sich überhaupt nicht so tugendhaft, wie sich das Gniosdorsch vorstellte, die annahm, dass Beuys sich nach dem Faustschlag für „Gewaltlosigkeit" entschieden hätte.[76] Der Film aus Aachen zeigt vielmehr, dass Beuys unmittelbar nach den Schlägen, die ihn vollkommen unvorbereitet trafen, dem Angreifer außer sich vor Zorn nachsetzte. Erst nachdem er wieder zurück auf der Bühne war, griff er in den Karton und hob daraus das Kruzifix-Objekt hervor.[77]

Auschwitz und Pop Art Der erste Sammler, der zahlreiche Werke von Beuys erwarb, war Karl Ströher. An dieser Stelle soll nach den Motiven gefragt werden, die den Kosmetikunternehmer dazu bewegt haben könnten, 1967 einen umstrittenen Werkkomplex zu kaufen. Schon während der Nazizeit war Ströher Kunstsammler und hatte sich nach dem Krieg auf abstrakte Kunst verlegt, ehe er sich mit der Westausrichtung der Bundesrepublik für die U.S.-amerikanische Pop Art interessierte. Mit diesem Bestand im Hintergrund zog er durch Ankauf der gesamten Beuys-Ausstellung im Städtischen Museum in Mönchengladbach weitere Aufmerksamkeit auf sich. Ströher hatte, wie er selbst im Katalog seiner Sammlung im Hessischen Landesmuseum Darmstadt schrieb, die Zeichen der Zeit erkannt, denn, wie er ausführte, ist es der „Kunstfreund", der vorausschaut. „Er spürt meist schon rechtzeitig vorher, welche Veränderung irgendein Künstler mit seinem neuen Sehen schafft."[78] Trotz dieser Fähigkeit zur Antizipation ließ er über Beuys lieber eine Darmstädterin zu Wort kommen, die dem Sammler nach der ersten Ausstellung, die mit Beuys in München ausgerichtet wurde, schrieb: „Ich könnte mir einen turmartigen Bau über und unter der Erde denken mit Kellern, Treppen, Fluren, Kammern, Verschlägen, verluderten Werkstätten, Abstellräumen und ähnlichem, um diese ‚Vanitas' der Welt, in der wir leben mit voller Wucht ihrer Realität und ihrer Ironie wirken zu lassen."[79] Diese Auffassung spiegelt ziemlich gut die Dualität im Denken von Beuys, der die Reste aus den Trümmern sowohl ins Licht stellt, wie auch im Untergrund verwahrt. Beuys grub ein und legte frei, er hob auf und versenkte. Der Gegensatz zur neuen Amerikanische Kunst, die Ströher mit wenigen Ausnahmen (Gerhard Richter, Rainer Ruthenbeck und F.E.Walter) in dieser Zeit erworben hatte, war augenfällig. Im Kontext dieser Sammlung tritt die „Auschwitz-Vitrine" als ein Unikum hervor, und man fragt sich, wer von den Beteiligten damals ein Interesse daran hatte, das Leiden in Auschwitz mit Objekten von Beuys zu verbinden?

Auffällig ist, dass der Erwerb in die Zeit nach der Festnahme Eichmanns in Argentinien 1961 und den Frankfurter Prozessen (1963 – 1965) gegen Nazischergen fiel. Damals schien es für alle diejenigen, die in die Netzwerke der Naziherrschaft verwickelt waren, geboten, sich als geläuterte Mitglieder der Gesellschaft in der jungen Bundesrepublik Deutschland hervorzutun. Auch Ströher hatte sich, obwohl Freimaurer, den Nazis angebiedert, um in der Wehrmacht dienen zu können, der er im Range eines Hauptmanns angehörte. Er wurde zwar nicht in die NSDAP aufgenommen, doch hatte er sich durch Spenden an diese Partei erkenntlich dafür gezeigt, dass er für die Produktion kriegswichtiger Chemikalien in seinen Fabriken über Zwangsarbeiter verfügen konnte.[80]

Obwohl hier nicht geklärt werden kann, wie es zur Benennung der „Auschwitz-Vitrine“ kam, legte sie Beuys später Beschränkungen auf. Nachdem seine Objekte und Materialien einmal mit dem Elend eines Konzentrationslagers in Verbindung gebracht worden waren, standen sie unter den damaligen Bedingungen nicht mehr ohne weiteres für andere Themen zur Verfügung. Daher steht zu vermuten, dass es im Interesse Ströhers lag, sich als Geschäftsmann der Politik Adenauers anzupassen, der den Ausgleich mit Israel suchte, während Beuys, der nach der Aktion in Aachen selbst unter Beobachtung von ehemaligen Nazis stand, nicht motiviert sein konnte, sich in dieser Richtung zu profilieren. Der weiteren Aufarbeitung seiner eigenen traumatischen Erfahrungen konnte er jedenfalls nicht mehr unbefangen nachgehen.

Das führte zu einem Druck, der die Verdrängung und Einhüllung verstärkte und dem Beuys zumindest in verbaler Hinsicht entsprechen musste. Insofern ist der Vorwurf von Benjamin Buchloh,

Beuys hätte sich renitent gegen Diskurse verhalten[81], was diesen Bereich betrifft, berechtigt; denn durch die Festlegung auf den Titel „Auschwitz-Vitrine" unterlagen Beuys' Äußerungen nun Beschränkungen. Es wäre unter den damaligen Bedingungen unglaubwürdig, politisch unerwünscht und sogar empörend gewesen, die nun hergestellte Beziehungen zwischen den Objekten und den Opfern der Nazis wieder aufzulösen und sie danach auf die Soldaten von Luftwaffe und Wehrmacht sowie die Opfer der Bombenangriffe zu beziehen.

Mit diesem Widerspruch im Blick noch einmal auf die Präsentation in den Vitrinen geschaut, fällt auf, dass das Lay-Out der Gegenstände weder den Anforderungen an eine Collage noch denen, die an eine Montage zu stellen wäre, entspricht. Weil die Gegenstände nur zusammengestellt, nicht aber fixiert sind, bilden sie eine Momentaufnahme und stellen ein *Work in Progress* dar, das es paradox erscheinen lässt, dass dieser temporäre Zustand in der Sammlung dauerhaft konserviert bleiben soll, zumal die Objekte in Mönchengladbach zwar in der Vitrine vereint worden waren, aber jedes als ein Unikat behandelt worden ist. Entsprechend wurden die Objekte im Katalog des Hessischen Landesmuseums in Darmstadt einzeln nach Herstellungsjahr aufgelistet. Die Ensembles sind dort nicht einmal als Werk benannt[82], was auch dazu geführt hat, dass die „Auschwitz-Vitrine" nach der Einrichtung des „Block Beuys" im Hessischen Landesmuseum 1970 in dem dazugehörigen Katalog nicht abgebildet ist.[83] An die Stelle der Fixierung war der Wunsch getreten, nichts zu verändern: eine plastische Inkarnation des Verdrängten also.

Die plastische Inkarnation des Verdrängten Tatsächlich stellten sich 1967 Veränderungen ein. So trug die Aktion „: ⊃ → >> H a u p t s t r o m >> FLUXUS" in Kombination mit der

Installation „FETTRAUM“ (1967) in der Galerie Franz Dahlem in Darmstadt nicht einfach nur einen Titel, sondern die 10-stündige Aktion wurde durch eine dreizeilige Kombination aus Worten und typographischen Elementen gekennzeichnet, die sich nicht vollständig phonetisch umsetzen lässt. Die erste Zeile auf der Einladungskarte, die in einer serifenlosen Schrift gesetzt ist, besteht aus einem nach links offenen liegenden "U" und einem nach rechts zeigenden Pfeil. Die zweite Zeile beginnt mit einem Doppelpunkt, hinter dem je zwei „größer als“-Zeichen den Titel Hauptstrom flankieren. In der dritten Zeile steht FLUXUS in Großbuchstaben. Außerdem fällt auf, dass der Name Béuÿs mit Akut und Diärese wiedergegeben und mit Henning Christiansen ein zweiter Urheber der Aktion benannt ist. Der Zusatz FLUXUS, der wie ein Stempel einmal rechts und einmal links oben quer über Eck gesetzt ist, taucht so insgesamt dreimal auf der Einladungskarte auf.

Die Veränderung der Schreibweise des Namens deutet auf eine Befragung der Identität hin. Wer möchte dieser Künstler sein? Wie bezieht er sich auf seinen Familiennamen? Auch die Verwendung von Fett hatte sich geändert. Hatte Beuys vor seinen ersten Aktionen regelmäßig geformte Fettkörper geschaffen und sie als Installation in den Raum der Aktion eingebaut, so wurde Fett nun aktiv in die Aktion einbezogen.[84] Beuys legte die Wange an einen Fettkeil, zerquetschte ganze Fettblöcke in seinen Kniekehlen und er benutzte seinen Mund, den er als Beispiel für eine variable Hohlform mit Fett füllte. Ganz wesentlich war dabei die Blockade der Artikulation in der mit Fett gefüllten Mundhöhle, in die sich das durch die Körperwärme weich werdende Fett schmiegte, so dass beim Herausnehmen ein geronnener Klangraum vorlag. Auf diese Weise entstand eine Serie von bis zu 39 unregelmäßig geformten und unterschiedlich großen Objekten, die man auf Fotos erkennen kann, die sie hintereinander auf dem Boden aufgereiht abbilden. Sie sind Abdrücke der Mundhöhle, die nicht bloß Gesänge und Sprache bildet, sondern auch Nahrungsmittel zum Verzehr aufnimmt. Der Mund als Zerkleinerungsmaschine wurde außer Funktion gesetzt und diente damit nicht mehr der Einverleibung von Nahrung, sondern als Gussform, in der Kommunikation und Interaktion zu plastischen Gebilden gerannen. Als Klangraum und somit konstituierendes Organ des Sozialen war der Mund also zeitweise stillgestellt und verwandelte sich in ein Werkzeug der Beuysschen Theorie des Plastischen.

Im plastischen Raum des Sozialen kommen viele Töne zusammen, für die in beiden Aktionen Henning Christiansen zuständig war, während Beuys den visuellen, haptischen und olfaktorischen Teil bestimmte. Hier materialisieren die Fettabdrücke das ansonsten Atmosphärische und bringen es als Objekt zur Anschauung. Unverzehrt verkörpern sie das Überschüssige als materielle Grundlage von Kultur und Kunst. In diesem Sinne wurden die Fettabdrücke dem Mund entnommen, um sie dem Publikum vorzulegen. Sie waren kein Nahrungsmittel mehr, sondern bildeten ein stilles Denkmal der Performanz – und in diesem Fall sind sie als geronnene Sprechakte Bestandteile einer Aktion, in der die Artikulation verstummt ist. Die Sprache wurde in Fett inkarniert und erstarrte

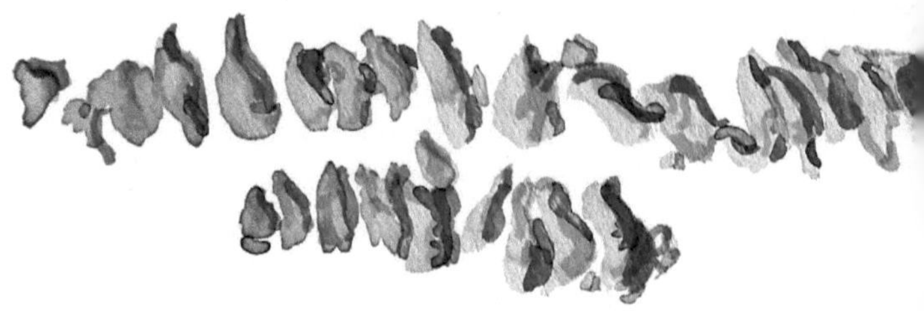

zu einem plastischen Äquivalent, das sich der Artikulation im konventionellen Sinn entzog.[85]

Plastische Inkarnationen berühren auch theologische Ansichten aus dem Alten Testament, in dem aus jüdisch-christlicher Sicht eine Vergegenständlichung des Geistigen und Schöpferischen des Menschen vorgeprägt wurde. Als Gott einen Menschen aus der Materie zum Leben erweckte und ihn damit in eine andere Existenzweise hineingehen ließ, hieß es: „Das Wort ist Fleisch geworden". Als plastischer Künstler sah sich Beuys trotzdem nicht etwa als ein Schöpfergott in der Weise, wie ihn noch Andrea Pisano am Campanile des Florentiner Doms als Bildhauer darstellte, der dem ebenfalls dort vorhandenen Relief zum sechsten Tag der Schöpfung ähnelt. Beuys hatte sich nach Anfängen als Bildhauer, der zeitgenössische Interpretationen christlicher Symbole für Grab- und Denkmäler schuf, durch seine Begegnung mit der ephemeren Kunst (Fluxus) einem zeitgenössischen Begriff des Schöpferischen zugewandt und trug so wesentlich dazu bei, den Begriff der Kreativität neu zu bestimmen, indem er ihn auf alle Fähigkeiten des Menschen einschließlich seiner sozialen und künstlerischen ausdehnte. Er sah in der Sozialen Plastik einen umfassenden Vorgang, der sich durch Kooperation und durch Benutzung der geistigen

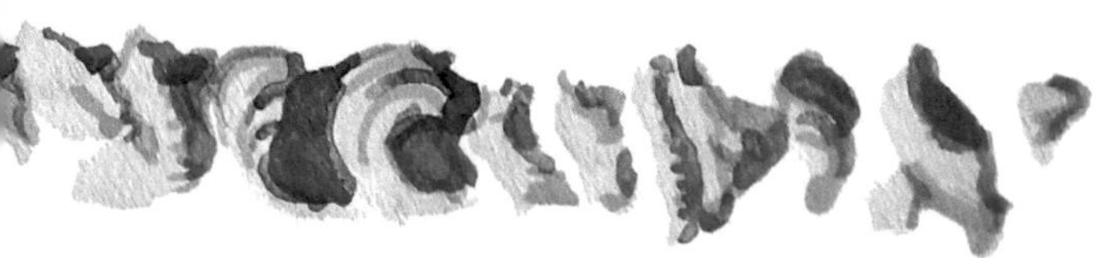

7 Fettabformungen der Mundhöhle, die bei der Aktion „:⊃→>> Hauptstrom >> FLUXUS" in Kombination mit der Installation „FETTRAUM" in der Galerie Franz Dahlem in Darmstadt 1967 auf dem Boden ausgelegt wurden. Eine Illustration des Autors nach einem Foto von Camillo Fischer

8 Andrea Pisano: Der Bildhauer, 1337–1345, Relief am Campanile des Florentiner Doms

Kräfte als *Kapital* permanent erneuern konnte. Dabei ging es besonders auch um die prozessuale Transformation von Erfahrungen, selbst wenn sie aus der öffentlichen Diskussion gedrängt worden waren.

Weil er sich damit auf eine Ebene jenseits der gesellschaftlich akzeptierten Beherrschbarkeit der künstlerischen Arbeit begeben hatte, schlug Beuys immer wieder Unverständnis entgegen, seit er sich erstmals 1964 in Aachen diesem Bereich öffentlich genähert hatte. Die Aggression, die sich dort gegen ihn entlud, zeigt aber auch, dass er ein bisher unbekanntes Fenster zum Abgrund geöffnet hatte, aus dem ein Blick auf das Abgespaltene und Verdrängte in der Gesellschaft zu werfen war. Ein anderer Teil des Publikums muss aber die scheinbar absurden Handlungen positiv aufgenommen haben; denn wie sonst hätte sich die Auseinandersetzung um neue und alte Arbeiten von Beuys in den 1970er und 1980er Jahren fortsetzen können? Selbst die vehementen Abwehrreaktionen sind als eine Voraussetzung dafür zu werten, dass es immer wieder zu einer abstrusen Verschiebung zwischen selbst erfahrenem Leiden und den an den Anderen gegangenen Verbrechen kommen konnte. Solange die vielen Schuldigen ungestraft blieben, fing sich Beuys immer wieder von der einen oder der anderen Seite Schläge – physische wie intellektuelle – ein.

Es verbietet sich, das industrielle Verbrennen von Menschen mit den im Bombenkrieg verbrannten Menschen auf eine Ebene zu stellen. Gerade weil Holocaust und Krieg Folgen der Entfesselung von Technologie und der Unterwerfung der Menschen unter die technologische und administrative Rationalität waren, bleiben die Folgen eines staatlich ausgeübten Rassismus und einer aggressiven Expansionspolitik ineinander verschränkt. Beiden Aspekten der Vernichtungspolitik der Nazis gegenüber bleibt es aber Beuys' Verdienst, dass er angesichts der Materialisierung von Lebewesen mit der Einführung von Fett als Material eine Möglichkeit schuf, ein plastisches Bild des Verdrängten hervorzubringen. Was Beuys darüber hinaus angetrieben hat, war eine Verinnerlichung; denn ein Martyrium setzt die Verinnerlichung voraus, die bei Beuys daher rührt, dass er die Grenzen des Symbolischen überschritten hatte, weshalb man ihn als einen Weltverbesserer, Scharlatan oder auch Christusersatz diffamieren konnte. Dabei wurden er selbst und das von ihm als Aktionskünstler inkarnierte Material zum Träger und Bild der Erinnerung, der Manifestation und folglich auch zur Zielscheibe von Angriffen. Man muss diese Metapher aber nicht unbedingt als einen Prozess der Offenlegung betrachten, sondern kann sie auch – ganz im Sinne der anfänglich geäußerten These – dialektisch auch als Prozess der Einhüllung und Abschottung interpretieren.

Kompensierte Verletzungen: Zeichnerische Spuren Da sich Beuys durch die Verschiebung des Verdrängten der Möglichkeit beraubt hatte, weiterhin den Horror, den er als Soldat erlebt hatte, zu externalisieren, verschob er ihn auf den Holocaust. Mögliche Hinweise auf schreckliche Verletzungen, deren Anblick Beuys beeindruckt haben könnte, liefern ältere Zeichnungen. Bei der Durchsicht des Konvoluts „The Secret Block for a Secret Person in Ireland“ fallen Blätter mit verletzten Personen oder verstümmelten Körpern auf. Ein Bein der Frau auf dem Blatt #424[86] erscheint so, als wäre es abgetrennt und erinnert an die Skizze für das Kruzifix des Büdericher Ehrenmals (1958)[87], auf das ein einbeiniger Jesus genagelt ist. Je nach Sichtweise kann man allerdings auch der Auffassung sein, aus Gründen der Abstraktion seien beide Beine in einem zusammengezogen worden. Das Bein auf einer mit der Frau von Blatt #424 zusammenhängenden Zeichnung befindet sich auf einem in gleicher Weise perforierten Papier #423 und ist durch den Umriss eines imaginären Gegenstandes (unten rechts) verdeckt.

Eine weitere Zeichnung aus „The Secret Block...“, auf der ein ausgerissenes Blatt montiert ist, stellt einen liegenden Körper mit verschiedenen kleinteiligen Elementen und Extremitäten dar, die mit halbkreisförmigen Strichen überzogen sind. (#90, 1952) Sie erscheinen dadurch zwar plastisch, doch sind keine Differenzierungen zu erkennen, die auf Muskeln wie etwa Waden schließen lassen. Im Rumpf und außerhalb davon befinden sich dagegen Elemente, die an Knochen oder Organe erinnern. Der flächig wiedergegebene Rumpf lässt den Körper marionettenhaft erscheinen, was durch die Beine unterstrichen wird, die aufgrund der Anordnung am Rumpf als solche erkennbar sind, aber mehr Ähnlichkeit mit Stangen haben. Die Arme sind mehrfach vorhanden, was entweder auf Bewegungen oder Zerlegung hindeutet. Somit könnte es sich um verbundene Knochen handeln, doch deutet ein mit einer Linie gekennzeichneter Schnitt möglicherweise doch auf Prothesen hin. Das Element auf der eingeklebten Federzeichnung ist von einem U-förmigen Bogen überwölbt und hängt in einem Schacht. Der torpedoförmige Körper mit Flossen oder Flügeln erinnert stark an

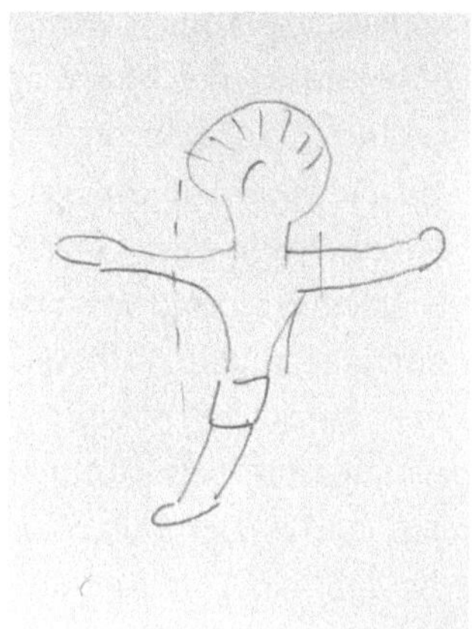

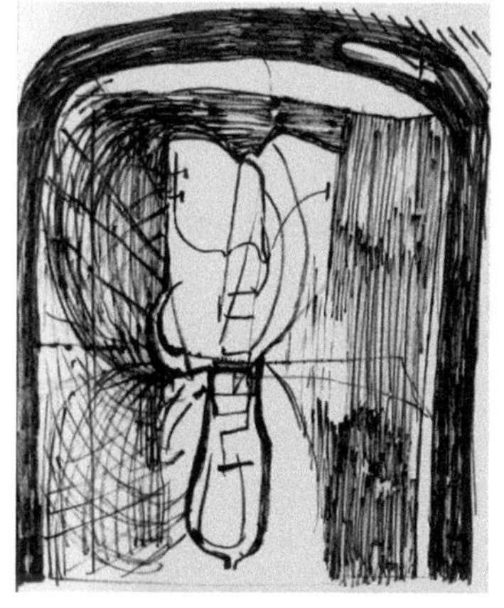

9 Beuys: Skizze zum Kruzifix für das Büdericher Ehrenmahl, 1958, Nachzeichnung des Autors
10 Beuys: Skizze zum Türentwurf für das Büdericher Ehrenmahl, 1952, eingeklebter Zettel auf einem Blatt aus: „The Secret Block for a Secret Person in Ireland", (Beuys, 1988), Abb. #90, Nachzeichnung des Autors

eine Granate oder Bombe. Ich persönlich wäre geneigt, es als Blick in den Bombenschacht des Sturzkampfbombers zu interpretieren und möchte diese Erklärung vorschlagen. Dann wäre es ein Hinweis auf den Zusammenhang von Bombenabwurf und Verstümmelung. Es handelt sich hier um Deutungen, die nur schwer auf Sachverhalte zurückzuführen sind, denn manche Frauengestalten (#224, #226) sind abgemagert, so dass man annehmen könnte, es handele sich bei den Darstellungen auch um eine Obsession, die mit der Anschauung von Hungernden und Verhungernten zu tun hat. Das Fett in den Aktionen und Objekten erscheint dann so, als ob es das den abgemagerten Menschen entzogene Fett kompensieren würde. Das sich Hungertod obsessiv als ein Schuldgefühl bei Beuys eingegraben hat, zeigt die äußerliche Anwendung von Fett, die er auf sich gezogen hat, indem er die Tatarenlegende erfand, die erzählt, wie ihm das Leben geschenkt wurde.

Vorher sind aber die zeichnerischen Darstellungen noch weiter zu klären, denn andere Zeichnungen verdichten die Hinweise auf Verletzungen der Beine und auf prothetische Ergänzungen. Deutlich getrennt sind Oberschenkel und Unterschenkel der „Astronautin" (#218 von 1957), wobei die Zeichnung davor (#217 von 1958[88]) wie die Abbildung einer einfachen Prothese mit einer Manschette aussieht. Merkmale von Amputation und Prothesen weist auch die Wasserfarbenmalerei mit „Hasenblut"[89] auf, die eine „Frau mit Stock und Salamander" abbildet, deren Unterschenkel in Stümpfen ohne Füße enden (#190). Der Stab, den diese Frau in ihrer linken Hand hält, der aber nicht bis zum Boden reicht, wird durch einen „Salamander" gleichsam bis dahin verlängert. Die Sammlung „Bits and Pieces", die Beuys Caroline Tisdall übergab, enthält eine Reproduktion der Heiligen Cosmas und Damian, die im dritten Jahrhundert eine Beintransplantation vorgenommen haben sollen. Die Auseinandersetzung mit diesen ist auch in die buttergelbe Abbildung des World Trade Centers eingegangen, dessen Doppeltürme mit Cosmas und Damian beschriftet wurden und damit wie die Beine eines eingegrabenen Körpers aus dem Fels der Halbinsel Manhattan ragen. Schon diese wenigen Beispiele zeigen, wie weitreichend die Auseinandersetzung mit dem Thema Amputation und Prothese bei Beuys war. Seine Sitzposition in der JU 87 in Erinnerung rufend, wird vorstellbar, dass ihn Schuldgefühle plagten, nachdem er Verstümmelte und Leichen sah, auf die er nach erfolgten Angriffen herabblickte.

Mit der Behauptung, fünf Mal verletzt worden zu sein und der Mär, eine Metallplatte im Schädel zu tragen[90], hat Beuys Verletzungen vorgegeben, die ihm nie zugefügt worden sind. Er imaginierte sie, um sie symbolisch auf sich zu nehmen. Im Zusammenhang mit den Zeichnungen erscheinen diese Verletzungen daher als eine inkarnierte Kompensation von Verletzungen, die er bei anderen gesehen hat und die er möglicherweise auch bei den Angriffen von Stukas selbst mit herbeigeführt hat. Was Bein- oder Fußverletzungen betrifft, so trug er bei seinen Aktionen Schuhe, die an orthopädische Schuhe erinnern. Auch die Tiere, deren Bälge er benutzte, bezog er in diesen Habitus ein, indem er den Hasen/das Kaninchen auf Stangen stellte, die als Extensionen auch an Prothesen erinnern. Noch die Verwendung von Hasenblut als Malmittel bezeugt, dass er dem gejagten Hasen diese Verletzungen zuordnete, womit ein Hinweis gegeben wird, das er in dem flüchtenden Wesen eine Frauengestalt oder eine gejagte Jüdin sehen mochte, die durch die Prothesen die Läufe einer Häsin bekommen hatte. Offen bleibt freilich, wer sie gejagt hat. Noch 2015 erinnert Jenny Erpenbek an das Trauma einer Frau, der „als deutsches Mädchen von deutschen Tieffliegern in die Beine geschossen worden war." (gehen, ging, gegangen, Roman). Sie bringt damit ein Kapitel der Kriegsgeschichte zur Sprache, das noch zu klären ist. Warum waren deutsche Kampfpiloten so durchgeknallt, dass sie nicht einmal mehr Freund und Feind unterschieden haben und ihre Einsätze so in allgemeinen Terror übergegangen sind. Es ist ja merkwürdig, dass Beuys in den wenigen Äußerungen, die er überhaupt zu seinen Kriegseinsätzen gemacht hat, unter anderem ungefragt bestritt, auf Menschen geschossen zu haben. Was wollte er denn machen, wenn sein Pilot den Abwurf einer Bombe verlangte und er die Folgen beim Hochziehen der Maschine unter sich sah?

Neben diesen Bildern aus den 1950er Jahren gibt ein Jahrzehnt später ein verstümmelter Körper auf einer Skizze zur Aktion „Der größte Komponist der Gegenwart ist das Contergankind" (1966) erneut einen konkreten Hinweis.[91] Im rechten oberen Drittel der Zeichnung ist ein Rumpf mit Stümpfen von Oberarmen an den Schultern, nur einem Bein mit verkümmertem Fuß sowie einem eiförmigen Kopf zu erkennen. Diese vergleichsweise winzige Dar-

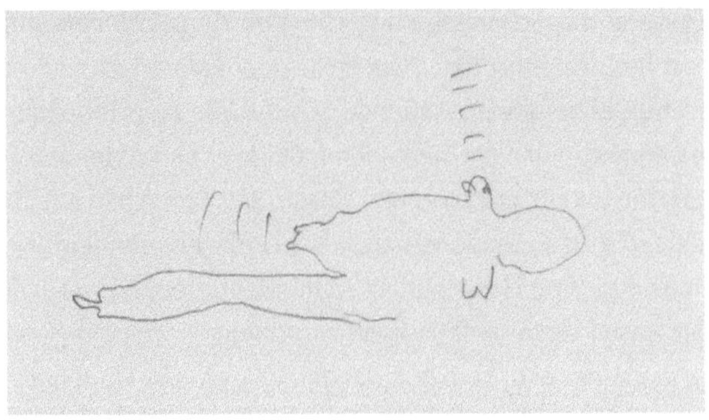

11 Beuys: „Der größte Komponist der Gegenwart ist das Contergankind" (1966). Nachzeichnung des Autors eines Ausschnitts aus der Zeichnung zur Aktion

stellung ermöglicht es überhaupt erst, ähnliche Einstrichzeichnungen als Darstellungen von Körpern in Betracht zu ziehen. Es geht hier um die Zeichnungen von Körpern mit abgeschnittenen Extremitäten, die aussehen wie aufgeschnittene Seegurken, zumal sie mit anderen maritim erscheinenden Lebewesen auf einem Blatt vereint sind. #417 (ebenso #418-422). Diese Zeichnungen von 1970 sind, dem verwendeten Papier nach, offensichtlich in einer Reihe oder in einem Heft mit den anfänglich genannten Frauengestalten #423 und #424 entstanden.

Die zeitlichen Attribute wie „früher Gegenwart jetzt Zukunft später", die die Zeichnung des Contergankindes begleiten, ordnen den verstümmelten Körper einem Zeitstrahl von der Vergangenheit zur Zukunft zu und zeigen an, dass Handlungen mit ihren Folgen die Zeit überbrücken. Jedenfalls führen sie zu einer Verallgemeinerung, zumal die Begriffsliste unter oder neben dem Körper „LEIDEN, KLANG, PLASTIZITÄT, ZEITERFÜLLUNG" sowohl zeitliche wie räumliche Ausdehnung spezifiziert. Dadurch wird der spezielle Fall des Contergankindes nicht mit dem Skandal der Pharmaindustrie verbunden, sondern mit Geschichte oder Naturgeschichte gekoppelt. Auch die Darstellung der „Frau mit Stock und Salamander" gibt einen Hinweis in Richtung einer die Zeiten, Räume und Gattungen überschreitenden Relevanz von Ereignissen.

Nachdem nun ein Ansatz gemacht ist, Skizzen und Zeichnungen unter dem Gesichtspunkt der Folgen von Bombeneinsätzen durchzusehen, lassen sich auch unscheinbarere Details auf Zeichnungen als mögliche Darstellungen verstümmelter Körper lesen. Ein kleiner figürlicher Bestandteil des Blattes #420, das auch mit zahlreichen anderen Zeichnungen übersät ist, erinnerte mich an das Bild eines von Explosionen und Feuer entstellten Körpers, dessen Gesichtshaut vom Schädel gerissen worden und auf dem skelettierten Brustkorb hängen geblieben ist. Die inneren Organe sind zwischen die abgerissenen Beine gerutscht. Nachdem ich es ca. 2006/7 in einem Film über ein Massaker in Vietnam vollkommen unvorbereitet im Fernsehen gesehen hatte, fertigte ich danach die beigefügte Zeichnung an. Eine spätere Sichtung dieser Zeichnung des Massakrierten brachte mich dazu, eine Übereinstimmung mit einer Zeichnung von Beuys zu sehen und sie entsprechend zu deuten; denn sie zeigt einen Kopf zwischen aufgebrochenen Rippen. Die künstlerische Bewältigung unvorhersehbarer Konfrontationen mit Medienbildern unterschiedlicher zeitlicher und räumlicher Herkunft und die damit einhergehende Mobilisierung emotionaler, geistiger und handwerklicher Ressourcen hat außerdem zahlreiche Berührungspunkte mit den im Folgenden verhandelten Zusammenhängen.

Auffällig ist, dass Beuys solche Verstümmelungen wie schon auf dem Blatt „Der größte Komponist der Gegenwart ist das Contergankind" 1966 stark verkleinert zeichnete und sie mit den weichen Konturen einer Einstrichzeichnung unter viele weitere Gebilde auf demselben Blatt mischte, so dass von einer klandestinen Art der Darstellung gesprochen werden kann. Sie zeigt, dass das Unter-

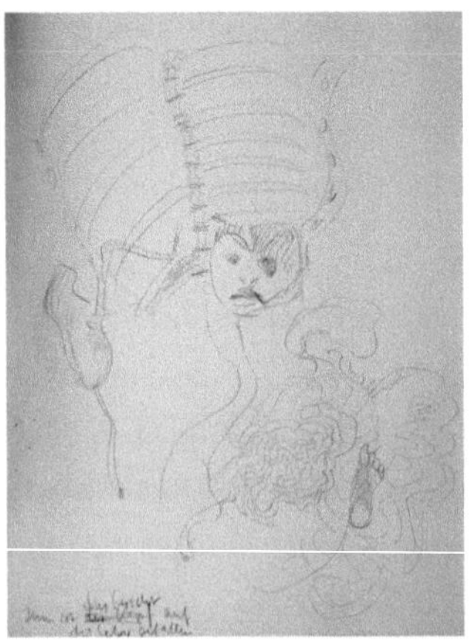

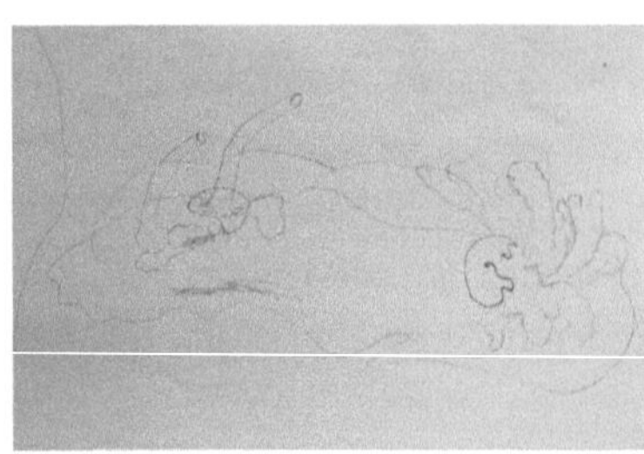

12 Opfer eines Massakers in Vietnam, ca. 2006/7, Zeichnung des Autors 2007
13 Beuys: To Cyntia, 1970, Zeichnung aus „The Secret Block for a Secret Person in Ireland", (Beuys, 1988), #420, Nachzeichnung des Autors

bewusstsein im Sinne des surrealistischen Automatismus solche Zeichnungen hervorbrachte, die er eigentlich lieber zu verbergen trachtete. Solche Versuche des Versteckens können niemals vollständig sein, denn eine totale Selbstzensur hätte Beuys um seine Spontaneität, Kreativität und Intuition gebracht. Entsprechend wird sein persönlicher Konflikt auch in großflächigen monochromen Übermalungen sichtbar, mit denen er einen Teil seiner Notizen und Zeichnungen zudeckte und damit unkenntlich machte. Auch deutet die erdbraune Farbe an, dass manche Motive unter dieser Substanz begraben wurden. Nicht zuletzt signalisiert der Titel „The Secret Block for a Secret Person in Ireland", dass die Zeichnungen etwas verbergen und am besten nicht aufzufinden sein sollen. Diese Implikation ist sogar gültig, wenn diese Zeichnungen öffentlich ausgestellt werden, denn geben sie nur preis, was sich diejenigen Personen, die sie besichtigen, auch erarbeiten und zumuten wollen.

Abwesenheit

Vermitteln traumatischer Erfahrungen Den meisten Menschen gelingt es, entsetzliche Ereignisse oder Bilder davon schnell zu verdrängen, damit sie nicht die Bewältigung des Alltags stören und die Stimmung trüben. Deshalb und aus moralischen Gründen verbreiten die Nachrichten hierzulande Bilder von Toten und Verstümmelten generell nicht. Anders geht es Zeugen von Gewaltakten. Einige von ihnen können das Erlebte aus verschiedenen Gründen nicht verdrängen und werden von grauenhaften Eindrücken noch lange verfolgt. Deshalb spricht man ja davon, dass sich Sinneseindrücke in die Erinnerung „einbrennen". Sie quälen die Betreffenden, wobei die Verbindung von Erinnerung und Ereignis womöglich gar nicht primär visuell im Gedächtnis verankert ist, sondern auch mit schmerzhaften taktilen Sinneseindrücken verknüpft sein können, die bereits Bestandteile des Körpergedächtnisses sind. Wohl jeder hat sich schon einmal die Finger verbrannt. Und oft sind in die Erinnerungen an Tasterlebnisse auch Gerüche eingeschlossen. Da beide entwicklungsgeschichtlich in älteren Regionen des Gehirns verarbeitet werden, die auch für spontane Reflexhandlungen zuständig sind, sind sie rational so schwer zu kontrollieren.

Wenn man sich vergegenwärtigt, dass nach dem Einsturz der Twin Towers des WTC in New York der Verwesungsgeruch der menschlichen Bestandteile in den Trümmern, die sich mit Staub und Asche vermischt über die gesamte Südspitze von Manhattan verteilt hatten, noch monatelang in der Luft lag[92], so erhält man eine Vorstellung davon, wie lange und wie stark menschliche Überreste, die infolge massiver Zerstörungen nicht mehr von den Trümmern zu trennen sind, die Atmosphäre in Katastrophenregionen, auf Kriegsschauplätzen oder in zerbombten Städten bestimmen.

Mit diesem Stoff, der in den audiovisuellen Medien nicht vermittelt werden kann, setzt sich Teresa Margolles auseinander, indem sie Substanzen von sterblichen Überresten in ihre Objekte und Installationen integriert. Die mexikanische Künstlerin verwandte z. B. Leichenwaschwasser von anonymen Gewaltopfern, um Beton zu mischen, aus dem Kunstobjekte gegossen wurden. Die 2003 entwickelte Installation *Aire* besteht aus Seifenblasen aus eben diesem Leichenwaschwasser, die von einer Maschine in den Ausstellungsraum geblasen werden und dort schwebend niedergehen.[93] Margolles möchte damit das Gedenken an jene Menschen, die ohne Angehörige starben, wecken und bewahren. In der Installation hinterlässt jede platzende Seifenblase einige Moleküle der Leiche in der Raumluft, so dass man noch in dieser extremen Verdünnung den Leichengeruch wahrnehmen kann und damit Moleküle des Leichnams einatmet.[94]

In der Installation „Caida libre/Freier Fall" (2005) ließ Margolles das von zahlreichen Toten gesammelte Körperfett aus einem von der Decke hängenden Behälter auf den Boden des Ausstellungsraums tropfen.[95] Diese Installation hat mich dazu gebracht, Fett als Träger von Informationen neu zu überdenken, so dass auch seine Verwendung bei Beuys besser verstanden werden kann; denn auch für das Fett gilt, was Wilhelm Flusser gegen die Dinge anführte, um für Prozesse und Informationen zu plädieren, als er behauptete: „Nicht das Ding, die Information ist das ökonomisch, sozial, politisch Konkrete."[96] In diesem Sinne ist in Fett als Träger von Aromen Information inkarniert, die über die Nase aufgenommen wird. Da auch Geruch ein Signifikat ist, steht er ebenfalls für etwas Abwesendes oder eine abwesende Person.

Was wir Gedenken nennen, ist die Beschäftigung mit Phantomen, also mit Dingen und Menschen, die als Ganzes nicht mehr vorhanden sind. Nur Partikel von ihnen sind überall verteilt. Doch ein Blick in die Medien zeigt uns ein weitergehendes Bild unserer Umwelt, die immer stärker von virtuellen Personen und Dingen bevölkert wird, die physisch abwesend bleiben und die wir nie zu Gesicht bekommen werden. Wir leben geradezu in einer Welt der Abwesenden, so dass in der virtuellen Welt einem Abwesenheitskult gehuldigt wird, der von einem starken Interesse an Ereignissen begleitet wird, bei denen Menschen in Massen zusammenströmen oder durch besonders grauenhafte Umstände zu Tode kommen. Gegenüber den Letzteren gibt es anscheinend geringere moralischen Hemmungen beim Stillen der Schaulust, die noch gegenüber Freunden und Angehörigen in Zaum gehalten wird.

Gerald Siegmund hat Abwesenheit zum Thema einer ausführlichen Untersuchung über den Tanz gemacht, um einen Perspektivwechsel „weg von der Präsenz hin zur Absenz als Kategorie“[97] zu propagieren, die über den Tanz hinaus dem Wesen aller performativen Künste gerecht wird. Schrift und Bild berufen sich dagegen seit jeher auf die Anwesenheit, indem sie selbst dem Metaphysischen ein Gesicht geben, für dessen Authentizität allerdings der Ikonenmaler nur insofern bürgen kann, als er vorgibt, sich an das angeblich von Gott auf die Erde gelegte Urbild zu halten. Gleiches gilt für die Gesetzestafeln. Mit Derrida, der sich auf das Bild von Hegel bezieht, der den Körper des „A“ mit der ägyptischen Pyramide vergleicht, spitzt Siegmund den Sachverhalt zu und sieht mit diesem Buchstaben, der den Laut stillstellt, den Tod markiert.[98] Im Umkehrschluss müsste das Ephemere dem Leben oder mindestens dem Körper huldigen, auch wenn die Feste ein Sonderfall der Aktionskunst sind. Doch gilt das bei den Aktionen nur im Fall der aktuellen Performance für den Akteur und die unmittelbar Anwesenden, wobei die Argumente, die Siegmund vorbringt, im Bereich der Rezeption gelten und weniger für die Produktion herangezogen werden können. Die Abwesenheit gilt besonders auch für den Diskurs, wobei sich die Rezipienten nur auf die Eindrücke und das dokumentarische Material verlassen können. Von diesem Standpunkt aus gesehen gerät der Körper oder die Person des Künstlers schnell lediglich in eine Vermittlerrolle. Künstler wären dann im Hinblick auf die Herstellung eines Zusammenhangs und mit ihren Eingriffen in Substanzen, ihrem Umgang mit Objekten und Materialien Agenten, die an der Grenze von Leben und Tod tätig sind.

Während eine Mehrheit von Menschen Katastrophen und Kriege aus sicherer Distanz in den Medien konsumiert, gibt es neben den unmittelbar betroffenen Menschen eine kleine Anzahl von Angehörigen aus verschiedenen Berufen, die unmittelbar mit dem Grauen gewaltsam ums Leben gebrachter Menschen in Berührung kommen (Totengräber, Leichenwäscher, Pfleger, Ärzte, Soldaten, Henker, Polizisten, Priester, Feuerwehrleute, Retter, Journalisten etc.). Falls sie es nicht vorziehen, aus persönlichen und ethischen Gründen zu schweigen, sind sie aber auch potentielle Boten, die Außenstehenden und Angehörigen über die Begleitumstände des Todes berichten können. Hier geht es um die äußerlichen und innerlichen Bewegungen an der Grenze von Leben und Tod. Diese Grenze bleibt eine Herausforderung, denn die meisten Menschen versuchen sich, ihr so gut es geht fern zu halten. Wie die jüngsten Anschläge auf das Leben zum Beispiel am 13. Nov. 2015 in Paris gezeigt haben, überwiegt der Wunsch, sich in Sicherheit wähnen zu können, um der Vorläufigkeit des Lebens und damit dem Ephemeren, das auch der Aktions- und Performancekunst innewohnt, zu entgehen. Umgekehrt kann man sagen, dass das Perfide der Anschläge gerade darin lag, dass sie sich gegen Menschen richteten, die den Augenblick mit dem Besuch eines Fußballspiels, eines Konzerts oder eines Restaurants feierten.

Umgang mit dem Verworfenen Das Verschweigen des Verworfenen bemerkt Judith Buttler auch am Beispiel der Geschlechter. Alles, was den gängigen Gegensatzpaaren männlich–weiblich wiederspricht, wird als das „Ausgeschlossene" vermieden. Diese Polarisierung gilt übrigens auch für die obige Aufzählung der Berufe, die offiziell mit dem Tod in Berührung kommen. Sie ähnelt derjenigen, die Marcel Duchamp ergänzend zu den Elementen in dem Sektor des „Großen Glases" (1915) genannt hat, der auch „Friedhof der Uniformen und Livreen oder Gussformen" genannt wird. Die dort vorhandenen Elemente werden je einem Priester, einem Kaufhausboten, einem Gendarmen, einem geharnischten Ritter (Curassièr), einem Polizisten, einem Bestatter, einem Lakai (Diener), einem Hotel Boy und einem Bahnhofsvorsteher zugeordnet. Ihre äußere Erscheinung wird jeweils durch eine Uniform hervorgehoben. Diese verleihen einer Person in ihrem Zuständigkeitsbereich Macht und Ansehen, weil sie das Individuum sichtbar in einen familiären, gesellschaftlichen oder wirtschaftlichen Kontext einbindet. Diese Gruppe von Bediensteten verrichtet, wie Adam Smith feststellte, auch keine produktive Arbeit, weil sie keine Stoffe in gewinnbringend zu veräußernde Waren umwandelt.[99] Die Ausgrenzung des Servicepersonals – heute würden wir sagen des Dienstleistungssektors – aus der Produktion – also der durch Transformation von Stoffen in Waren – würden wir heute aus ökonomischer Sicht anders beurteilen, doch hängt diesen Berufen genau die Ambivalenz an, die sich, ähnlich wie die Kreativität, der unmittelbaren Berechnung von Profitraten aus dem Warentausch entzieht. Womöglich liegt darin auch der Grund für die besondere Anziehung, die diese Berufe im 19. Jahrhundert auf Künstler ausgeübt haben. Galt das Interesse wie in der Genremalerei zunächst dem Sujet des Ärmlichen, so wurden viele Künstler seit dem 20. Jahrhundert selbst zu Randständigen und prekär Beschäftigten.[100] Es verwundert also nicht, dass die prekären Beschäftigungsverhältnisse eine Verbindung zur

Kunst haben, denn sie sind für die Krisen der Arbeitswelt und die Migrationsbewegungen typisch, in denen Menschen immer weniger mit ihrem Beruf und ihrer familiären und gesellschaftlichen Stellung identifiziert werden.[101] Ihr Status ist uneindeutig; denn sie entfernen sich von der Welt ihrer Herkunft und sind noch nicht in der Welt angekommen, der sie entgegenstreben. Das gilt heute infolge der gesellschaftlichen Umwälzungen auch für ambivalente Geschlechterrollen. Beuys reagierte auf diese Veränderungen durch Herausstellen von Selbstbestimmung und Kreativität. Darüber hinaus setze sich für er die Gleichstellung der Arbeit in der Produktion mit der in kulturellen Bereichen ein, die sich seiner Meinung nach durch die Trennung von Einkommen und Arbeit erreichen lassen würde.[102]

Dieser Exkurs streift einen oben schon angesprochenen Aspekt, der in der ökonomischen Erörterung der Abwesenheit und des Verworfenen untergeht. Er umfasst Arbeitsfelder des Dienstleistungssektors, die mit Menschen im Übergang/Transit/Reise/Unstetigkeit, mit Krankheit und Tod zu tun haben. Während die betreffenden Künstler hier jeweils Männerberufe reklamierten, haben sich heute auch Frauen diese Berufsfelder erobert, die kritische Bereiche in der gesellschaftlichen Hierarchie betreffen. Obwohl in den meisten Kulturen traditionell gerade Frauen mit Geburt, Tod und den Übergängen in verschiedene Lebensphasen befasst sind, wurden sie in Europa seit der „Aufklärung“ aus diesen Positionen herausgedrängt, so dass ihnen zwischenzeitlich im entscheidenden Moment des Übergangs, wenn nämlich der Priester das Totensakrament erteilt, der Arzt den Tod attestiert oder das Leben eines Neugeborenen quittiert, das Heft aus der Hand genommen wurde. Noch im 20. Jahrhundert bestimmten bis auf wenige Ausnahmen Männer, wenn es darum ging, den ungeklärten Status eines Menschen zu beenden. Diese Tätigkeit setzt immer eine Bescheinigung voraus, mit der amtlich bestätigt wird, dass jemand entweder krank oder arbeitsfähig, lebendig oder tot, männlich oder weiblich ist. Was nicht in diesem Schema aufgehoben werden kann, bleibt als das „Nicht-Dazugehörende" oder die „überschüssige Materie"[103] außerhalb des symbolischen Systems, in das Menschen eingespannt werden, wie Duchamp es auf dem „Friedhof der Livreen" mustergültig gezeigt hat. Dass er diesen Bereich des „Großen Glases" auch „Friedhof der Gussformen" nannte, stellt eine besondere Beziehung zur Bildgießerei her, die traditionell neben der Bildhauerei dafür sorgte, dass das Bild eines Toten die Zeiten überdauern konnte. Dieses subtraktive Verfahren schloss die meisten Menschen aus; denn auch in der Kunst fand das Überschüssige keinen Platz. Das ändert sich in der Kunst erst mit dem unmittelbaren Einsatz von Substanzen. Mit ihnen wird es möglich, zu generalisieren und auch das Verworfene mit einzubeziehen. So erlaubten Fett und Fettobjekte, wie Beuys sie benutzte und herstellte, es zumindest als Synekdoche darzustellen. Das Material und die Gestalten unterscheiden nicht tot oder lebendig, männlich oder weiblich, sondern verkörpern auch, was sich „in der Wirklichkeit in der philosophischen Begrifflichkeit niemals richtig figurieren lässt"[104]. Dieses kann in ein Kunstwerk hineingenommen werden, besonders auch deshalb, weil in der Kunst des 20. Jahrhunderts infolge der Abstraktion zunehmend Materialien und Substanzen verwendet werden.[105] Die oft unbestimmten Formen, die während der Aktionen aus Fett entstehen, ähneln auch Skizzen und Zeichnungen im besonderen Maße. Oben wurde schon auf die Ambivalenz der Beuysschen Einstrichzeichnungen hinsichtlich der Abbildung von Toten und Verstümmelten hingewiesen. Sie halten, wie andere Werke auch, Normabweichungen und Übergangssituationen offen. Im Gespräch mit Caroline Tisdall erwähnt Beuys das „androgyne Element", das für „die Koexistenz von Aktiv und Passiv" steht.[106] Und er nennt auch die „Beziehung zur Substanz, die Übertragung von Geist durch Materie, die Bezeichnung von Bedeutung durch Material".[107] In diese Materialität schließt er ausdrücklich die Stimme mit ein, der er Plastizität zuspricht, weil das Hören dreidimensional ist, wobei er dem westlichen Denken entgegenhält, dass der Zugang zur Materie nur durch den Tod zu erlangen wäre.

Das Umkreisen des Todes durch die Auseinandersetzung mit Materie verbindet speziell Margolles mit Beuys, weil sie als Leichenwäscherin ihr Geld verdient hat und damit in diesen umstrittenen Bereich an der Grenze von Leben und Tod eingedrungen ist, der in Mexiko durch die Kriege zwischen Drogenbanden sowie zwischen diesen und dem Staat ausgeweitet ist. Wie diese Gewalt sich im besonderen Maße gegen Frauen richtet, hat Roberto Bolaño in seinem Roman *2666* gezeigt, in dem er in einem Kapitel auf bald 400 Seiten die Todesumstände von Hunderten von Frauen anhand der Aufzeichnungen der Polizei in einer Stadt nahe der Grenze zwischen den USA und Mexiko darlegt, wo sie als Emigrantinnen unterbezahlte Arbeit verrichten. Alle Akteure sind in schwer durchschaubare ökonomische Zusammenhänge und soziale Abhängigkeiten verwickelt und bilden eine Versuchsanordnung des Lebens innerhalb von globalen Geld- und Warenflüssen mit unbestimmten Identitäten und ohne sichere Zukunftsaussichten.

Margolles' Arbeiten mit Fett verbinden Beuys Arbeiten 50 Jahre später mit der Gegenwart, und das Konvolut der Zeichnungen legt nahe, dass auch Beuys, der der Verknüpfung von Verletzung, Verstümmelung, Tod und Sexualität nachgeht, sich in klandestiner Weise den Darstellungen von Verletzten, Toten und Missgebildeten nähert, um den Erfahrungen, die mit diesen Themen zusammenhängen, eine Gestalt zu geben. Beuys und andere Künstler haben sich dem Abjekt genähert, und das Abjekt kann zur Diskussion betreffender Werke herangezogen werden. Seine Ausprägung hat es allerdings, wenn man Kristeva Glauben schenkt, eher in der Literatur erhalten. Sie gründet ihr Buch auf den Romanen von Louis-Ferdinand Céline, der sich dem Grauen in besonderer Weise genähert hat, wie es später vielleicht nur noch Roberto Bolaño gelungen ist. Es ist bezeichnend, dass letzter einen Roman über faschistische Literatur in Amerika hinterlassen hat, in dem er die Biographien unglaublicher Existenzen entworfen hat, um diese Themen in einem Rahmen präsentieren zu können. Die Lektüre Célines lässt Kristeva vermuten, dass eigentlich nur „Nazis und Faschisten in ihrem libidogetriebeen Gewinnstreben eine Ökonomie des Schreckens und Leidens aufziehen, rationalisieren und handhabbar machen können". Weder die theoretische Vernunft noch die frivole Kunst seien in der Lage, diese Ökonomie anzutasten.[108]

Hinsichtlich der akademischen Sanktionierung des Verworfenen bleibt Beuys bis heute umstritten, was dafür sorgt, dass Ausstellungen seiner Werke konfliktträchtig geblieben sind. So wurde 2011 anlässlich der Ausstellung von Werken aus der Sammlung van der Grinten auf Schloss Moyland das Urheberrecht instrumentalisiert, um die Wirkung der Ausstellung durch ein Verkaufsverbot des Katalogs im Buchhandel zu schmälern. Auch durch Beschreiten des Rechtswegs lässt sich Abwesenheit herstellen, indem man die Abbildung des eigentlich gemeinten prekären Gegenstands reglementiert. Der Streit um die Rechte an einem Foto von einer Aktion unterstreicht auch, dass es keine andere verbindliche symbolische Form für die Repräsentation des Inhalts eines ephemeren Werks gibt. Dessen sinnliche Präsenz entzieht sich der Verhandlung, weil sie gar nicht im vollen Umfang repräsentiert werden kann. Eigenartigerweise sind es die ungeklärten Inhalte, auf die sich die eingeforderten besitzrechte beziehen. Der

Mangel an symbolischen Wiedergabemöglichkeiten des Umstrittenen und Ambivalenten war Beuys als Aktionskünstler genauso bewusst wie der Umstand, dass die Abwesenheit eine anhaltende Wirkung erheischt und somit paradoxerweise das Immaterielle oder das plastische Immaterielle wie der Klang im Raum zu einer Permanenz führt, die einer vollkommen anderen Vorstellung entspringt als bei traditioneller Bildhauerei oder überhaupt bei einem künstlerischen Artefakt:
„Meine Arbeitsmethode ist gerade nicht festgelegt. Eigentlich gehört alles der Aktionskunst an, die man überhaupt nicht fixieren kann. Sie finden (sic! – Er meint wohl ‚Aktionen') an irgendeiner Stelle, oftmals auf der Straße statt. Man weiß nicht wohin die Substanz fließt, wo sie genommen wird, wie sie verarbeitet wird. Die Aktionskunst ist eine sehr unmittelbare Form der Zukunft. Über manche Aktionen gibt es kaum Berichte. Sie haben aber stattgefunden. Sie haben ihre Wirkung gehabt. Die gehen in Raum und Zeit rein geistig-seelisch auf. Man bekommt ab und zu ein Echo zurück. Dadurch dass Menschen sagen: dadurch habe ich einen Sinn bekommen für das und das."[109]

Im 20. Jahrhundert wurde neurotisches Verneinen ausgehend von der Beobachtung des Ausblendens (Scotomisierung) bestimmter Gegenstände aus dem Gesichtsfeld diskutiert und dann der Psychose als „Zurückweisungsmechanismus" zugeordnet. Um das zu präzisieren, zog Éduard Pichon mit *forclusif* einen Begriff hinzu, der ‚*inclusif*' an die Seite gestellt wurde und das nicht mehr zur Realität Zählende bezeichnet und ebenfalls, wie *abjectiv,* mit ‚verworfen' übersetzt werden kann.[110] Im Fall der Urheberschaft geht es also nicht primär um Besitz, sondern die Aufmerksamkeit richtet sich auf das immaterielle Weiterwirken nicht bloß der Aktionskunst. Und es geht auch – wie Beuys im obigen Interview unterstrich – um das Teilen im Sinne der Gabe. Die künstlerische

Aktion teilt das Wissen unmittelbar mit und teilt es mit dem Publikum als dem Repräsentanten der Öffentlichkeit, während das statische Werk oder ein Dokument, für das eine Urheberschaft reklamiert werden kann, das Teilen nur unter bestimmten Bedingungen erlaubt. Es ist beendet und ermöglicht nur noch eine indirekte Anteilnahme.

Die Verdrängung traumatischer Erfahrung lässt dagegen die Erinnerungen unter den Horizont der Anschauung in den Bereich des Latenten absinken und lässt die Inhalte der Bilder immateriell erscheinen, da sie nur indirekt vorhanden sind bzw. sich den Blicken entziehen. Hier können Aktionen und Performances ansetzen, da sie jenseits verfestigter Zeichensysteme Raum für das Aufscheinen ungeformter und unspezifischer Immaterialitäten aus den Bereichen des Unterbewusstseins bieten. Aktionen holen diese aus der Latenz und machen sie durch Handlungen form- und gestaltbar. Und das erfordert neben Diskursen und Theorie eben immer wieder neue Aktionen sowie die Erneuerung von Aktionen durch Redoings von Aktionen, denen man auf die Spur kommen möchte.

Botschaften jenseits der Sprache – Von der Substanz zum Gen

Künstler als Bote

Der häufig zur Interpretation der Werke von Beuys eingesetzte Symbolbegriff erwies sich in diesem Kapitel an verschiedenen Stellen als zu begrenzt, um damit den Bedeutungsumfang der betreffenden Objekte und Substanzen erfassen zu können. Im Jahrzehnt nach den ersten Aktionen von Beuys erhob Paul Ricœur Bedenken gegen den Symbolbegriff von Ernst Cassierer, denn er war für die Zwecke der Interpretation zu stark auf vergangene Kulturen, Religionen und klassische Kunstformen ausgerichtet.

Das erschwert es, den Symbolbegriff auf spezifische Gegenstände oder Darstellungen von Lebewesen anzuwenden, wie wir sie oben auch im Werk von Beuys vorgefunden und teilweise mit dem Begriff Symbol gekennzeichnet haben. Ricœur hatte deshalb vorgeschlagen, weitere Bereiche des Symbolischen zu definieren oder andere wie die Repräsentationen aus dem Bereich der Zeichentheorie dem Bereich der Semantik zuzuschlagen. Auch im Hinblick auf die Aktionen von Beuys lässt sich das Symbolische nur bedingt auf bestimmte Gegenstände und Handlungen anwenden, nicht jedoch auf die Prozesshaftigkeit von Performanceskunst und die Faktizität von Materialien oder konkreten Gegenständen aus der Lebenswirklichkeit.

Aus Sicht der Aktionskunst, in der Objekte in die Dynamik der künstlerischen Produktion einbezogen werden, ist zur Kritik des Symbolbegriffs aber auch zu berücksichtigen, dass das antike *symbolon* notwendigerweise mit dem Überbringer der Botschaft verbunden war. Das *symbolon* war Ausweis des Boten und beurkundete die Echtheit der überbrachten Nachricht. Seine Überprüfung war also ritualisiert und dem Akt der Übermittlung vorgeschaltet. Die Methode der Authentifizierung wird bis heute beim Austausch von elektronischen Nachrichten eingesetzt, die deshalb mit einem Zertifikat versehen sind. Die Verwendung von Symbolen in der Aktionskunst bedeutet daher, dass die Performer notwendigerweise mit einbezogen werden müssen, insofern man sie als Übermittler einer Botschaft betrachten möchte. Bote und Botschaft bilden ein Tandem, zumal dann, wenn Künstler aus eigenem Entschluss selbst ein *symbolon* werden oder mit den von ihnen hervorgebrachten Äußerungen und Gegenständen durch Handlungen und Gesten verbunden sind, bzw. diese verändern oder in je verschiedene Verhältnisse zueinander setzen. In diesen Fällen hat die Künstlerperson als Performer einen entscheidenden

Einfluss auf Entwicklung und Aktualisierung von Bedeutungen. Die Bedeutung des Symbols fällt also mit dem Anlass zusammen und dehnt sich auch auf ihr Umfeld aus. Insofern ist das Symbol neben zeitlichen auch räumlichen Parametern unterworfen. Konkret heißt das für die Werke von Beuys, dass hier weniger z. B. die historische oder ikonographische Bedeutung des Hasen hervortreten, wenn der Künstler aus seiner Erfahrungswelt ein Stück, ein Ding, eine Substanz oder ein Lebewesen einbringt. Wenn er diese durch die Aktion mit Eigenschaften ausstattet und in einen neuen Kontext stellt und diese dann später von Interpreten mit einer Bedeutung belegt werden, muss diese nicht unbedingt im Sinne des Performers sein. Bedeutungen von Symbolen sind ja gewöhnlich hochgradig konvertionell, so dass sie, wenn überhaupt, durch eine Aktion nur minimal verändert und neu kontextualisiert werden können. Dabei spielte bei Beuys seltener das Ausgesprochene eine Rolle, wohingegen er durchaus im Rahmen einzelner Aktionen als Einflüsterer[111] agierte. Hier verschleierte er die Artikulation und setzte plastische Äquivalente der Laute als Teil der sozialen Plastik mit zunächst unbestimmter Bedeutung ein, die eine Art Platzhalter der Sprache im Raum darstellen.[112] Symbole wie Bedeutungen waren also eng in die Aktion eingebunden und wurden mit einer aktuellen Kraft besetzt, die der Gegenstand von sich aus nicht haben konnte. Substanzen, Objekte und die Aktion selbst produzierten eigene Felder, die Bereiche der Ideen und ihrer Verkörperung in kreativen Substanzen (Chōra)[113] umfassen.

Obwohl auf den Begriff Chōra erst später eingegangen wird, seien hier zwei Passagen benannt, die sich auf Fett und Wachs beziehen lassen, weil sie Substanzen sind, denen die Möglichkeit der Schöpfung insofern inne wohnt, als sie beliebige Formen annehmen können. Im Timaios heißt es dazu: „Wer es aber unternimmt, in etwas Weichem Gestalten zu formen, der läßt durchaus keine

Gestalt sichtbar bleiben, sondern ebnet vorher den Stoff bis zur möglichsten Glätte." (50e) Diese Stelle könnte sich auf Wachstafeln beziehen, so dass die Buchstaben oder Piktogramme mit Gestalten übersetzt worden sind. Der glatte Wachs wäre so eine Vorstufe der „Mutter und Aufnehmerin alles gewordenen Sichtbaren", das nicht als eines der vier Elemente benannt werden kann, sondern „ein unsichtbares, gestaltloses, allempfängliches Wesen, auf irgendeine höchst unzugängliche Weise am Denkbaren teilnehmend und äußerst schwierig zu erfassen,..." (51 a-b)[114] ist. Es bezeichnet das "Worin des Werdens" §18 (48e).

Symbolisches und Inkarnation

Die in diesem Kapitel angestellten Überlegungen zum Symbol und zum Material beziehen sich jedes Mal auch eng auf den Künstler. Zunächst ist festzustellen, dass Beuys bei den hier erörterten Aktionen die Nähe zum Material gesucht hat bzw. sich mit dem Material verbunden und es an sich geschmiegt hat, was mit dem Fett leicht zu praktizieren war, da es von seinen Eigenschaften her eine Verbindung mit der Haut eingeht. Dabei wird seine Einwirkung auf das Empfinden bedeutsam, das gelegentlich auch die Ekelschwelle überschreiten konnte. Die Fotos der Aktion „>> H a u p t s t r o m >>" 1967 bei Franz Dahlem in Darmstadt zeigen, wie Beuys Fettbrocken in den Kniekehlen zerdrückte und unter die Achseln nahm, aber auch eine Mischung aus Fett und Wachs im Mundraum formte, wo die Masse temporär zum Bestandteil des Körpers wurde, der sie anders als beim Stoffwechsel nicht chemisch in physikalische Energie verwandelte, sondern als Artefakte wieder entließ.

Diese Anverwandlung an Material geht weit über das traditionell als „Symbol" Bezeichnete hinaus. Neben den Dokumenten brachte die Aktion Rückstände hervor, die während der Aktion im Mundraum des Künstlers produziert worden sind. Sie formen den Resonanzraum eines Lauts plastisch ab. So betrachtet war das Material mit dem Aktionskünstler und seiner Aktion sowie mit der Installation verbunden. Es handelt sich um Inkarnationen von Lauten und Aktionen in dem oben von Beuys benannten Sinn. Es entstand kein Laut, der gewöhnlich als Performanz im Sinne eines Sprechakts vernommen wird. Der Künstler entäußerte stattdessen ein Objekt, das als mehr als ein Relikt einer Performance anzusehen ist. Man könnte sogar sagen, der Klang, der Buchstabe oder das Wort ist dem Akteur im Halse stecken geblieben. Doch hat das Fett im Mund auch den Resonanzraum verändert, aus dem kein Ton im Sinne der konventionellen Verständigung durch Laute hervorkommen konnte, aber eine vom Mund geprägte Substanz entlies. Dabei ist der Mundabdruck des Künstlers, also die spezifische Form seiner Mundhöhle auch als Verkörperung eines „Fettraums“[115], denkbar. Als Lautabdruck und Raumabdruck ist es zugleich ein vom Künstler entäußertes Produkt (Abb. 7). Es ist mit seinem Siegel versehen und damit authentifiziert. Das Objekt ist, wenn man es für sich als eine geronnene Botschaft betrachten möchte, mithin zugleich der Ausweis des Boten und seine Botschaft. Diese Auseinandersetzung mit Material ereignete sich in einer Zeit, in der Marshall McLuhan aus ganz anderen Gründen mit Quentin Fiore und Jerome Agel „The Medium is the Message“[116] veröffentlichte. Beuys geht mit der Wahl seines Materials wieder hinter die Entmaterialisierungen des Medienzeitalters zurück, indem er das Material so benutzt als sei es die Botschaft.

Ein Bote setzt sich als Überbringer von oft schlechten und existenziellen Nachrichten auch dem Risiko aus, angegriffen oder getötet zu werden, weil er den Betroffenen ausgeliefert ist und sie leicht Rache an ihm statt an den wirklichen Übeltätern nehmen können. Diese Verwechslung wird durch die Konventionalisierung der Modalitäten der Kommunikation minimiert. Das Ritual des Sich-Ausweisens und die Stellung des Boten schaffen einen gewissen Schutz. Die Überbringung der Botschaft ist also, wie das auch heute bei Geräten üblich ist, die an das Internet angeschlossen sind, mit der Authentifizierung des Boten bzw. Geräts beim Empfänger verbunden. Die Tätigkeit im Bereich der Kommunikation wird jeweils in ein Dispositiv mit seiner Hardware und die jeweiligen Infrastruktur eingebettet, wozu bei einer Performance neben dem Veranstaltungsort auch die Einladung, die Zuschauer und -hörer, die Medien sowie im speziellen Fall auch der Kunstbetrieb gehören. Der Eingebundenheit des Performers in ein Dispositiv wird im Deutschen durch den Begriff „Botschaft" entsprochen, weil sie nicht bloß die gesellschaftliche Akzeptanz des Boten berücksichtigt, sondern den gesamten Bereich der Infrastruktur kennzeichnet, was durch die Nachsilbe „schaft" unterstrichen wird. Sie weist darauf hin, dass es sich um keine Einzelheit handelt, sondern um ein Kollektiv, wie etwa eine Mannschaft, eine „Gerätschaft", „eine Landschaft" als etwas „Erschaffenes". Es geht hier auch um ein kollektives Ergebnis, also um etwas Geschaffenes im Sinne des althochdeutschen „skephen" oder des germanischen "skafti", und es geht um die Zusammenfassung von zahlreichen Teilen zu einem Ganzen. Was die Kollektivität betrifft, ist aufschlussreich, dass der Gewaltausbruch 1964 während der Aktion in Aachen Erika Fischer-Lichte dazu bewogen hatte, diesen mit Ereignissen in einem Fußballstadion, in dem zwei Mannschaften gegeneinander spielen, zu vergleichen[117]. Diese Assoziation zeigt, wie stark individuelle Erfahrungen und ihre Ausprägung mit entsprechenden kollektiven Erfahrungen verbunden sind, die ihrerseits ein Zusammenhörigkeitsgefühl entstehen lassen.

Insofern befinden sich Individuen innerhalb einer Zuschauerschaft in einer konventionsgeleiteten Gemeinschaft, die berechtigt ist, eine Botschaft nicht nur entgegenzunehmen, sondern sie weiterzugeben und dabei bis zu einem gewissen Grad auch zu modifizieren. Das geschieht etwa durch Weitererzählen, das eine permanente Umformung und Umgestaltung von Nuancen ermöglicht. Insofern ist es beachtenswert, dass Beuys für einige seiner Werke einen Stempel entworfen hatte, mit dem er die Echtheit der Dokumente seiner Aktion zertifizieren konnte. Die Mundabdrücke, die als authentische Objekte fungieren, weil sie nur in seinen Mund passten, sind als ein Pendent zu den Schriftstücken, Zeichnungen und Fotografien zu sehen, die Beuys mittels Stempel beglaubigte. Die Aktion wird also vom Raumzeitlichen auf die Ebene des Dokumentarischen heruntergebrochen und für das konventionelle Archiv vorbereitet. Wenn man weiterhin berücksichtigt, dass es sich bei den Abdrücken um eine Serie von Artefakten handelt, so ist darin eine kryptische Botschaft enthalten, die auch durch das christliche Dogma der Trinität motiviert ist[118] und durch das ebenfalls besiegelte Material dokumentiert wird.

Kaninchen als Bote und inkarnierte Materie In den Kreis der Symbole gehört auch der Kaninchenbalg. Da sich das tote Kaninchen nicht mehr bewegen konnte, mussten ihm bei der Aktion „Wie man dem toten Hasen die Bilder erklärt" 1965, „Beine gemacht werden", wodurch es zu einer Kunstfigur – zum Hasen – wurde, der einer indonesischen Stabpuppe ähnelt. Somit stellt diese Verwandlung eine klassische Animation dar, wie sie auch im Puppentheater praktiziert wird.[119] Dieser Theaterpraxis zugehörig, befindet sich die Figur auf einer anderen Symbolebene als die Objekte aus Fett. Sie ist schon auf dem Weg in Richtung einer Puppe, die jedoch nicht im Theater ankommen wird; denn Performances sind eine Kunstform des Übergangs, die z.B. die Zwischenwelten an den Rändern der Kunstgattungen und des Lebens erkunden. Diese intermediären Bereiche entsprechen der vermittelnden Tätigkeit des Boten, der keiner der sich streitenden Parteien angehört, sowie der Funktion der Botschaft als Teil des Kommunikationsdispositivs.

Zunächst mit dem Boten verbunden, verselbständigt sich das Kaninchen scheinbar. Es wurde mit der Botschaft ausgestattet und kann vom Boten nur willkürlich abgetrennt werden; denn genau wie die Puppe ohne den Spieler wäre die Botschaft ohne den Boten verloren. Lediglich für Beuys selbst mag das Kaninchen (Hase) eine Art scapegout oder ein Sündenbock gewesen sein, auf den er eine symbolische Last gepackt hat. In der schon genannten Installation „Hasengrab" ist allerdings das Kaninchen komplett abwesend. Schutt und Abfälle aus den Trümmern sind an seine Stelle getreten. Es hat sich in feinstoffliche Materie verwandelt, weshalb der Staub, der auf diesen Trümmern liegt, ein Hinweis auf sein Verschwinden sein kann. Es hat sich also fast vollständig von der Objekthaftigkeit abgelöst. Wenn man von seiner Anwesenheit als Staub absieht, wie es später bei Margolles ganz offensichtlich ermöglicht worden ist, liegt hier ein Übergang der sehenden Rezeption von Kunst in den Stoffwechsel vor. Dieser Zusammenhang bietet den Ansatz dafür, dass sich das Werk auch in den Zuschauern inkarniert, was sich über den Stoffwechsel und darüber hinaus auch in einem immateriellen Sinn ereignen kann.

Hier haben wir es also mit einem unbeachteten Weg der Rezeption von Kunstwerken zu tun, die gar nicht ihren Weg in Ausstellungen und Sammlungen suchen, sondern unmittelbar in die Zuschauer eingehen. Dieses körperliche Archiv der Performancekunst steht neben dem alten der Kommunikation. Die Museen wiederum bilden dabei eine Scharnierstelle der Archivierung des dokumentarischen Bestandes und Aufbereitung des Wissens. Die Aktionen und ihre Bestandteile bei Beuys exemplifizieren die Wege der Informationen, die von einer Aktion ausgehen und sowohl feinstoffliche Materie des Stoffwechsels als auch die flüchtigen Erinnerungen, Gerüche, Gerüchte, Bilder, Berichte, Beschreibungen und Rezensionen umfassen, die sich über die verschiedenen Kanäle der Medienwelt verbreiten und vervielfältigen. Letztere bilden einen Schlüssel zum Verständnis des körperlichen Archivs von Aktionen. Doch wo ist es zu suchen? Ist es vielleicht sogar nachweisbar?

Reterritorialisierung der Aktionskunst durch die Dokumentation Harald Szeemann war der erste Ausstellungsmacher, der in den 1970er Jahren erkannt hat, dass die neuen Formen der Kunst über die bestehenden Symbolbildungen und über die bisher gültigen Konventionen hinausgehen würden. Er nannte diesen Bereich der Kunst „individuelle Mythologien“ und widmete ihnen 1972 eine ganze Abteilung auf der documenta 5. Dennoch setzte er voraus, dass ein „Produzent … nicht aus der Konvention über Kunst herausfallen“ dürfe, um „‚verstanden‘“ zu werden. Zugleich plädierte er für die Einschließung der Performancekunst, denn er wusste, dass es die Bedingung für die Entstehung von Kunst ist, zunächst einmal „heraus(zu)fallen“.[120] Und weil die Performancekunst den Entstehungsprozess zum Werk machte, änderte sich die „Ökonomie der Repräsentation“, wodurch die „Reproduktion des Anderen als Dasselbe“ von einer „Repräsentation ohne Reproduktion“[121] abgelöst wurde.

Wenn eine Reproduktion von Performances als unmögliches Unterfangen gilt oder abgelehnt wird zwar die Möglichkeit des Kunstsammelns zunächst unterlaufen, doch konnten Fotografen und Medienvertreter tatsächlich nirgendwo wirklich aufgehalten werden. Wenn man vom strikt gehandhabten und allgemein akzeptierten Aufnahmeverbot während der Aufführungen von Tino Sehgal einmal absieht, lassen sich fast überall Schlupflöcher finden, um zu dokumentieren. Dazu kommt das voyeuristische Vergnügen heimlichen Fotografierens oder Mitschneidens; doch verlangen gute Dokumentationen ein gegenseitiges Einverständnis. Schließlich sahen Medientheoretiker wie Vilém Flusser die Dokumentationen aus ganz anderen Gründen als eine Bedingung von Kommunikation. Es ging ihm darum, die durch Computerisierung nebelhaft gewordene Umwelt konkretisieren zu können. 1989 schrieb Flusser: „Die dingliche Umwelt ist uninteressant geworden, das Interesse hat sich auf die Dokumente verschoben. Es sind die Dokumente, die Formen, die Modelle, die gegenwärtig beginnen, das Konkrete der Umwelt auszumachen."[122]

Erst 2002 begründete Boris Groys die Notwendigkeit der Dokumentation als Teil einer Kunstinstallation. Sich auf Walter Benjamin berufend, argumentierte er, dass die Fotografie die Werke – besonders auch die der Performancekunst – deterritorialisiert habe, und die Kunstinstallation die Reterritorialisierung der Werke ermögliche. D.h. die Künstler seien mittels der Installation in der Lage, die Aura ihrer Werke wieder herzustellen.[123] Die enge Verbindung von „>> H a u p t s t r o m >> FETTRAUM" – der erste Teil des Titels steht für die Aktion und der zweite für die Installation – 1967 in Darmstadt bestätigt, dass Beuys diese Möglichkeit erschlossen und sie besonders in der Installation „Arena" angewandt hat, um der Fotografie sowie der fotografischen Reproduktion von Abbildungen verschiedenartiger Objekte diverser Herkunft Raum zu geben. Doch spielt sich die Deterritorialisierung im Zuge der Performancekunst gar nicht allein in der Dokumentation ab, sondern auch in der, wie gezeigt wurde, materiellen Inkarnation und Internalisierung, die sich bei den Zeugen von Aktionen vollzieht. Sie tragen das Resultat in verschiedene Bereiche des Lebens, die sich nicht mehr lokalisieren lassen. Erst heute bieten Algorithmen zusammen mit massenhaft gesammelten Daten Anhaltspunkte dafür, wie sich Informationen, Verhaltensweisen und Wissen formieren und auf welchen Wegen sie sich fortpflanzen.

Beuys war dies bewusst, was spätestens durch seine Aussage in dem Interview mit Annelie Pohlen belegt ist. Darin legt er mustergültig dar, wie er eine Aktion substanziell in die Zukunft hinein transportiert sieht: „Man weiß nicht wohin die Substanz fließt, wo sie genommen wird, wie sie verarbeitet wird. Die Aktionskunst ist eine sehr unmittelbare Form der Zukunft.“[124] Dieses Zitat unterstreicht, was sich schon in den Überlegungen im documenta-Team von Harald Szeemann andeutete, nachdem mit der Konzeptkunst konkrete Dinge in immaterielle Zusammenhänge überführt worden waren.

Selbst wenn die Aktionen in Form von Dokumenten und Relikten in Museen und Archive eingehen und in Form von Ausstellungen, Texten, Seminaren, Diskussionen und Büchern in die Diskurse getragen werden, geht der Prozess des Performativen insofern weiter, als in der Zeit danach die Rezeption durch die Arbeit der Adepten, Forscher, Kuratoren, Performancekünstlern fortschreitet. Die Botschaft wird zunehmend stärker eine gesellschaftliche Angelegenheit, die sich über die Dispositive der Kunst (Internet, Museen, Archive, Universitäten, Schulen etc.) in alle Bereiche der Gesellschaft ausdehnt. Dort bildeten sich, durch Reproduktionen, Re-doings und mit neuen Dokumenten und Rechercheergebnissen angereichert, Reservoire einer permanenten Neudefinition, Umdeutung und Umgestaltung. Ein zeitgenössisches Beispiel bespricht Yvonne Reiners mit dem Projekt „unMonastery“ für Matera, die Kulturhauptstadt Europas 2019.[125]

Die biologische Erinnerungsspur

Um 2000 sorgten die Thesen von Peggy Phelan und Philip Auslander wegen der unterschiedlichen Bewertung des Live Charakters einer Performance für Kontroversen. Während für Phelan sowohl die An- wie die Abwesenheit Kategorien der Rezeption einer Performance sind, so betrachtet Auslander die Anwesenheit bei einer medialen Übertragung als eine hinlängliche Bedingung für ein Live-Erlebnis. Für ihn können Übertragungen von Popkonzerten oder Sportereignissen sehr wohl auch Performances sein, weil sie kollektiv wahrgenommen werden und entsprechende Erfahrungen einer Teilhabe generieren. Er nimmt daher die erweiterte Zeugenschaft eines Live-Publikums, die durch Displays, Lautsprecher und eine entsprechende Bühnensituation ermöglicht wird, als hinreichend an. Dabei schließt die Auffassung von Auslander olfaktorische und haptische Reize nicht einmal aus, denn sie sind auf Massenveranstaltungen gegeben und erzeugen das Gefühl der Partizipation.

Beide Ansätze unterscheiden sich vornehmlich durch die Dimension der Veranstaltungen, auf die sich die Aussagen beziehen. Für Phelan spielt die Zeitdimension eine größere Rolle, weil sie die Abwesenheit des Ereignisses mitreflektiert, die allerdings auch für Großereignisse gültig ist und jeweils eintritt, wenn die Erinnerung an intensiv erlebte Momente aufkommt und gepflegt wird.

Die Auffassung von Beuys über das Weiterwirken von Aktionen steht dabei der Position von Phelan nahe, denn Performances sind nicht auf Aufzeichnungen angewiesen, um ihre Wirkung zu entfalten. Obwohl von einer synästhetischen, also immateriellen, Wirkung auszugehen ist, spricht Beuys davon, dass „die Substanz fließt“[126] und sieht die Aktionskunst als eine „sehr unmittelbare Form der Zukunft“. An dieser Stelle ist also festzuhalten, dass Aktionen nicht nur an einer Kreuzung zwischen den Zeiten (Vergangenheit, Gegenwart und Zukunft) stehen, sondern auch gerade den Übergang von Materialität in Immaterialität markieren, wobei nicht auszuschließen ist, dass die Grundlagen der Kommunikation substanziell sind.

Körper – tote/lebendige Materie

Die Auseinandersetzungen mit gesellschaftlichen Übergängen von einer Existenz in die andere und die damit verbundenen beruflichen Qualifikationen haben wir oben erörtert. Sie haben Beuys zu einem weltweit beachteten Protagonisten werden lassen, dessen Praxis letztlich auch Geschlechterrollen berührt hat. Das zeigt sich aus heutiger Perspektive noch deutlicher als zu seinen Lebzeiten, und es lassen sich tatsächlich bemerkenswerte Übereinstimmungen auch mit feministischen Argumentationen entdecken. Beide Positionen ergaben sich aus den jeweiligen Außenseiterrollen und müssen weiter öffentlich behauptet und gesellschaftlich durchgesetzt werden.

Judith Buttler ist den Gegensätzen von Konstruiertheit und Materialität nachgegangen und schreibt: „Dieses Erschüttern der Materie lässt sich verstehen als Anstoß für neue Möglichkeiten, für neue Arten, wie Körper Gewicht haben können."[127] Da Buttler vom Körper als einer Konstruktion ausgeht, ist es nicht abwegig, die Zusammenhänge der Genderdebatte auch auf Beuys zu beziehen, denn sein Werk berührt die Widersprüche zwischen Materialisierung und Konzept nicht nur hinsichtlich von Kunstobjekten, sondern auch hinsichtlich des Körpers und seiner Möglichkeiten, Informationen zu speichern. Inzwischen haben Epigenetiker gezeigt, dass sich die DNA durch äußere Einflüsse wie Nahrung und Erlebnisse im Laufe des Lebens verändert, was bedeutet, dass sich die Zellen nicht nur erneuern, sondern sie auch hinsichtlich der in ihren Kernen enthaltenen Information variabel sind. Die Regeneration des Körpers lässt sich also mit dem Umprogrammieren von genetischen Codes zusammenbringen, womit auch bestimmte Ansichten von antiken Philosophen in einem neuen Licht erscheinen.

Wenn also Buttler Aristoteles zitiert, weil er in der „Seele die Aktualisierung von Materie" sah, bekommt diese Aussage eine konkrete Bedeutung, wenn die von Michel Foucault gesehene Dualität von Seele und Körper als ein Konstrukt von Herrschaft in den Blick genommen wird. Sein bekanntes Diktum „Seele: Gefängnis des Körpers" ergänzend, führte er zuvor aus, dass sie „selber ein Stück der Herrschaft ist, welche die Macht über den Körper ausübt".[128] Er nimmt an, dass die Seele ein Steuermechanismus über den Leib sei, was bedeuten würde, dass sie mit dem Auf- und Niedergang von Macht und Herrschaft sowie durch die individuelle Fähigkeit, der Macht zu widerstehen oder sich ihr zu unterwerfen, modelliert werden könnte. Die so definierte Seele wäre aber plastisch und wie ein Körper im Körper zu betrachten, weshalb der französische Pionier auf dem Gebiet der Genforschung François Jacob sie eine „innere Statue" nannte und sie als „das Kernstück, das Eigentlichste" eines Charakters auffasste.[129] Diese Vorstellung einer inneren Konstitution aus den Zeiten vor der Etablierung der Genforschung bekommt in der Tat durch die Entdeckung der Gene als Informationsspeicher eine neue Bedeutung, die das Konstrukt Seele als etwas Materielles erkennbar macht.

Durch die Epigenetik wissen wir heute, dass die Gene wie das Gehirn plastische Informationsspeicher und durch die Umwelt beeinflussbar sind.[130] Die Genforschung erzielte belastbare Ergebnisse dadurch, dass man negative Einflüsse wie Traumata als Kräfte nachweisen konnte, durch die Gene an- oder abgeschaltet werden können, was auch bedeutet, dass Veränderungen, die bisher seelischen Ursachen zugeschrieben worden sind, ihre Basis in den Zellen haben können. Sie bilden also das Material, das die seelische Konstitution verändert. Dabei muss es sich nicht nur um negative Bedingungen wie Mangelernährung und Trauma handeln, die Gene beeinflussen, denkbar ist, dass sich auch positive Kräfte nachweisen lassen, die die An- und Abschaltungen von Genen mit positiven Folgen für die Gesundheit und das Befinden von Menschen ermöglichen könnten. In Zukunft wird man sicher solche Veränderungen durch prägende Ereignissen wie z. B. Initiationen und Statusveränderungen in ihrer Wirkung auf die Gene bestimmen können. Wenn Buttler z. B. schreibt: „... ontologisches Gewicht wird nicht vorausgesetzt, sondern wird immer verliehen“[131], so heißt dieser Satz nichts anderes, als dass die Neuverschaltung von genetischen Codes eine Konstitutions- oder Statusveränderung verursacht, die durch soziale Interaktionen, durch Personen, durch Erfahrungen, „einschneidende“ Erlebnisse herbeigeführt werden können. Wenn der Platz solcher permanenten Veränderungen in den Zellkernen nachgewiesen werden könnte, wäre die Seele tatsächlich ein überholtes Modell, das durch plastische Gene abgelöst werden könnte.

Epigenetik müsste also auch nachweisen können, dass sich Informationen der Gene in einem das Verhalten und die Gesundheit förderlichen Sinne beeinflussen ließen. Die hierfür relevanten Instanzen sind also jene, die die seelische und gesellschaftliche Integration eines Menschen ermöglichen und fördern. D. h. die Wirkungen gesellschaftlicher bzw. kirchlicher Instanzen, wie Schulen und Hochschulen, Ärzte und Krankenhäuser, Initiationen wie Anmeldungen, Staatsbürgerschaft, Kunstaktionen oder auch die Sakramente und Rituale, die den Platz und den Status von Menschen in einer Gesellschaft steuern, müssten in ihren positiven Auswirkungen nachgewiesen werden können. Hier kämen die plastischen Prozesse, die Joseph Beuys als „soziale Plastik“ definierte, mit der „inneren Statue“, als die François Jacob die genetische Steuerung des Körpers metaphorisch beschrieb, zur Deckung. Die Erkenntnisse der Epigenetik würden dann der Perspektive von Beuys, der Body Art und den Performance Studies einen ganz neuen Stellenwert einräumen.

Chōrische Auffassung von Aktionen

An dieser Stelle kann es weiterführend sein, den Gedanken zu folgen, die auf die Suche nach einem Dritten, einem „third part", einem *triton genos* geschickt werden, das sich laut Julia Kristeva und Jacques Derrida hinter der chōra verbirgt, um das Wesen der Kreativität und Erfindungsgabe des Menschen zu verstehen und zu erforschen. Es ist nicht nur so, dass Kreativität eine Schlüsselqualifikation des Menschen ist, für deren Freisetzung Beuys sich sein künstlerisches Leben lang eingesetzt hat, sondern, dass diese Gabe auch die Stellung des Menschen in der Gesellschaft bestimmt, die sich in den meisten Fällen durch großes Beharrungsvermögen ihrer Institutionen gegen Veränderungen der Routine sträubt.

Was Buttler in Bezug auf die Rolle der Geschlechter bestimmen möchte, zeigt sich auf einem anderen Feld auch für die Kunst und ist für die Entwicklung von Beuys als Künstler insofern interessant, als er als Soldat initialisiert wurde und als Kriegsheimkehrer durch das Studium in ein anderes Feld gesellschaftlichen Wirkens wechselte, was sich, wie sein Werk zeigt, als nicht unproblematisch, aber gerade deshalb als außerordentlich fruchtbar erwies.

Mit der Untersuchung von Buttler hat das insofern zu tun, als es darum geht, etwas hervorzubringen, für das die Gesellschaft kein Bild, keinen Begriff, also eben keine Vorstellung hat. Deshalb hat Buttler unter Bezug auf die Ansätze von Kristeva und Luce Irigaray auch den Begriff der *chōra* herangezogen, um mit den von Platon in Worten gefassten Vorgängen den Schöpfungsvorgang als Übergang von einem Konzept zur Materie zu beschreiben.

Bedeutsam ist, dass im Altgriechischen mit dem Begriff der kreativen Materie auch ein Ort oder ein Platz benannt wird, an dem sich die Bevölkerung eines Landstrichs sammelte. Das kann ein Ort sein, den wir als Ort des Austauschs von Waren, Informationen und des Feierns kennen. Doch geht ein solcher vielleicht tatsächlich auf einen Ort zurück, der Baumaterial, also Rohstoffe wie Lehm oder Erze, lieferte oder dem magische oder heilige Kräfte zugeschrieben worden sind, die für das Formen von Gegenständen und Bildern nötig waren.

Wichtig ist, dass es ein öffentlicher Ort ist, der in mehreren Zusammenhängen, die hier besprochen wurden, eine Rolle spielt. Es handelt sich um die Gebundenheit eines Kunstwerks an einen Ort (Walter Benjamin, Boris Groys) und es handelt sich auch um die Einkreisung von Begriffen, die wir heute noch Erörterung nennen. Die Sprache benötigt einen Ort, an dem sie erklingt und also Bestandteil des Gesellschaftlichen wird, weshalb in der Antike der Marktplatz, die Agora als ein solcher Ort vorgestellt worden ist, in dem die verschiedenen gesellschaftlichen Kräfte anwesend sind, die Menschen und ihre Dispositionen formen. Der Platz ist ein Ort, an dem sich die Institutionen vor ihrer bürokratischen Fixierung informell entfalten konnten.

Was Ort und Wirkung angeht, ist für Beuys die Resonanz seiner Aktion in Aachen entscheidend gewesen, wo durch den Skandal und die überwältigende Presse eine für ihn bis dahin unvorstellbare öffentliche Wirkung erzeugt worden war. Beuys tritt damit auf den „Marktplatz“. D. h. er lebt die Verbindung von Schöpferischem und Öffentlichkeit, wie sie durch die Chōra bezeichnet wird, die nach der Re-Lektüre von Platon durch Derrida u. a. neues Interesse gefunden hat.[132]

Rickert fasst mit den drei Begriffen "naming, placing, inventing" zusammen, was sich räumlich und prozesshaft stark auffächert. Das sieht er bei Derrida bestätigt: "Derridas Schreiben über die Chōra geht im Allgemeinen in zwei Richtungen: theoretische Untersuchungen über den Ort im Denken und Diskurs und die Unstetigkeit als ein schöpferisches und räumliches Prinzip, sowie praktische Anwendungen der Chōra als ein erfinderisches Prinzip."[133]

Diese Erörterungen der Chōra stellen eine Verbindung des Schöpferischen mit dem Raum her, der traditionell im öffentlichen Platz, also der antiken Agora gesehen wird und damit die Frage der Kunst und der Öffentlichkeit direkt betrifft; denn ein Kunstwerk ist nur dann existent, wenn es Teil der öffentlichen Diskurse wird, also auf dem Marktplatz verhandelt wird. Dieser muss jedoch heute als durch virtuelle Räume erweitert vorgestellt werden, zu denen Rickert räumliche Bedingungen zählt, die durch „Digitalisierung, Biologie, Informations-Design, Kognitionswissenschaften und Philosophie geöffnet worden sind“ (...), so dass „Körper in physikalischen und virtuellen Räumen etwas bewirken können“.[134]

Und was nun Beuys betrifft, stehen die entsprechenden Werke in einem unmittelbaren Zusammenhang mit seinem öffentlichen Wirksamwerden als Künstler und mehr noch seiner Rolle als Transformator seiner vom Krieg geprägten Generation, die sich wieder im zivilen Leben einfinden muss. Im Licht des erweiterten Begriffs vom Raum heißt das auch, dass man die im Krieg gemachten Erfahrungen einem erweiterten Raum zuordnen muss, der in einer Gesellschaft im Frieden ausgeschlossen wird, sich aber in den Köpfen derer, die den Krieg erlebt haben, fortsetzt. Dieser virtuelle Raum ist in den Werken, besonders in den Zeichnungen, Aktionen und Installationen von Beuys vorhanden. Und wenn er darin seinen Körper als Bestandteil einbezieht, so hat das seine Begründung in diesem erweiterten Raumbegriff, der die physikalische Wirklichkeit überlagert und die Zeiten überschreitet. In der Aktion wird er in Räume verschoben, die aus raum-zeitlichen Versatzstücken bestehen.

Kapitel V

Körperintelligenz im Kalten Krieg

„Als es noch Kraft gab auf Erden, führte man Krieg mit List, Vorsicht und Berechnung. Das Leben war ein ständiger Kampf, in dem die Tapfersten stets zurückwichen vor der Gefahr, denn der Tapferste war der, der am längsten lebte zwischen Hass und Gefahr."

George Sand: Lelia, Paris 1833, dt. München 2008, S. 101

Verdrängtes und Abgespaltenes, das Joseph Beuys in sich trug, äußerten sich nicht allein in Zeichnungen und der Wahl der Materialien und Objekte. Auch seine Aktionen brachten Handlungen, Gesten und Verhaltensweisen aus den Bereichen zum Vorschein, über die Beuys schwieg, so dass jenseits der spärlichen Fakten Informationen über sein Schicksal im Krieg lesbar werden. Sie lassen sich nicht allein kriegerischen Handlungen zuordnen, sondern legten auch Ängste, Einsichten und Hoffnungen frei, die der Übergang der Nachkriegszeit in das „Atomzeitalter" ausgelöst hat.

Verhaltensmuster des Infanteristen

Fotos von Klaus Staeck dokumentieren die visuellen Teile der Aktion *Vitex agnus castus*, die Beuys am 15. Juni 1972 in Lucio Amelios Modern Art Agency in Neapel anlässlich der Eröffnung seiner Ausstellung „Arena. Dove sarei arrivato se fossi stato intelligente" gezeigt hat. Neben zwei ungleich hoch aufgeschichteten Plattenstapeln lag er bäuchlings auf dem Boden und konnte den vor-

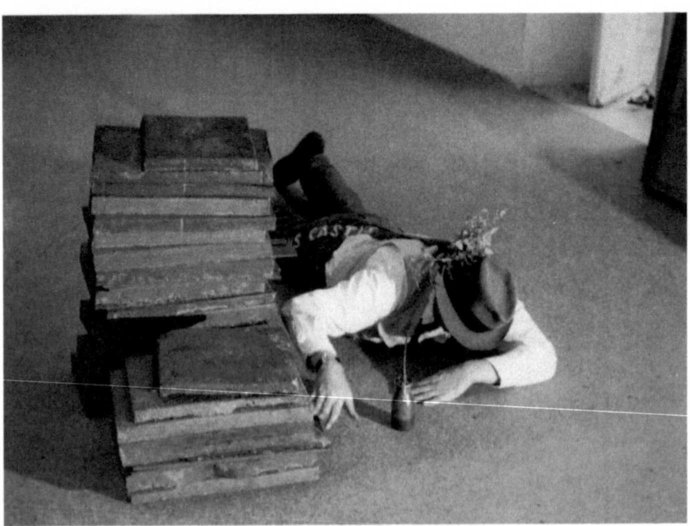

14 Beuys: Vitex agnus castus, Neapel 1972, Foto: Klaus Staeck

deren Stapel bei angewinkeltem Ellenbogen mit der rechten Hand bequem erreichen. Der linke Unterarm lag quer vor seinem zum Boden weisenden Gesicht, und zwischen beiden Händen stand ein metallenes Schmierkännchen mit Pumpmechanismus. Im Nackenbereich des Hemdkragens steckte ein Büschel des Krauts, das der Aktion den Namen gab, der sich mit Keuschlammkraut wörtlich ins Deutsche übersetzen lässt. Römische Jungfrauen hatten es zur Wahrung ihrer Unschuld in der Antike der Demeter geopfert. Beuys trug außerdem eine blaue Schärpe um die linke Schulter, auf die er den botanischen Namen „VITEX AGNUS CASTUS" in großen lateinischen Lettern mit einer gelben schwefelhaltigen Farbe gemalt hatte. Nach den Aussagen des Veranstalters Amelio lag Beuys „fast drei Stunden" so und rieb mit der ölverschmierten rechten Hand an der Kante einer der im Stapel zwischen Wachs-, Fett-, und Eisenplatten liegenden Kupferplatte. Überliefert ist der im Lauf der Aktion mehrfach gesprochene Satz: „Ich bin ein Sender, ich strahle aus!“[1]

Der Masturbator schlägt die Zeit tot

Armin Zweite schrieb über das Kraut, es heiße auch Abrahamstrauch und sei „hierzulande unter dem Namen Mönchspfeffer [oder] Keuschlamm“ geläufig. In der griechischen Antike war es der Hera und Artemis zugeordnet und wurde als Heil- und Beruhigungsmittel verwendet. Auch dämpft es die Sexualität, was der Name „Mönchspfeffer“ beinhaltet. Zweite ging nicht weiter auf die Details der Aktion ein, obwohl das Pump-Ölkännchen, aus dem Beuys seine Finger beschmierte, die stundenlang an der ihm am nächsten liegenden Kante der Kupferplatte rieben, die Aktion unübersehbar geprägt hatte. Die damit einhergehende Spannung und Vibration, in die sich Beuys versetzte, weist auf sexuelle Erregung hin, was der diese negierende Name des Krauts unterstreicht. Die Wirkung des Krauts scheint stattdessen den Interpreten erreicht zu haben, denn er übergeht diesen auffallenden Aspekt der Aktion.[2] Auch mit dem Ölkännchen, das den Vorgang der Ejakulation technisch nachahmt, kann Zweite nichts anfangen und zieht die üblichen Verbindungen zur Alchemie, Anthroposophie und Rudolf Steiner, was nicht falsch sein muss, denn auch dieser Weg kann zu weitergehenden Deutungen führen. Wird das Reiben mit der Installation in Verbindung gebracht, ist es jedoch möglich, das Metall mit Selbstbefriedigung zu verknüpfen, denn das alchemistisch als „weiblich“ bestimmte Kupfer könnte nun auf eine Erscheinungsform der objektbezogenen Sexualität hinweisen. Die Aktion wäre dann eine Variante des objektfetischistischen Pettings. Da das Metall zugleich weiblich und roh ist, manifestieren Aktion und Installation den Verzicht auf die mimetische Darstellung eines Ebenbildes, woraus sich auf einen infolge der Abstraktion veränderten Pygmalion-Effekt schließen lässt. Das Kupferblech konnte folglich schon in seiner rohen Form eine erotische Attraktion ausüben, ohne dass es zuvor plastisch in das Ebenbild eines begehrenswerten Objekts verwandelt werden musste. Es handelt sich hier um eine sexuelle Präferenz, die sich von Kontakten zu anderen Menschen unabhängig gemacht hat. Die objektbezogene Affektion wird durch eine Abstraktionsleistung möglich, die Teil der Kunstgeschichte des 20. Jahrhunderts ist. In Neapel vollzog sie mit Beuys ein plastischer Künstler, der sich der mimetischen Anstrengung enthält, weil er infolge der surrealistischen Revolution gelernt hat, seine Liebe den Dingen, Formen und Rohstoffen direkt zuzuwenden. Zuvor hatte sich z. B. Picabia explizit mit mimetischer Abstraktion beschäftigt, als er 1915 Max Jacob als Stablampe, Paul B. Haviland als Gasstandlampe und ein junges Mädchen als Zündkerze repräsentierte.

Hinsichtlich dieser Sublimierung von Sexualität traf das Keuschlammkraut auch eine Vermutung, die unter Soldaten weit verbreitet ist. Diese besagt, dass ihrem Essen während längerer Kasernenaufenthalte sexualitätshemmende Drogen beigemischt werden. Unabhängig davon, ob diese Befürchtungen begründet sind oder nicht, haben sie mit dem unerfüllten Wunsch nach Nähe zu Angehörigen und Sexualpartnern zu tun. Auch das Warten und die Tatenlosigkeit in Gefechtspausen oder in der Freizeit verursacht ein Gefühl der Leere und Sinnlosigkeit, das sich z. B. mit Masturbation überbrücken lässt.

Die Interpretation ist damit aber noch lange nicht erschöpft, denn es geht nicht nur um die medikamentös, durch Askese oder durch Moral unterdrückte Sexualität von Soldaten. Da Beuys hier mit Dingen agiert, die an eine Batterie, also an einen Energiespeicher, erinnern, liegt ein Verweis auf Energiequellen vor, deren Natur zunächst unklar bleibt. Die zwischen Wachsplatten eingeklemmte

Metallplatte würde nämlich kein Voltaelement ergeben, was für wahrscheinlich gehalten wurde.[3] Die Verwendung des Ölkännchens und des darin aufbewahrten Öls verweist vielmehr auf die Absonderung von Sekreten und eine zu schmierende Maschine, womit eine fetischistische Beziehung zur Maschine in Betracht zu ziehen ist. Gemeint sein könnte das Flugzeug, für dessen Pflege Beuys als untergeordnetes Besatzungsmitglied mitverantwortlich gewesen war, und das darüber hinaus eine erotische Ersatzfunktion für den Junggesellen Beuys gehabt haben mag. Hierin liegt eine Sublimationsmöglichkeit, die den energetischen Zuständen des jungen Soldaten entgegen gekommen sein konnte. Als Anhaltspunkt für ein Verstehen stellten die Aktion und der Titel selbst einen Zusammenhang zwischen Dingen, der Sprache, der Energie und dem Trieb her. Neben der Befriedigung der Sexualität geht er auch auf die Intelligenz ein, die im Titel der Ausstellung direkt angesprochen wird, der ins Deutsche übersetzt – allerdings ohne die Interpunktion – fragt: „Wo wäre ich geblieben, wenn ich intelligent gewesen wäre." Insofern klingt die in der Frage enthaltene Antwort schon wie ein Bedauern über den freiwillig gewählten Soldatenberuf[4], der das Subjekt von seinen persönlichen Zielen und Wünschen entfremdet und in eine häufig tatenlose Sinnlosigkeit gestürzt hatte. Die gewöhnlich für Ausbildung, Studium, Liebschaften und Ausgehen genutzte Zeit musste zwischen den Einsätzen in Kasernen abgesessen werden und war mit nicht sehr anspruchsvollen Aufgaben gefüllt. Diesbezüglich verkörperte die Aktion ein nachträgliches Hadern mit dem Mangel an Herausforderungen, der Langeweile und Zeitverschwendung oder mit nicht genutzten Chancen, die sich vielleicht ohne den Krieg geboten hätten.[5] Die implizite Melancholie setzte so eine im surrealistischen Sinn funktionierende „Junggesellenmaschine" in Gang, die „gleichzeitig für die Allmacht der Erotik und deren Verneinung, für Tod und Unsterblichkeit, für Tortur und Disneyland, für Fall und Auferstehung..." steht.[6] Die Folgerungen, die während der Entstehungszeit von „vitex agnus castus" von Forschern aus dem Verhältnis von Mensch und Maschine gezogen wurden, erwiesen sich für den Soldaten Beuys als essentiell, und es wird sich zeigen, dass er neben den sexuellen Metaphern, die seinen Alltag prägten, auch sein eigenes „Disneyland" imaginierte, das sich aus den Fragmenten von Landschaften zu einem eurasischen Kontinent zusammensetzen ließ.

Das Schmierkännchen

Das Schmierkännchen verdient als eine Kleinstmaschine Beachtung. Es stand bei der Aktion zwischen Kopf und Unterarm, wo es Denken und Aktion vermittelte. Ein Schmierkännchen mit Pumpmechanik gehörte zur Ausstattung von Maschinisten, die Schmieröl mittels Hebel aus dem Behälter durch das Röhrchen pumpen konnten, so dass jeder Schmiervorgang ein veritables Abbild einer Ejakulation darstellte, womit das Ölkännchen eine ideale Junggesellenmaschine abgab. Schon als Junge hatte Beuys die Fabrikationsanlagen des Maschinenzeitalters gegenüber seiner Wohnung

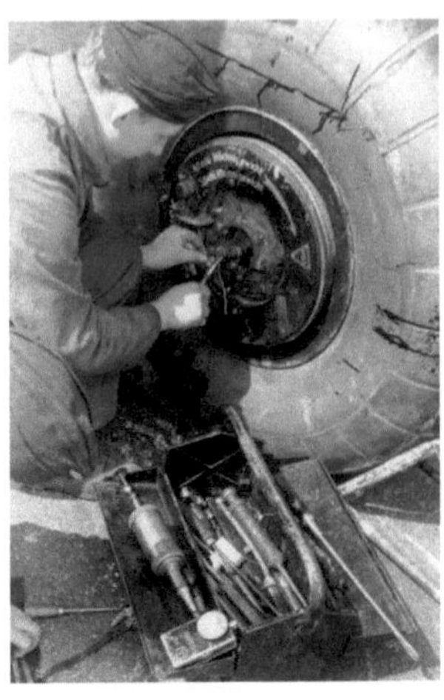

15 Mechaniker am Rad einer Ju 88, Bundesarchiv. Bild 1011-408-0820-17, Oktober 1940

vor Augen.[7] Möglicherweise hatte er die Männer, die dort die Maschinen warteten, bewundert. Auf dem Fliegerhorst hatte er nun selbst einen entsprechenden Werkzeugkasten zur Verfügung, dessen Inhalt ihm erlaubte, nicht nur mechanisch, sondern auch in metaphorischer Weise in die Maschine einzugreifen. Als zweiter Mann an Bord war er mitverantwortlich, die „Maschine" – ein Synonym für Flugzeug – zu pflegen und einsatzbereit zu halten. Wie sehr ihn ihre Körperbezogenheit faszinierte, zeigt auch die Form der Sitzschalen an Bord, die mit dem merkwürdig geformten Multiple „Rückenstütze eines feingliedrigen Menschen (Hasentypus) aus dem 20. Jahrhundert p. Chr." von 1972 korrespondieren. Auch wenn es im Katalog als „Abformung eines Gipsbettes für ein krankes Kind" ausgegeben wird, das „Beuys von einem Künstlerfreund" erhalten hatte, ergeben sich verblüffende Ähnlichkeiten schon im Vergleich mit der Abbildung der Sitze aus dem Handbuch der Ju 88. Selbst die insgesamt vier integrierten Gurte, davon je zwei für Hüften und Schultern entsprechen sich; denn sie verweisen auf eine ähnlich geartete, die Schwachstellen eines beanspruchten Körpers kompensierende Funktion, wie sie das orthopädische Hilfsmittel erfüllt.

Schließlich gilt es, sich klar zu machen, dass jedes Besatzungsmitglied den Standardsitz durch eine persönliche Sitzauflage seiner eigenen Figur gemäß angepasst und auch gepolstert hatte, um nicht auf den kalten blanken Metallschalen sitzen zu müssen. Diesen Aspekt von Kälte bildet das Multiple durch die Ausführung im in der Plastik eher selten verwendeten Eisenguss ab. Neben den Steuerinstrumenten bilden die Sitze die engste Verbindung zwischen der Flugzeugbesatzung und der Maschine, die beim Beenden des Sturzflugs die Kraft der dreifachen Erdanziehung (3 g) auf die Besatzung ausübte. Insofern hat Beuys den Titel des Multiples „Rückenstütze eines feingliedrigen Menschen (Hasen-

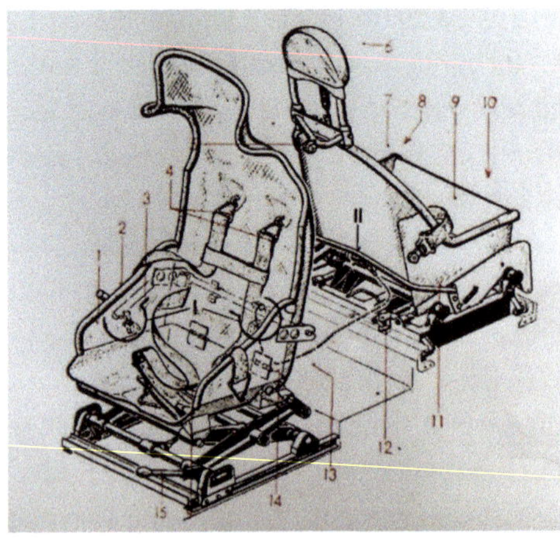

16 Sitzschalen für den Piloten und Bordfunker in der JU 88, Quelle: Handbuch der Fa. Junkers

typus)…“, auch auf sich bezogen, denn er kannte die Vorkehrungen, die zu treffen waren, um körperliche Schäden durch die Belastung bei Sturzflügen abzuwenden. Ein entsprechender Eintrag findet sich in *Lebenslauf Werklauf*: „Sewastopol Ausstellungen während des Abfangens einer JU 87“[8]. Mit der Beteiligung an der Schlacht gegen das gut befestigte Sewastopol erlebte Beuys 1942 offensichtlich seine „Feuertaufe“ und erfuhr ganz konkret, warum Flugzeugsitze das Bindeglied zwischen dem Menschen und der Maschine – einem der grundlegenden Mythen im 20. Jahrhunderts – geworden sind. Dieser Mythos wirkt bis ins 21. Jahrhundert hinein und wird durch die andauernden Erfolge der Fortsetzungen von *Star-Wars*-Filmen bestätigt.[9] Im lebensfeindlichen Weltall sind Maschinen nicht nur Protesen sondern Ressource und komprimierter Lebensraum. Hier bekommt die Bezeichnung „Schale“ für Schalensitz oder Sitzschale erst ihre Bedeutung, weil sie das Gefühl der schützenden Umhüllung durch die Maschine mit der sicheren Koppelung an sie vermittelt, die im Ide-

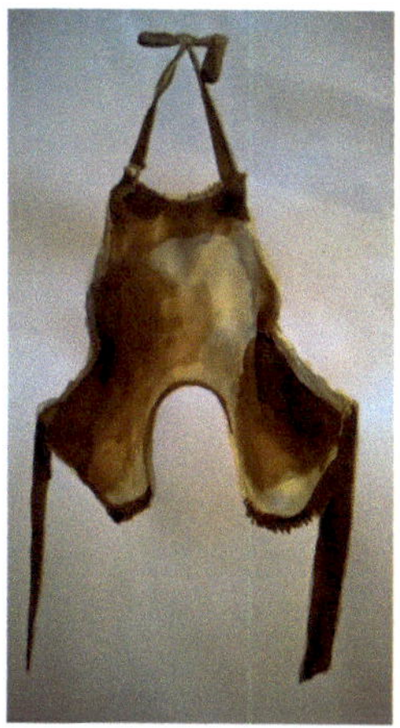

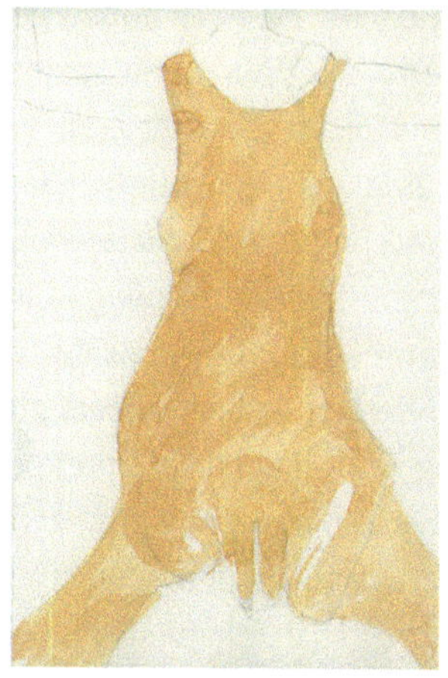

17 Beuys: „Rückenstütze eines feingliedrigen Menschen (Hasentypus) aus dem 20. Jahrhundert p. Chr." Eisenguss von 1972, Illustration des Autors nach der Abb. des Objekts
18 Beuys: Blatt aus: „The Secret Block for a Secret Person in Ireland", (Beuys, 1988), Abb. #434, Nachzeichnung des Autors

alfall als eine organische Verbindung imaginiert wird. Auf einem Blatt verwandelt Beuys die „Rückenstütze" in ein Kleid und die Vorderseite eines weiblichen Torsos. Die Kombination von Kleid und Körperteilen – die Vagina ist explizit und vergrößert als Teil des Gebildes dargestellt – mutiert zu einer Synthese von Körper und Hülle. Darüber hinaus dient eine Schale der Darreichung von Speisen und Getränken sowie in ritualisierter Form dem Opfer.

Einsamkeit in Erkenntnis wenden

Eine weitere überlieferte verbale Äußerung: „Ich bin ein Sender, ich strahle aus", manifestiert den Versuch, die trostlose Einsamkeit zu überwinden. Beuys griff seine Tätigkeit als Funker direkt auf und offenbarte, dass er sich sowohl an elektrische wie auch an geistige Energien angeschlossen sah, um nach außen zu wirken. Diese zur Metapher gewendete Praxis eines Bordfunkers thematisierte zunächst die nach außen gerichteten Rufe eines Soldaten, dem es zur Vermeidung von Spionage und Subversion besonders im Ausland nicht gestattet war, Verbindungen außerhalb seiner Kaserne aufzunehmen. Auf die Einsamkeit des von seiner Umgebung abgeschnittenen Soldaten bezog sich Beuys mit „Vitex agnus castus" sogar faktisch, insofern er in Neapel unnahbar und stumm vor seinem Publikum lag, das ihn 3 Stunden beobachten konnte. Auch verwendet er hier, anders als es in Analogie zum Apparat von Volta von einigen Interpreten vermutet wird, gerade keine in Säure getränkten Filzplatten zwischen den Metallplatten. Das in Neapel zwischen den Metallplatten gestapelte Wachs unterstreicht somit auch materialtechnisch seine Isolation, die durch das penetrant sich wiederholende und autistisch anmutende Reiben noch verstärkt wurde. Insofern stellt diese Aktion einen Schlüssel zum noch unbeachteten Kosmos der Einsamkeit im Werk von Beuys bereit, der gewöhnlich als gesprächiger Kommentator und streitbarer Verfechter seiner Thesen in Erscheinung trat.

Auch wenn im documenta-Jahr 1972 wegen des damals noch unangefochtenen Mythos vom Stuka-Piloten von seiner militärischen Funktion als Bordfunker noch keine Rede war, ist indes überliefert, dass Beuys im Sommer des betreffenden Jahres anlässlich seines Besuchs zur Ausstellung in Neapel einen Abstecher nach Foggia unternahm, wo er während des Krieges auf einem Fliegerhorst der Luftwaffe stationiert war.[10] In einem Interview, das Martin Kunz anlässlich der Ausstellung *Joseph Beuys: Spuren in Italien* 1979 mit ihm geführt hatte, kam Beuys auch auf das Vallo Malbasso unterhalb von Gargano zu sprechen. Er hielt es für einen archaischen Ort, der ihm schon 1944 aufgefallen war, als er dort an Schießübungen teilgenommen hatte. Selbst wenn es 28 Jahre danach nicht um eine militärische Spurensuche ging, waren die mit dem Ort verbundenen unausgesprochenen Erinnerungen nicht zu löschen, zumal Beuys darauf hingewiesen hatte, dass er die dortigen Gebirgsformationen aus dem Flugzeug beobachtet und studiert habe, was auf Schießübungen aus der Luft schließen lässt[11]. Als Bordfunker hatte er durchaus Gelegenheit, bei Übungsflügen von seiner militärischen Aufgabe abzuschweifen und sich visuellen Eindrücken hinzugeben und sie in seine Vorstellung von Welt einzubauen. So konnte seine Phantasie aus der Summe von Versatzstücken der europäischen Landschaften, die er überflogen hatte, eine spezielle phantastische Welt, eine Art eurasisches „Disneyland" zusammensetzen. Wen es merkwürdig anmutet, dass Beuys als Bordfunker mit Schießübungen befasst war, muss sich klar machen, dass der Bordfunker auf der Ju 87 auch das Bord-MG zur Abwehr von angreifenden Flugzeugen zu bedienen hatte, das im Bedarfsfall auch gegen Bodenziele eingesetzt werden konnte. Auf dem Testgelände nahe Foggia bestand freilich keine reale Bedrohung durch feindliche Flugzeuge, so dass Landschaften unter ihm vorbeizogen, in die er mit seinem Maschinengewehr dreidimensionale Zeichnungen hineinstanzen konnte.

Durch freie Bewegungen in drei Dimensionen inspiriert, konnte Beuys auch die beim Fliegen ersehnten Glücksmomente genießen und später zeichnend in seine eigene Welt eintauchen. Die so gesammelten Impressionen ließen sich zu einer imaginären Welt eurasischer Landschaften zusammensetzen[12] Die Blätter mit den Schauplätzen dieser Zeit machen es nachvollziehbar, dass er sich zeitweilig den unvermeidlichen Eindrücken der Zerstörung entziehen konnte. In gleicher Weise, wie er seine Sexualität sublimierte, konnte er sich mit Phantasie auch über seine Beteiligung an Kampfhandlungen hinwegsetzen, um die intellektuelle Unterforderung und die Langeweile des eintönigen und geistestötenden Soldatenlebens zwischen den Einsätzen zu kompensieren.

Zeichnungen aus dieser Zeit geben daher keine oder nur spärliche Hinweise darauf, dass sie während des Kriegs entstanden sind. Diesbezügliche Informationen blieben im Körperbewusstsein abgespeichert, bis sie sich im Zuge der Aktionen in den 1960er und 70er Jahren äußerten. Ihre Verdichtung, die sie wie bei „Vitex agnus castus" erfuhren, hing schließlich auch mit dem Charakter der Ausstellung zusammen, in der mit Fotos von wichtigen Objekten und Relikten etc. eine Bilanz des bisher Erreichten gezogen wurde.

Nach rastlosen Reisen zu Ausstellungen mit vielen öffentlichen Aktionen in den Jahren nach seiner Entlassung aus der Akademie stellte sich Beuys 1972 mit dem Untertitel der Ausstellung „Arena" die Frage: „Wo wäre ich gelandet, wenn ich intelligent gewesen wäre", die ohne das Fragezeichen zugleich die Antwort impliziert, womit einem Hadern mit der eingeschlagenen Entwicklung Raum gegeben wird. Der nicht zuletzt kommerzielle Erfolg seiner Objekte und Aktionen muss dem damals 51-jährigen besonders auch in Relation zu den per Dekret unterbrochenen beruflichen Möglichkeiten als Lehrer zu denken gegeben haben. In dieser Midlifecrisis muss er sich ernsthaft gefragt haben, was er hätte erreichen können, wenn die Dinge anders gelaufen wären.[13] Das Hadern mit dem Künstlerberuf heißt auch, dass er sich vorgestellt haben muss, was geschehen wäre, wenn er den früher anvisierten Arztberuf eingeschlagen hätte. In diesem verdrängten Berufswunsch liegt auch ein zusätzlicher Hinweis auf die Auseinandersetzung des Aktionskünstlers Beuys mit dem Körper, dem in den 1970er Jahren durch die Body-Art gerade in der Kunstwelt große Aufmerksamkeit zukam. Der Titel „Arena" spielt zudem mit dem Gedanken an eine Zirkusmanege, die ihn als Jugendlichen gelockt hatte. Der Boxkampf, den Beuys wenige Wochen später während der documenta 5 in Kassel gegen Abraham David

Christian bestritt, kehrt diese sportliche und kampfbetonte Haltung des Künstlers vor den Augen der Kunstwelt hervor. Die Anlehnung des Ausstellungstitels „Arena“ an den römischen *circus maximus*, in dem es um Gladiatorenspiele, also um Kämpfe und Leben und Tod und die Erringung von Privilegien ging, fügt sich in diese wenig beachtete Seite der Beuysschen Lebensphilosophie. Die sich neben der Melancholie äußernde Lebens- und Kampfeslust ist auch ein Ergebnis des Hochgefühls, das sich durch den Erfolg eingestellt hatte, der Beuys nun außerhalb des geschützten akademischen Bereichs auch im Kunstbetrieb voranbrachte. Die Dinge hatten sich also ganz anders entwickelt, als er es sich selbst als Kunstprofessor vorgestellt hatte.

Von der Sprachlosigkeit zur Körpersprache

Bemerkenswert ist die Sprachlosigkeit der Aktionen, die im krassen Gegensatz zum spürbaren Hochgefühl des Erfolgs steht. Wie schon in seiner ersten Aktion „Der Chef“ ist die Performanz im Gegensatz zu seiner sonstigen Eloquenz extrem knapp, um nicht zu sagen: das Sprechen fällt aus. Zum Zweiten ist es bezeichnend, dass der Untertitel der Ausstellung, in der diese Aktion stattfindet, zugleich Frage und Feststellung ist. Der dritte Anhaltspunkt ist dadurch gegeben, dass Beuys den Namen des Krauts nicht aufschreibt, sondern mithilfe eines Pinsels mit Goldbronze auf ein blaues Band malt, was seinen Status als bildender Künstler unterstreicht, da er das Werkzeug eines Malers zum Schreiben benutzt. Ein vierter Hinweis ergibt sich aus dem Titel der Ausstellung, der mit der „Arena“ einen Ort aufruft, in dem keine Wortgefechte, sondern physische Wettkämpfe ausgetragen werden. Als Ort und Ebene der Äußerungen sind hier mithin alle Mittel recht, die von den Konventionen der Kunstausübung und ihren Institutionen zu unmittelbaren physischen Äußerungen führen.

Ikarus stürzt und muss in Deckung gehen

Neben der konventionellen Bedeutung umfasst „Intelligenz“ im Untertitel von „Arena“ im Kontext der Ausstellung zusätzlich ein komplexes Geflecht von Wissen, Erfahrungen und Entscheidungen, die durch die Bilder und in der Aktion durch Gesten und Körpersprache mitgeteilt werden. Es handelt sich um in den Körper eingeschriebene individuelle und kollektive Geschichte, die sich sowohl im rettenden wie auch im fatalen Handeln äußert; denn als solche geht sie ja in die Erzählungen ein. Unter diesem Gesichtspunkt ist die Liegeposition, die Beuys während der ganzen Aktion durchhält, auch wegen des Vorzugs, den die Interpreten gewöhnlich den verbalen Äußerungen gegeben haben, noch nicht genug beachtet worden. Durch sie öffnet sich ein weiterführender Zusammenhang, der kunsthistorisch gesehen auf den Künstler als einen gestürzten Ikarus hindeutet. Hierin kommt wiederum zum Tragen, dass Beuys in den letzten Kriegswochen aus dem Cockpit aussteigen musste, weil er als Infanterist abkommandiert wurde und sich bei den Gefechten einen Granatsplitter in der Wade einfing.[14] Diese Verletzung kam, wie oben schon ausgeführt, sehr häufig vor und war nicht lebensgefährlich, doch kam sie unter den Umständen einem Abstieg und Fall gleich, der neben der Angst um sein Bein für Beuys zusätzlich auch mental traumatisierend war.[15]

In den Schutt- und Staubschichten des Vesuvausbruchs, die Pompeji im Jahre 79 unter sich begruben, fanden die Ausgräber im Jahre 1864 Hohlräume, die sich anstelle der verwesten Leichen gebildet hatten. Nach ihrer Entdeckung kam Giuseppe Fiorelli auf die Idee, diese nur noch mit Skelettresten gefüllten Höhlen mit Gips auszugießen, wodurch er Plastiken der flüchtenden und im Ascheregen erstickten Einwohner und ihrer Haustiere erhielt. Ein Abguss bildete eine junge Frau ab, die ihr Gesicht schützend in der Armbeuge verbirgt, und man erkennt darin eine universelle Geste, die Menschen angesichts einer plötzlich auftauchenden Gefahr einnehmen. Dies kann eine Explosion, die Hitze des „Feuersturms" oder Beschuss sein. Durch die hier dargelegten Zusammenhänge kann schließlich die Geste gedeutet werden, die Beuys hinter dem vor das Gesicht gehaltenen Unterarm einnimmt und die auf den meisten Fotos von dieser Aktion in Neapel zu sehen ist. Sie folgt einem archaischen Überlebensprogramm, mit dem sich schon vor 2000 Jahren Pompeijaner vor dem Ersticken im heißen Staub zu schützen versuchten. Es ist kurios, dass Beuys diese Aktion in Neapel in der Nachbarschaft des Museums durchführte, in dem die Gipsabgüsse ausgestellt sind. Doch selbst wenn er das Museum besucht hätte, wäre ihm der hier abgebildete Gipsabguss entgangen, der 1943 während eines alliierten Bombenangriffs zerstört worden war.

Flach auf dem Boden liegend, nahm Beuys 27 Jahre nach Kriegsende die schulmäßig geübte Position eines Infanteristen unter Feuer ein, die ihn vor Treffern schützen sollte. Später in der Zeit des *Kalten Krieges* wurden solche Positionen in den USA massenhaft geübt. Schüler mussten lernen, sich bei Alarm hinter den kleinsten Bodenformationen in Deckung zu werfen. Dieses Mal ging es allerdings nicht um Schutz vor Geschossen, sondern vor thermonuk-

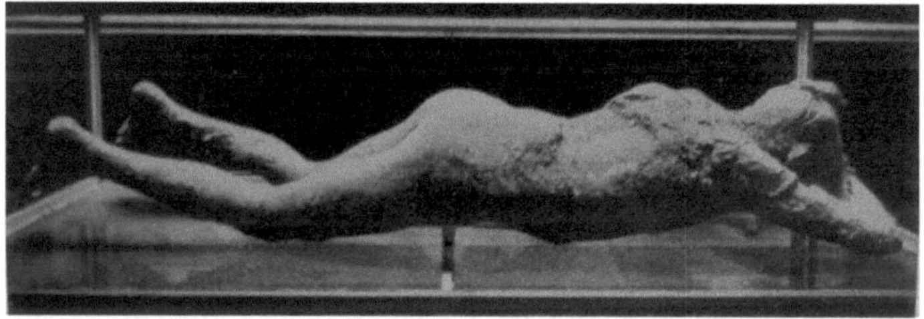

19 Ein Gipsabguss von 1864 aus der Vulkanasche Pompejis nach der Methode von Fiorelli. Aus: Egon Ceesar Conte Corti: Untergang und Auferstehung von Pompeji und Herculaneum, München 1940, Abb. 40, vor S. 129. Das Buch schenkte meine damals 20-jährige Mutter 1941 meinem Großvater. Heute ist es eines der wenigen Objekte, die nach einem Bombenangriff unversehrt aus der zerstörten Wohnung meiner Großeltern in Düsseldorf gerettet werden konnten.

learen Explosionen. Gegen die davon ausgehende Hitzestrahlung und die danach folgende Druckwelle galten zur Not selbst Bordsteinkanten als letztmögliche Deckung.

„Den Drachen am Schwanz kitzeln“

Der Kontext der Aktion in Neapel erschließt nicht nur Beuys‘ eigene Geschichte, sondern verbindet diese mittels der Wachs- und Kupferplatten mit der Geschichte der Naturwissenschaft, durch das Kraut mit dem Altertum und durch die Körpersprache mit der Anthropologie. Beuys selbst hatte den Übergang vom Maschinenzeitalter in das Atomzeitalter erlebt, das durch die Erkenntnisse aus dem Bereich des Mikrokosmos auch moderne Computer ermöglichte. Zwar war der Bruch besonders für Europäer nach den Verbrechen der Nazis und den schon mit konventionellen Mitteln erreichten desaströsen Zerstörungen zunächst nicht einschneidend. Der Alltag stellte die meisten Menschen vor andere Probleme, doch lassen zahlreiche Details vermuten, dass sich das Bewusstsein für die Verschiebungen parallel zur Emanzipation von Beuys als Künstler und als öffentliche Figur entwickelte.

Die Platten aus Wachs und Metall waren rechteckig geschnitten und aufeinander gestapelt. Da sie außerdem nicht in einem Glaszylinder eingeschlossen waren, konnte auch kein Strom fließen, wodurch gleich zwei Bedingungen für eine Ähnlichkeit mit Voltas Vorläufer der Batterie nicht erfüllt wurden. Die Art und Weise, mit der Beuys Vorgaben aus Naturwissenschaft und Technik instrumentalisierte, wirft jedoch genau wie die Bereitwilligkeit der Interpreten, die Installation mit einem Versuchsaufbau in Verbindung zu bringen, überhaupt erst ein Licht auf das Verständnis der Physik und ihrer Probleme in dieser Zeit. Neue Erkenntnisse auf dem Gebiet der Kernphysik und ihre Anwendung in der militärischen und zivilen Nukleartechnologie hatten die Naturwissenschaften während des Kriegs grundlegend gewandelt, und die Öffentlichkeit in der jungen Bundesrepublik Deutschland war wegen des Wiederaufbaus davon abgeschnitten. Sie näherte sich der Welt während des „Wirtschaftswunders" eher durch Waren als durch intellektuelle Durchdringung des Neuen. Beuys' Aktionen und Installationen machten es nun evident, dass die Innovationen nicht mehr mit einfachen Mitteln verstehbar und darstellbar gemacht werden konnten. Man kann aber sagen, dass sich Beuys die, das Schicksal der Zivilisation prägenden Umwälzungen als ein Stachel eingegraben haben, so dass er Mittel und Wege suchte, um sich die Veränderungen individuell anzueignen, bzw. sie unter Kontrolle zu bekommen.

Im Licht des kalten Krieges

Seit seiner Schulzeit hatte Beuys naturwissenschaftliche Interessen gepflegt und sich auch experimentell mit einigen Grundlagen z.B. der Physik auseinandergesetzt. Deshalb konnte ihm nicht entgangen sein, dass die Welt spätestens nach 1945 in ein ande-

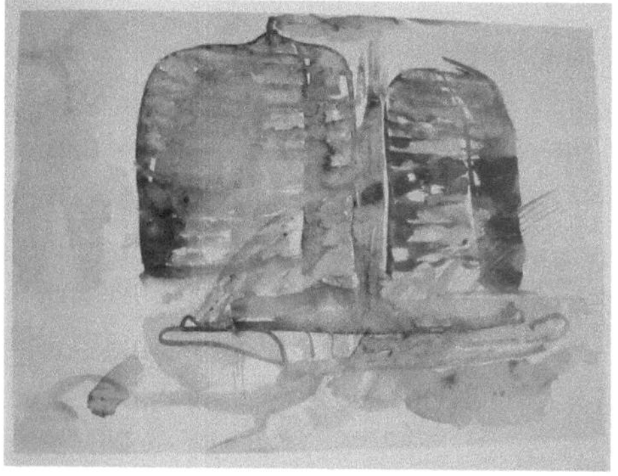

20 Beuys: Aggregat am Wasser, Aquarell, 1953, Abb. aus dem Katalog: Surrealität – Bildrealität, Städtische Kunsthalle Düsseldorf 1974, S. 21

res Zeitalter der Energiefreisetzung eingetreten war. Ein Aquarell von 1953 aus der Sammlung van der Grinten, das 1974 in der Städtischen Kunsthalle Düsseldorf ausgestellt wurde, zeigt ein „Aggregat am Wasser", das als Gouache, also mit traditionellen künstlerischen Mitteln, einen Gegenstand am Wasser abbildet, der sehr stark einem Atomreaktor ähnelt. Später brachte ihn der Kontakt zu Maciunas mit einem Repräsentanten des Luftwaffen-Kommandos zusammen, das für die Einsätze von Atombomben an den Grenzen der NATO in Europa zuständig war. Bedeutend ist nicht die geringe Relevanz Maciunas als Zivilangestellter der U.S.-Air Force, sondern seine physische Präsenz als ein Bindeglied zwischen dem militärischen und zivilen Sektor. An ihm als Künstler lässt sich ablesen, wie stark in den 1960er und 70er Jahren die atomare Bewaffnung alle Bereiche auch des zivilen Lebens durchdrang.

Als ehemaliger Bordfunker in einem Sturzkampfbomber war Beuys sehr genau über das von Flugzeugen ausgehende Zerstörungspotential im Bilde. Auch in Bezug auf den Bombenabwurf auf Hiroshima konnte er von seinen Erfahrungen abstrahieren; denn schließlich verfügte er über genug Vorstellungsvermögen, um die Folgen der in den letzten Kriegsmonaten aus Stukas abgeworfenen 500 kg schweren Sprengstoffbehälter, die außerdem Nägel und Schrott enthielten und gegen russische Linien eingesetzt worden waren[16], auf die exponentiell größere Zerstörungskraft einer A-Bombe zu übertragen. Daher ist es wahrscheinlich, dass er die Konflikte gut verstand, die durch die Veröffentlichung des Briefwechsels zwischen Günther Anders und Claude Eatherly auch in die deutsche Öffentlichkeit getragen wurden.[17] Eatherly war im Wetterflugzeug der Elona Gay, die die A-Bombe nach Hiroshima trug, vorausgeflogen und hatte grünes Licht für ihren Abwurf gegeben. Auch muss die vom Flugzeug aus zu beobachtende Wirkung solcher Ladungen Beuys dazu veranlasst haben, diese Bilder der Zerstörung, die Menschen sich antun können, mit den gesamten Auswirkungen moderner Waffen und den Vernichtungspotentialen des *Kalten Krieges* abzugleichen und zu verarbeiten. Dieser virtuelle Krieg war eine Quelle der ständigen Bedrohung und Angst für die Menschen, die sich seit der Kubakrise mit der Möglichkeit des Einsatzes von Atomwaffen auch in Europa auseinanderzusetzen hatten.

Material und Argumente für die Debatte über Kernspaltung und Atombomben lieferten in den 1950er und 1960er Jahren zahlreiche vieldiskutierte Bücher und Theaterstücke zu diesem Thema. Darunter waren besonders populär:

- Robert Jungk: Heller als tausend Sonnen, 1956
- Briefwechsel zwischen Claude Eatherly und Günther Anders, 1961
- Friedrich Dürrenmatt: Die Physiker, 1962
- Heinar Kipphardt: In der Sache J. Robert Oppenheimer, 1964

Atomphysik und die radikale Ökologie

Die Anordnung der Materialien und die körperliche Position des Performers bei der Aktion *Vitex agnus castus* öffnen schließlich einen Vorhang, der den Blick auf eine andere Installation an einem anderen Schauplatz freigibt. Vor dem Bau der ersten Atombombe fand 1945 in Los Alamos in der Wüste New Mexicos eines der aberwitzigsten Experimente der Physikgeschichte statt. Nachdem zahlreiche Anreicherungsanlagen genug Uranhydrid hergestellt hatten, war es unumgänglich, die *kritische Masse* empirisch zu bestimmen, damit die erste Atombombe erfolgreich gezündet werden konnte. Aus diesem Grunde stapelten die Physiker unter der Leitung von Otto Frisch in einem Gebäude auf dem Versuchsgelände unterschiedlich große Blöcke des spaltbaren Materials so

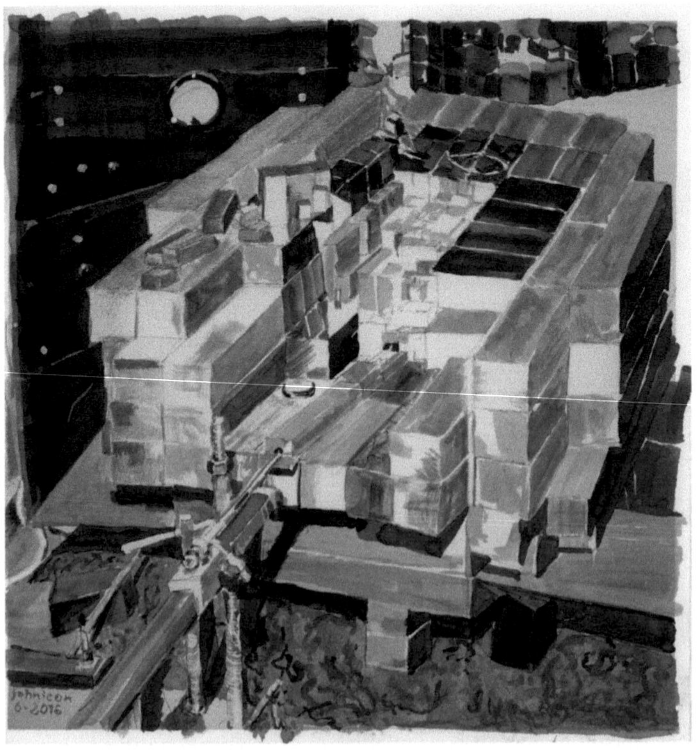

21 Ermittlung der kritischen Masse durch Hinzugeben immer kleinerer Dosen Urans in Los Alamos. Zuletzt wurde für das Experiment ein mechanischer Schlitten verwendet. Illustration des Autors

lange auf einem Tisch, bis die plötzlich eintretende Hitzeentwicklung die beginnende Kettenreaktion anzeigte. In diesem Moment musste das zuletzt hinzugelegte Stück so schnell wie möglich wieder entfernt werden, um die unmittelbar bevorstehende Explosion noch zu stoppen. Diese Versuchsergebnisse machten es möglich, die für die Explosion der ersten Atombombe notwendige Masse Uran zu bestimmen.[18]

Diesen Versuch und die Installation von Beuys, also gewissermaßen zwei kulturell „unterkritische Massen" zusammenzubringen, mag manchem als abenteuerliche Spekulation erscheinen, doch sollen hier weitere Argumente und Details aus dem Werk des Düsseldorfer Künstlers ins Feld geführt werden, welche die These erhärten, dass Beuys dieses Thema verinnerlicht hatte und dazu Stellung nahm. Wenn er das auch nicht explizit formulieren konnte oder wollte, so ist davon auszugehen, dass Beuys sich nicht erst seit seinem offenen Engagement gegen die Aufstellung von Mittelstreckenraketen in Europa 1983/84 den existenziellen Fragen dieser Zeit des „Gleichgewichts des Schreckens" gestellt hat. Immerhin stand die Auslöschung der Menschheit auf der Nordhalbkugel zur Disposition, was ihn dermaßen beunruhigt haben musste, so dass sich Fakten des Bedrohungspotentials im „Versuchsaufbau" der Installationen und in den Aktionen niedergeschlagen haben.

In zwei aufwändigen Aktionen setzte Beuys schon 1964, im Erscheinungsjahr von Heinar Kipphardts „In der Sache J. Robert Oppenheimer" Elemente ein, die morphologische Ähnlichkeiten mit den Bestandteilen einer Atombombe aufwiesen und außerdem auch Stellungnahmen implizierten, die sich mit Entwicklungen in den Naturwissenschaften befassten. Dabei muss man sich vor Augen führen, dass die Vorstellungen, die Beuys von der Atomphysik hatte, vom naturwissenschaftlichen Standpunkt aus gesehen unzureichend waren. Auch können seine Installationen nicht als Kopien von Versuchsaufbauten angesehen werden. Beuys' Anschauungen blieben vielmehr älteren Technologien verhaftet, so dass die Schichtungen der Platten schon bei *Vitex agnus castus* die Interpreten verleitete, darin etwa ein Voltasches Element zu sehen.

Weil Beuys' Kenntnisse trotz seiner nachweislichen Beschäftigung mit Physik, Chemie und Biologie nicht ausreichend waren, begegnete er den aktuellen Entwicklungen mit einem wissenschaftlichen Verständnis von Natur aus der Zeit vor der Kernphysik. Also setzte er entsprechende Materialien, Anordnungen und Symbole ein. Die mit Formeln gefüllten Tafeln in den Hörsälen für Kernphysik sind Nicht-Mathematikern und Nicht-Physikern sowieso ein Rätsel. Dennoch besteht ein morphologischer Zusammenhang zwischen den Ausführungen in den Hörsälen der Physik und den berühmten Tafeln des Künstlers, der die Tafeln der Naturwissenschaftler als Herausforderung betrachtet haben muss, so dass er den Vortrag seiner eigenen Ideen nicht nur an Steiner orientierte.

Ein nach der Aktion am 20.06.1964 in Aachen mit Beuys geführtes Interview weist kryptische Gedankensplitter über die Atomenergie auf: „Im sogenannten Atomzeitalter sieht manches so aus, als wäre der Anfang mit der Einsicht in diese Zusammenhänge gemacht. Hat dieses Zeitalter auch eine arationale Stimmung mit sich gebracht, so zeigt sich doch bei näherem Hinsehen eine krisenhaft zu nennende Vermaterialisierung trotz vierter Dimension."[19] Diese vagen Aussagen mit dem abfällig klingenden Begriff „Vermaterialisierung" lassen die Frustrationen über die mangelnde Durchschaubarkeit der theoretischen Physik erahnen. Diese mögen eine der Ursachen dafür gewesen sein, dass Beuys sich nicht nur mit unzureichenden sprachlichen Mitteln, sondern auch mit vormodernen Gegenständen und Substanzen ein Bild über die moderne Wissenschaft machte. Entsprechendes war schon seinen Kollegen an der Akademie aufgefallen. So schrieb Norbert Kricke über Beuys: „Angst scheint seine Triebkraft zu sein, sie sitzt tief und überall bei ihm: Technik ist böse, Autos sind schrecklich, Computer unmenschlich, Fernseher auch, Raketen sind furchtbar, Atome gespalten zerrütten die Welt. Fluchten in das Gestern, Besserung der Menschen, Sehnsucht nach rückwärts: altes Gerät, Kordeln mit Gebündeltem, Staub und Filz, Befettetes, Wachs und Holz, mürbes Gewebe, Trockenes und Geschmolzenes, alles serviert er grau, braun und schwarz wie dunkel gewordene alte Gemälde, Museumsstaub, Museumsgeruch an allen Objekten schon bei der Entstehung, …"[20] So zutreffend wie Kricke hier die Arbeitsmaterialien von Beuys benennt, so ungerecht und gehässig ist die Absicht, seinen Kollegen mit solchen Ausführungen zu diskreditieren. Kricke beschrieb zwar das Verhältnis von Beuys zur Gegenwart, doch verkannte er absichtsvoll die künstlerischen Anstrengungen, die von Nicht-Naturwissenschaftlern unternommen werden müssen, wenn sie sich aktuellen Fragen stellen wollen. Schließlich war die Kunstakademie keine naturwissenschaftliche Fakultät[21], so dass in dem Artikel von Kricke zu diesem Zeitpunkt besonders das zerrüttete Verhältnis zwischen Beuys und einigen seiner Kollegen an der Akademie im Vordergrund stand. Aus gutem Grund unterschlug Kricke die verzweifelte Situation, in der sich Beuys befand, und beabsichtigte so den Druck, unter dem dieser sowieso schon stand, zu erhöhen. Und im Übrigen waren Krickes Eisendrahtplastiken, die in futuristischer Manier Bewegungen suggerierten, selbst als er später auch andere Metalle benutzte, nicht unbedingt von der Umsetzung naturwissenschaftlicher Phänomene geleitet. Im Gegenteil wurden die Nouveaux Réalistes aus Frankreich und die Protagonisten der Arte Povera in Italien gerade wegen der Verwendung von Abfall und ärmlichen Materialien gefeiert[22], so dass Beuys mit den Mitteln, mit denen er seine Aktionen und Installationen realisierte, auf der Höhe der Zeit arbeitete.

Generell ist das Verhältnis von Künstlern zu den Naturwissenschaften schwierig. Selbst wenn sie sich durch neue Erkenntnisse und spektakuläre Veröffentlichungen zur Stellungnahme provoziert fühlen, müssen ihre Arbeiten nicht unbedingt naturwissenschaftlichen Modalitäten folgen. Deshalb lag das Besondere der Arbeiten von Beuys gerade wegen aller Mängel darin, dass sie von einer Vielzahl von Menschen verstanden werden konnten, die in einer ähnlichen Lage wie der Künstler waren. Dazu trug die Materialität und Haptik der Objekte und Installationen bei. Anscheinend konnte deren Primitivität – man könnte sogar von einer bäuerlich und handwerklich inspirierten Betrachtung sprechen – die Komplexität der Bedrohung zwischen Zweitem Weltkrieg, dem Wiederaufbau und dem drohenden Atomkrieg für ein Laienpublikum, das die Atomphysik nicht zu durchschauen vermochte, besonders gut nachvollziehbar machen. Beuys' Installationen und Aktionen lieferten somit eine Anschauungsform, auf deren Basis es möglich war, über dasjenige zu sprechen, was viele Menschen bewegte, sich aber ihrem Zugriff entzog. Nicht zuletzt standen die Arbeiten durch den Anschein des Gebastelten einer archaischen Beschwörung nahe, die sogar die Popularität von Beuys erhöhte. Dass die Aktionen parallel zu den internationalen Debatten stattfanden, hatte selbstverständlich auch mit den Verbrechen der Nazis zu tun, die den Menschen im besetzten Deutschland jener Jahre ihre moralische Glaubwürdigkeit genommen hatten, sich auf der weltpolitischen Bühne über Krieg und Frieden einzubringen. In manchen Köpfen hatte sich sogar eine von den Alliierten verworfene Forderung festgesetzt, die auf den U.S.-Finanzminister Morgenthau zurückging und vorsah, Deutschland ohne Aufbauhilfen in Trümmern liegen zu lassen und in ein Agrarland zu verwandeln. Aus einer radikal-ökologischen Sicht hätte darin die Utopie einer nicht-kapitalistischen Welt des „dritten Weges“ gelegen, mit der auch Beuys sympathisierte. In seiner skeptischen Haltung gegenüber wissenschaftlichen Erkenntnissen liegt ein Schlüssel, der ihn dazu führte, auf magische Optionen zurückzugreifen, auch um den Wahnsinn des Auf- und Wettrüstens zu bannen. Diese irrationale Position führte Beuys zunehmend nicht nur bei seinen Kandidaturen für die Partei der Grünen ins politische Abseits. Anders als in Italien und Frankreich, wo neo-dadaistische Positionen mehr

Anerkennung fanden, fiel es den Intellektuellen in Deutschland schwer, die Kraft von antagonistischen Materialien zu entschlüsseln und von verquasten nationalistischen Inhalten zu trennen.

Zerschmetterte Welten

Im Keller der Kölner Galerie Art Intermedia führte Beuys am 14. Oktober 1968 zur Eröffnung der Gruppenausstellung „Zweite Realität" eine Aktion mit dem Titel *Vakuum ←→ Masse* durch. Anfangs lagen 100 Luftpumpen und ca. 100 Stücke Margarine auf dem Boden, die aus den handelsüblichen runden Plastikschalen herausgelöst worden waren.[23] Während der Aktion drückte Beuys nacheinander je einen dieser Batzen Margarine an jedem Ventilende aller Luftpumpenzylinder fest und zog die Kolben so heftig an, dass diese jedes Mal abrissen. Die explosive Entfaltung der Muskelkraft nach dem Herausreißen der Kolben bewirkte, dass die Zylinder mit dem Stück Margarine nacheinander gegen eine von Johannes Stüttgen gehaltene Eisenplatte klatschten. Sie hatte die Form eines Halbkreuzes und passte auf die in der Installation stehende Eisenkiste, die am Ende der Aktion alle gegen die Deckplatte geschleuderten Objekte und die Kolben der Luftpumpen aufnahm. Danach wurde die Deckplatte auf die Kiste geschweißt, so dass sie bis heute alle darin versenkten Reste der Aktion hermetisch einschließt.

Die Aktion, ihre Überreste sowie die dazu gemachten Äußerungen zur Sichtbarkeit, zu naturwissenschaftlichen und geopolitischen Fragen („Eurasia") werfen weitere Fragen auf, die noch nicht hinreichend geklärt worden sind. Nachdem die Aktion und ihre Umstände weitgehend beschrieben, die Fotos und die maßgeblichen Äußerungen dazu publiziert worden sind, sollen hier weitergehende Vorschläge gemacht werden, die sich auch den gesellschaftlichen und mentalen Ursachen für Beuys' Popularität

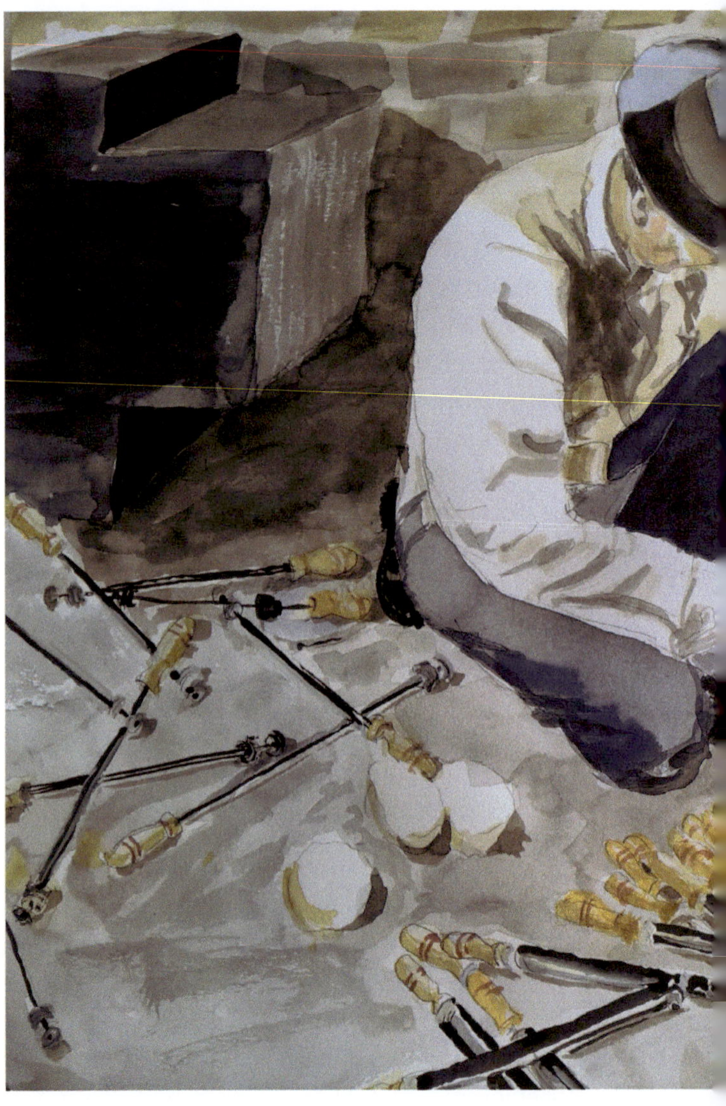

22 Beuys' Aktion: Vakuum ⟷ Masse, 1968, Illustration des Autors nach Fotos von Angelika Platen, in: (Schneede, 1994), S. 211-213.

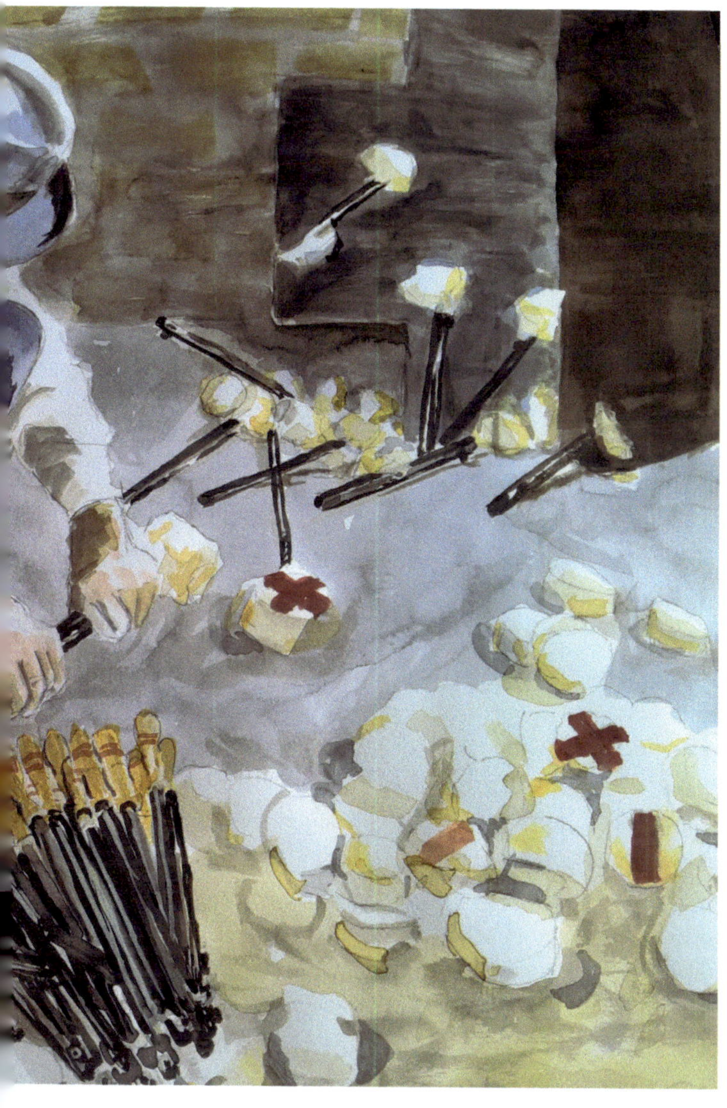

und seiner Umstrittenheit nähern. Vielleicht gelingt es so, eine Ebene zu bestimmen, auf der sich das scheinbare Einverständnis, aber auch die Kontroverse zwischen dem Künstler und seinem Publikum aufzeigen lassen.

Grundlegendes dazu hat Uwe M. Schneede geleistet, der das relevante Material gesichtet und eingeordnet hat.[24] Die schon zuvor von Adriani, Konnertz und Thomas gegebenen Hinweise und Antworten können jedoch nur teilweise zufrieden stellen und sind mit Allgemeinplätzen behaftet[25]. So gehen die Interpreten auf das halbierte Kreuz als das *Eurasia*-Motiv ein und meinen, es ginge um die Aufhebung von Polarität und die Schaffung von Einheit. Letztere lässt sich kaum in der Performance finden; denn Beuys warf zwar die Reste in der Eisenkiste zusammen, doch bleibt ihr kreuzförmiger Grundriss unvollständig. Und Einheit bedeutet sicher nicht, dass Dinge unterschiedlicher Materialität auf einen Haufen geworfen und eingeschlossen werden. Selbst wenn die vorhandene Halbkiste gespiegelt oder sie mit der imaginären Teilkiste vervollständigt würde, entspräche sie weder genau dem ähnlichen griechischen noch dem lateinischen oder Schweizer Kreuz; denn die Grundlinien der Schenkel verlaufen im höchsten Maße irregulär. Auch das Auseinanderreißen der Luftpumpen unterstreicht das Trennende. Die Margarine blieb mit den Luftpumpen nur kurze Zeit zusammen, um dann mit einem Teil des Zylinders gegen die Eisenplatte geschleudert zu werden. Beuys musste gute, wenn auch nicht explizit geäußerte Gründe gehabt haben, weshalb er entgegen den Erwartungen vermieden hatte, eine Einheit herzustellen, die er ja demonstrativ zerriss oder teilte. Man könnte allerdings die Kiste selbst, in der bis zur Versiegelung alles zusammengeworfen lag, als Versuch einer Konsolidierung des Durcheinanders aus Fett, Metall und Holz betrachten. Das nun den Blicken entzogene Konglomerat in der Kiste hat mit den

Resten von Zerstörung zu tun, wie sie schon im „Hasengrab" mit seiner chaotischen Zusammenballung von Gegenständen und Substanzen angehäuft worden waren. Die Spuren der Desaster sind hier wie dort jedoch nur durch den Rahmen begrenzt oder in der Kiste unsichtbar gemacht, aber auf keinen Fall beseitigt.

Der Handlungsimpuls, der zu diesen Objekten führte, ist also eher als ein vorläufiger Schritt am Ende einer Aktion zu sehen, von der ein Objekt übrig bleibt. Das Relikt steht danach zwar wie ein Monolith, doch hat das Zusammengeworfene im Inneren das durch die Aktion geschaffene Chaos scheinbar zur Ruhe gebracht; denn im Inneren können sich durch chemische Reaktionen weitere Prozesse ereignen. In diesem Zusammenhang sei auch an die Vitrinen erinnert, deren Inhalt unfixiert ist (Kap. IV). Jede Erschütterung könnte ihre Ordnung durcheinander werfen. Hier würde die Entropie, die in der geschlossenen Kiste herrscht, auch auf die offenen Behältnisse übertragen. So ist jede Aktion als eine Erschütterung bestehender Zusammenhänge zu betrachten, die an einzelnen Objekten vollzogen wurden. Das Bild, das die Kiste besonders denen bietet, die um ihren Inhalt wissen, ist aus heutiger Sicht den geschlossenen Behältern vergleichbar, in denen radioaktive Stoffe aufbewahrt werden. Man möchte sie in Bergwerken einschließen, von denen man annimmt, dort könne die Radioaktivität auf Jahrzehntausende gesehen sicher abgeschlossen werden. Beuys bestätigte diesen Eindruck von Gefahren für Leib und Leben, die von radioaktiven Stoffen ausgehen, weshalb er die Luftpumpen mit der Margarine als „Ladungen" verstand, was sowohl als Begriff aus der Waffen- wie auch aus der Elektrotechnik sinnstiftend wäre, schließlich band er die Pumpen mit der Bezeichnung „Handgranaten" versehen, eindeutig an Waffen[26], ohne dass sie damit ihre Ambivalenz verloren hätten; denn der ästhetische Eigenwert der Dinge und Substanzen löst ganz unterschiedliche Assoziationen bei den Betrachtern aus. Beuys antizipierte auf diese Weise schon das Denken, das in Deutschland zur Entwicklung der Technologie der Endlagerung in Castor-Behältern geführt hat, und stellte seine Konglomerate und besonders die Vitrinen mit den durchsichtigen Wänden auf, als wären sie Seismographen, um die Erschütterungen sowie gesellschaftlichen und atmosphärischen Veränderungen, die auf sie einwirken, registrierbar zu machen.

Die Egokonversion des heißen Kriegs im Kalten Krieg

Die Aktion *Vakuum ←→ Masse* und ihre Bestandteile umfassten im Jahr 1968 mit dem Vietnamkrieg und dem Bewusstsein der Bedrohung durch Atomwaffen im *Kalten Krieg* weitaus mehr aktuelle Informationen als bisher angenommen. Die Kubakrise von 1962 war noch nicht vergessen, zumal die USA in Vietnam einen *Stellvertreterkrieg* gegen ein Land ausfochten, das wie Deutschland in einen kommunistischen und einen kapitalistischen Teil aufgeteilt war. Nachdem klar war, dass ein Atomkrieg vermieden werden musste, wurde dort mit konventionellen Waffen gekämpft, wobei Kriegsverbrechen auf beiden Seiten, Verbrennungen durch Napalm, Vergiftungen durch Entlaubungsmittel und Verletzungen sowie Verstümmelungen durch Sprengstoff und Granatsplitter Erinnerungen an den Zweiten Weltkrieg weckten und die Hoffnungen der Menschen erschütterten, die geglaubt hatten, solche Kriegsgräuel würden sich danach so schnell nicht wiederholen. So folgenreich jede einzelne Verletzung durch Waffeneinwirkung für jedes betroffene Individuum war, so geringfügig ist die jeweilige Sprengkraft einer Granate gemessen an der Zerstörungskraft einer Atombombe, deren Bedrohungspotential Beuys nicht kalt gelassen haben konnte, wenngleich er sich erst viel später gegen die Stationierung der Mittelstreckenraketen mit seinem Lied „Sonne statt Reagan" 1982 publikumswirksam gegen Atomwaffen engagiert hat. Doch machen das Aquarell „Aggregate am Wasser" von

1953[27] und die Liste mit Namen von Philosophen und Physikern[28] deutlich, dass er sich auch in der Zwischenzeit mit den Fragen der Atomphysik und ihren Protagonisten befasst hatte. Seinem laienhaften Verständnis ihrer Funktionsweise entsprechend, nutzte er auch in dieser Aktion einen primitiven Versuchsaufbau. So gelang es ihm, die komplexen Vorgänge der Kernphysik auf die Möglichkeiten herunterzubrechen, die ihm das zu seiner Verfügung stehende Material und seine Möglichkeiten als Künstler boten. Man könnte die Vereinfachung komplizierter physikalischer und politischer Zusammenhänge und Ereignisse als ein Verfahren ansprechen, das hier vorläufig Egokonversion genannt werden soll.

Als eine Egokonversion wäre die Übertragung komplizierter Zusammenhänge aus einem historischen, wissenschaftlichen oder politischen Gebiet zu verstehen, die individuell handhabbar gemacht werden. Indem Inhalte und Materialien sowie ihre Handhabung und Funktion in eigene Handlungsspielräume integriert oder durch Aktionen aktualisiert werden, gelingt es, diese der Anonymität zu entreißen. Sie werden dabei internalisiert und den eigenen Gestaltungsmöglichkeiten unterworfen. Das Individuum ermächtigt sich so zu eigenen Handlungen und Interventionen, um kein passives Opfer der Geschichte zu werden.

Konflikte sind dabei vorprogrammiert; denn Ungereimtheiten und Ungenauigkeiten provozieren die Öffentlichkeit, deren Akteure sich auf unterschiedlichen Informationsstufen befinden. Sich dort zu bewegen und die Kontroversen auszufechten, setzten eine Streitkultur voraus, für die Beuys zum Inbegriff allein schon dadurch werden konnte, dass er sich 1972 während der documenta 5 100 Tage lang der Diskussion stellte.

Ähnliche Verfahren wenden Künstler zur künstlerischen Forschung an, wenn etwa eine historische Performance aktualisiert wird[29] oder sie sich Material und Arbeiten anderer Künstler aneignen (Appropriation Art).[30] Ein ausführliches Experiment mit Studierenden verschiedener Hochschulen wurde im Sommer 2015 auf Initiative von Arnold Dreyblatt in der Ausstellung *Black Mountain College. Ein interdisziplinäres Experiment 1933–1957* im Berliner Ausstellungsort Hamburger Bahnhof realisiert. Es basiert auf dem von Charles Olson favorisierten Konzept der *Polis*, die er als Platz sieht, auf dem durch alle Beteiligten Mythos, Geschichte und Gegenwart verwirklicht werden.[31]

Die Aktion *Vakuum ←→ Masse* kann verdeutlichen, was Egokonversion bedeutet. Die Aufmerksamkeit gilt deshalb zunächst der Anhäufung von Margarineklumpen. Die Markierung vereinzelter Stücke mit „+" und „-" lässt an die Polarität von Energie denken und vielleicht sogar auf elektrische Spannung schließen. Hierin eine Darstellung des elektrischen Stroms zu sehen wäre zu schlicht, denn die Polarität elektrischer Kräfte charakterisiert auch den Aufbau von Atomen, weshalb nichts dagegen spricht, die Margarinebrocken mit den Blöcken spaltbaren Urans 235 in Verbindung zu bringen, die er 1945 auf einem Tisch in Los Alamos aufgestapelt wurden, um erstmalig die *Kritische Masse* von atomwaffenfähigem Uran empirisch zu bestimmen.

Ist der Bestandteil „Masse" im Titel der Aktion durch die „Kritische Masse" mit dem Bau von Atombomben in Verbindung zu bringen, so bleibt noch zu klären, wofür der zweite Teil des Titels, „Vakuum" steht. In der Anlage zur Urangewinnung in Oak Ridge wurde Uranerz zermahlen und für die Abtrennung von reinem Uran in einem Vakuumsystem präpariert. In gigantischen Behältern mit 3-10 Kilotonnen schweren Elektromagneten wurde in Oak Ridge 1943 täglich eine teelöffelgroße Menge Pulver raffiniert, die 15% reines Uran enthielt.[32] Doch nicht nur für die

Isolation von möglichst reinem spaltungsfähigem Uran wurde ein Vakuum benötigt. Zum Bau der ersten funktionierenden Plutoniumbombe, die als „Fat Man" bezeichnet 1945 über Nagasaki abgeworfen wurde, musste wegen der anderen Charakteristik der Kettenreaktion von schwererem Plutonium ein Implosionsverfahren entwickelt werden, bei dem ein Vakuum dafür sorgte, dass die um das Zentrum angeordneten Bestandteile der kritischen Masse schlagartig fokussiert werden konnten.[33]

Schlitten als Transferinstrument

Auf einer Skizze zur Aktion *Vakuum ←→ Masse* hat Beuys die Polarität verortet. Rechts oberhalb der Umrisszeichnung der Halbkreuzkiste sind zwei Ringe abgebildet, die mit einem „+" indexiert sind, während in dem Längsschnitt des Luftpumpenzylinders am unteren Rand der Zeichnung ein Minuszeichen eingetragen ist.[34] Der Aktion nach stünden dann die beiden Kreise für Margarineklumpen, die mit dem negativ geladenen Luftpumpenzylinder verbunden werden, um Energie freisetzen, so wie sie in Gestalt der Pumpstange mit Griff aus dem Zylinder herausgeschleudert worden ist.

Neben dem mit *Masse Valium ←→ Vakuum* abweichenden Titel der Vorzeichnung, der wie eine Überschrift auf dem Querformat steht, fällt ein Schlitten[35] auf, der – nach den Fotos zu urteilen – nicht in der Aktion verwendet wurde. Links daneben ist der eiserne Sarkophag in Form eines Halbkreuzes wiedergegeben. Seine zweite Hälfte wurde durch schwache Striche angedeutet. Tatsächlich kam auch in Los Alamos für das oben beschriebene Experiment ein Schlitten zum Einsatz. Um das letzte Stück Uran 235 in den fast kritischen Stapel einzufügen, hatte man eine Schiene verlegt, auf der das fragliche Stück auf einem Schlitten liegend zwischen die Uranblöcke geschoben und wieder herausgezogen werden konnte. Man musste es nämlich blitzschnell und sicher wieder aus dem Stapel entfernen können; denn die Kettenreaktion hätte im Bruchteil einer Sekunde 20 Millionen Watt freigesetzt.[36] Wegen der Größe der Gefahr und der nicht auszuschließenden Möglichkeit, dass sich das riskante Experiment der Kontrolle entzog, kam es zu seinem mittelalterlich anmutenden Namen: „Den Drachen am Schwanz kitzeln". Ein Drache ist die archaische Personifikation einer alles übersteigenden Gewalt. Der griechischen Mythologie nach gelang es Zeus, den Drachen Typhon dauerhaft zu begraben, indem er ihn mit dem Berg Ätna bewarf. Die Gesteinsmassen umschließen ihn zwar seitdem, doch können sie nicht verhindern, dass der Drache unter ihnen bis heute rumort.

Weitere Vergleiche weisen auch darauf hin, dass die Luftpumpen mit den Margarinestücken in der Aktion von Beuys mit dem Aufbau der ersten Atombombe, die mit der „Geschützmethode" gezündet wurde, strukturell zusammenhingen. Das Auseinanderreißen der Luftpumpen während der Aktion erinnert zwar an das Abreißen der Sicherung einer Handgranate, doch kann es auch als gewaltsames Trennen der Bestandteile einer kritischen Masse gesehen werden, die gerade nicht zur Explosion kommen soll. Auch der den Titel der Aktion abwandelnde Titel der Skizze „Masse Valium ←→ Vakuum" würde sich in diese Argumentation einfügen, denn das riskante Experiment mit der Atombombe auf dem Tisch erforderte starke Nerven und unter Umständen auch Mittel gegen schlaflose Nächte, die Beuys vor seinen Einsätzen als Soldat und seinen unorthodoxen öffentlichen Aktionen nicht unbekannt gewesen sein dürften.[37] Gar nicht zu reden von den Ängsten, die die latente Bedrohung durch Tausende von Atomwaffen auf beiden Seiten des Eisernen Vorhangs über Jahrzehnte wach hielt.

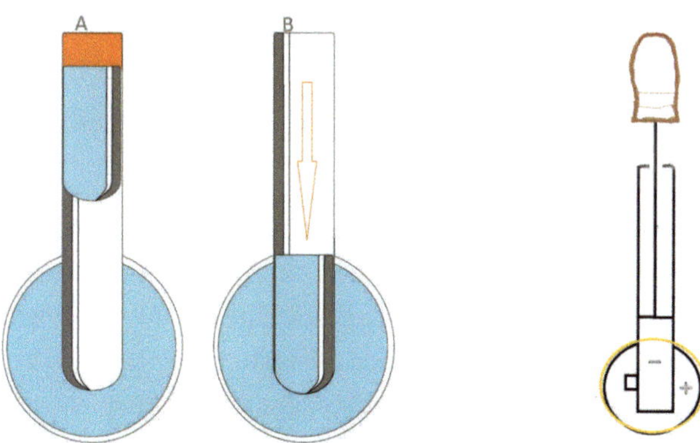

24 Schema der Geschützmethode zur Zündung der Uranbombe, wie sie in Hiroshima abgeworfen wurde

25 Schema der Luftpumpe, die Beuys während der Aktion: Vakuum ⟷ Masse 1968 am unteren Ende mit einer „Ladung" aus dem Inhalt eines Bechers Margarine präparierte

Warum Beuys den Schlitten in die Zeichnung eingeführt hat, bleibt trotz dieser möglichen Erklärung rätselhaft. Neben der Luftpumpe wiedergegeben, fällt aber die funktionale Ähnlichkeit zwischen dem Kolben und dem Schlitten auf, weshalb mit der Beschleunigung und dem vehementen Herausreißen, das Beuys in der Aktion an jeder einzelnen Luftpumpe vollzogen hatte, eine magische Beschwörung denkbar ist. Die mögliche Botschaft würde also lauten: Ein Herausreißen des Stückchens Urans, das die Masse kritisch macht, ist möglich. Tut es!

Bei der Geschützmethode wird ein unterkritisches Urangeschoss durch eine konventionelle Explosion in der Bombe mit einem ebenfalls dort befindlichen unterkritischen Uranziel zusammenführt, womit die Kettenreaktion ausgelöst wird. Da der Griff der Luftpumpe eine ähnliche Form wie das Urangeschoss hat, aber in die entgegengesetzte Richtung weist, verhindert das Herausreißen des Kolbens symbolisch die Kernspaltung.

Hierdurch bekäme der Schlitten, den Beuys als Rettungsgerät ohne die Räder betrachtete, auf das die Menschen beim Versagen von hochentwickelten Geräten zurückgreifen müssten[38], eine weitergehende Bedeutung.

Als Multiple präpariert befördert jeder Schlitten der Auflage (1969) eine Filzrolle, eine Taschenlampe und ein Stück Fett und stellt somit einen mobilen Wärme- und Lichtspeicher dar. Als Rettungsgerät transportiert er genauso wie als Hilfsmittel beim Versuch in Los Alamos jeweils ein an sich unbedeutendes Stück Masse. Während das Stück Fett einem Menschen für eine begrenzte Zeit Energie spenden kann, kann ein kleines Stück Uran dazu beitragen, dass sich eine gewaltige Explosion ereignet, die durch Freisetzen von Druck, Hitze, Licht und Radioaktivität das Leben in einem großen Umkreis auslöscht. Auf dem Experimentiertisch in Los Alamos ließ sich das durch den Schlitten gerade noch verhindern. Er war dort also ein Rettungsgerät, das dennoch nicht immer Unfälle verhindern konnte[39]. In der Zeit danach trug der Versuch jedoch dazu bei, dass unfassbares Leid über Hiroshima und Nagasaki gebracht werden konnte, während er in der Zeit des Kalten Krieges als Voraussetzung des „Gleichgewichts des Schreckens" zu einer Phase ohne Kriege in Europa führte. In ihrer Ambivalenz fügen sich beide Schlitten in die Auffassung des Bösen bei Beuys ein, die besagt, dass die Kreativität der unheilvollen historischen Figuren unter anderen Umständen hätte positiv für die Gesellschaft sein können. In diesem Fall wäre der Schlitten das „Transferinstrument", mit dem das überschüssige Quantum aus einer Ladung oder einem Konfliktpotential gerade noch rechtzeitig zu entfernen wäre, um einen Unfall oder die fatalen Folgen einer Handlung zu verhindern. Folglich repräsentiert seine Ladung, also dasjenige, was auf dem Schlitten transportiert wird, dasjenige Stück, das über Wohlergehen oder Katastrophe, Gelingen oder Scheitern entscheidet.

Spiegelungen des Totenkults

Die Eisenkiste[40], in die man nach der Aktion nicht mehr blicken kann, bildet eine Art „Sarkophag", wie er traditionell mit einer prominenten Leiche gefüllt im geschützten sakralen Kontext aufgestellt wird. Dem Inhalt der Halbkreuzkiste in Gestalt der Relikte von *Vakuum* ←→ *Masse* bietet eine Kunstsammlung nun einen ähnlichen Schutz, wie eine Kirche, ein Kirch- oder Friedhof einer Leiche. Die Bezeichnung „Sarkophag" erlaubt aber auch zusätzlich einen Bezug zur Radioaktivität, zumal die Halbkreuzkiste schon das Problem der „Endlagerung" antizipierte. Die spätere Übertragung des Begriffs auf die Betonhülle des von der Kernschmelze zerstörten Reaktors von Tschernobyl suggeriert die vermeintlich dauerhafte Einschließung einer Kettenreaktion. Weil aber Stahl und Beton durch Strahlung und klimatische Einflüsse verspröden und ein „Sarkophag" in Abständen von Jahrzehnten und Jahrhunderten seine Schutzfunktion verliert, müssten in den relevanten Zeiträumen von 10- bis 100-tausend Jahren nach heutigem Stand der Technik die Schutzhüllen aus Stahlbeton mehrere 100 Mal erneuert werden, um ein unkontrolliertes Austreten von Strahlung zu verhindern. Mit der Reaktorruine aktualisiert sich sogar der Mythos von Typhon unter dem Ätna, der nicht endgültig ruhig zu stellen ist. Als wolle er die Erfordernisse einer nicht enden wollenden Kraftanstrengung durch seine Aktion unterstreichen, aktualisierte Beuys derartige mythologische – also den Horizont einer historischen Zeitrechnung übersteigende – Herausforderungen, wie sie durch die Nutzung der Kernenergie vorgegeben worden sind. Die Präparation jeder der 100 Pumpen mit Margarine, das Herausreißen der Pumpstange und das Schleudern des Pumpzylinders mit der Margarine gegen das Eisenblech konkretisierte die Permanenz von Aufgaben, die uns als Menschheit im Hinblick auf die Kontrolle der Kernenergie auferlegt worden ist. In diesem

Sinn ist Kernenergie ein Teilbereich des Energiedispositivs, dessen Technologien, Stoffe, Forschungen und Sorgen der Menschheit auf unabsehbare Zeit kontinuierlich Aufmerksamkeit, Arbeit und Investitionen abverlangen.

Diese antizipierende Implikation der Eisenkiste, in der Beuys die Reste der Aktion aufbewahrte, und die spätere Übernahme des Begriffs Sarkophag für die Ummantelung von havarierten Atomkraftwerken besagt aber auch, dass der Schutz und die Unantastbarkeit von Menschen auf ihrer Reise ins Jenseits im Atomzeitalter auch auf radioaktives Material, wie etwa Kernbrennstäbe übertragen wurde. So gesehen spiegelt der Umgang mit Radioaktivität den Totenkult früherer Kulturen. Dieser erklärt die Permanenz der Aufgaben, die früher durch Rituale gegeben waren, mit denen die Menschen Bedrohungen durch Geister abzuwenden versuchten. Heute verlangen die Folgen des Wirkens der Vernunft diese Rituale in Form einer durchgehenden, ständig wiederkehrenden Fürsorge und Bewältigung.

In der Zeit der Aktion, den 1960er Jahren, war die Aufbewahrung von radioaktiven Abfällen noch kein Thema. Im Gegensatz zum Bedrohungspotential Tausender Atomwaffen erschien die scheinbar unendliche Energie durch die „friedliche Nutzung" der Kernspaltung geradezu als Segen, so dass die davon ausgehende Gefahr durch radioaktive Strahlung verdrängt werden konnte. Im Gegensatz zum Fall-out nach Nuklearexplosionen schien die „friedliche Nutzung" der Kernenergie anfangs sogar sauber, weil kaum jemand eine Vorstellung von der extrem aufwändigen, schmutzigen und energiefressenden Trennung der geringen Mengen des „Kernbrennstoffs" vom geförderten Erz hatte, geschweige denn an die Entsorgung der „ausgebrannten" Kernbrennstäbe dachte. Umso beeindruckender ist Beuys' Handhabung der Kiste zu diesem Zeitpunkt. Sie erinnert zusätzlich an ein Wiederverschließen der Büchse der Pandora; schwang doch auch nach der Entwicklung der Atombombe der Wunsch mit, die einmal freigelassenen Dinge und die damit hantierenden Zauberlehrlinge wieder einfangen zu können.

Die Form der zugeschweißten Kiste, die den Grundriss eines Halbkreuzes besitzt, legt die Ergänzung zu einem vollständigen Kreuz nahe. Damit erinnert der ergänzungsbedürftige Teil an sein ideales Gegenstück, ein „Passstück", das mit der ursprünglichen Bedeutung des Symbols übereinstimmt. Die Aktionen von Beuys haben, wie im Kapitel IV gezeigt wurde, den Symbolbegriff aktualisiert und Substanzen direkt als Symbole ins Spiel gebracht, so dass sie als als kreative Materie angesehen werden können. Mit den radioaktiven Metallen, die als Material von Atombomben und als Kernbrennstoffe benutzt werden, stehen den kreativen Substanzen (Chōra) aber Materialien und Stoffe entgegen, die unendliche Ressourcen verbrauchen. Sie sind damit nicht nur den kreativen Substanzen entgegengesetzt, sondern sie erzeugen einen Gegenpol, ein schwarzes Loch, das Kreativität verschlingt. Im Kontext der Atombombe käme das der Aufteilung der *Kritischen Masse* in zwei unterkritischen Massen gleich, die durch verschiedene Mechanismen zusammengeschoben und damit zur Explosion gebracht werden können.

Beuys war kein Hellseher, aber er war sich als Bordfunker und –schütze des Umgangs mit Bomben bewusst und wusste wie es sich anfühlt, die Zerstörungskraft in Händen zu halten. Insofern war seine Auseinandersetzung mit den Bad Guys sehr konkret und traf auch ihn selbst, der die Bomben in der Stuka abwurfbereit gemacht hatte. Dieses Bewusstsein war eine Haupttriebfeder seines künstlerischen und politischen Handelns, das ihn letztlich dazu brachte, Verbindungen einzugehen, die im folgenden Kapitel in der Gestalt der Konstellationen von Künstlern dies- und jenseits des Atlantiks betrachtet werden soll.

Kapitel VI

Im Trauma vereint

"DOUBLE NEGATIVES MAKE A POSITIVE"
Lynn Hershman, 2. März 1975
Lady Luck: The double Portrait for Las Vegas
(The Personification of a Myth)[1]

Transatlantische Gespanne

Gejenseitigte Zusammenarbeit

Bei Aktionen treffen Gegenstände, Protagonisten und sonst noch Anwesende zusammen, so dass sich aus den Interaktionen und Reaktionen ein Verhältnis zwischen allen beteiligten Elementen herausbildet, das neben dem schon Verlautbarten weitergehende Rückschlüsse erlaubt. Zur Halbkreuzkiste etwa imaginiert Beuys ihre fehlende Hälfte, die eine Ergänzung im Hinblick seine Vorstellungen von Eurasien erfordert. Daneben gab es auch offene und verborgene Ergänzungen durch Personen, mit denen er Vorlieben teilte sowie real oder imaginär, spielerisch oder partnerschaftlich – und sei es temporär – Beziehungen unterhielt. Nachdem schon oben angesprochen wurde, wie sich Beuys auf Maciunas oder historische Personen wie Washington oder Hitler bezogen hatte, soll nun nach einer Systematik in diesen Beziehungen gefragt werden, die auch für die Entwicklung der Kunst im 20. Jahrhundert bedeutsam sein kann.

Abwesend und unbemerkt

Peggy Phelan hat gezeigt, dass Ergänzungen Verluste ausgleichen und einen starken Antrieb für das schöpferische Wirken bedeuten können. Auch wenn es schon immer experimentelle Beziehungen zwischen Menschen auf verschiedenen Gebieten gegeben hat, bietet die Performancekunst und ihre Koppelung mit Medien neue Voraussetzungen, um ein Verhältnis von Personen untereinander und zwischen Künstlerinnen und Künstlern live oder durch mediales Feed-back in „Echtzeit" herzustellen. Gerald Siegmund hat diese Verhältnisse für die Bühne bzw. den Tanz aufgezeigt und in philosophische sowie kulturtheoretische Diskurse des 20. Jahrhunderts eingebunden.[2] Dabei hat er sich auch auf Phelan bezogen, ihr jedoch vorgeworfen, die Figur der Abwesenheit durch die Behauptung, Performances blieben „spurlos", Diskursen zu entziehen.[3] Dabei stellte er mit Recht klar, dass Performances nicht aus dem Symbolischen herausfallen. Doch entziehen sich Kunstperformances anders als Tanzaufführungen, soweit sie auf Bühnen und in Theatern stattfinden, wichtigen Routinen der Produktion und Rezeption, wodurch sie der Bedeutung von „unmarked" von Phelan[4] entsprechen. „Unmarked" meint ja etwas Unbemerktes, Makelloses und im Sport auch einen frei stehenden Spieler, was in der Kunst einem Werk entspräche, das noch nicht bezeichnet ist und sich somit der Vereinnahmung beispielsweise durch Bewertung oder Indexierung entzieht. Da der Text von Phelan als wissenschaftlicher Text selbst Teil eines Prozesses der Aneignung von Kunstwerken und von Performancekunst ist, zeigt sich schon das damit verbundene Paradox. Dieses weist zumindest auf die Erschwerung der Vereinnahmung hin und schließt auch die Unmöglichkeit ein, eine andere Person vollständig zu begreifen. Bei Beuys erheischen schon die in den Aktionen verwendeten Materialien – wie im Kap. IV gezeigt – ihre eigenen Verhältnisse zum

Symbol. Diese werden in der Aktion faktisch. Das trifft besonders auf Material und Stoffe zu, die Beuys jenseits der konventionellen Bedeutungsschöpfung einsetzte, weshalb sie jeweils neu zu erschließen sind. Diese Umstände sind gerade vor dem historischen Hintergrund der Nachkriegszeit bedeutsam, denn damals kompensierten die provokativen Angriffe auf Konventionen und die Auseinandersetzung mit Abwesenheit für die Künstlerinnen und Künstler tatsächliche Fehlstellen bzw. Verluste. Objekte und Materialien standen für etwas, das zuvor abgetrennt oder weggerissen worden war. Deshalb kann ein Objekt oder eine Aktion wie „Vakuum ←→ Masse" auch ein aktionistischer Schritt sein, durch den etwas Fehlendes ergänzt worden ist. Nach dem „Zusammenbruch", wie das Kriegsende in Deutschland ja hieß, um die menschengemachten Zerstörungen wie die Folgen einer Naturkatastrophe erscheinen zu lassen, fehlten konkret Menschen. Partner, Freunde, Verwandte und Nachbarn, die tot, verschollen oder geflüchtet waren. Und einem geistig regen Menschen fehlten diejenigen, die bestimmte Vorlieben und Vorstellungen geteilt hatten, und auch die, von denen man sich wünschte, etwas mit ihnen teilen oder unternehmen zu können, waren nicht mehr verfügbar.[5]

Paare und andere Formen der Zusammenarbeit

Wenn man dieser Spur hinsichtlich der Konstellationen, in die sich Beuys mit historischen, mythologischen und lebenden Personen begeben hat, nachgeht, stößt man auf Paarkonstellationen, die für die Produktion seiner Kunst signifikant geworden sind. Der Titel „Künstlerehen" des Bandes 28 der Zeitschrift Kunstforum international folgte zunächst konventionellen Konstruktionen von Zweierbeziehungen.[6] Auch weitere Beiträge, die 12 Jahre später das Thema Paare noch einmal aufgriffen und durch „Künstlermännerpaare", „Künstlerfrauenpaare", „Künstlerzwillinge" und „Künstlerfamilien" differenzierten[7], vermochten es nicht, die Fragestellung aus den familiären, biologischen, sexuellen und vertraglich gesicherten Bindungen zwischen Menschen herauszulösen. Weitere Autoren des Heftes dehnten das Thema nur quantitativ aus. Allein Martin Kunz durchbrach die Permanenz konventioneller Zweierbeziehungen durch einige grundsätzliche Fragen.[8] Dabei erwähnte er z. B. die Zwillinge Kastor und Polydeukes, von denen einer unsterblich und der andere Bewohner der Unterwelt wurde, und stellte sich vor, wie sie es wohl geschafft hätten, sich ein um den anderen Tag in den jeweils inkompatiblen Welten zu treffen. Auch ermaß er, wie komplex die Beziehungen allein schon zwischen zwei Persönlichkeiten und ihren aufgefächerten Identitäten, also ihren Seelen, Schatten, Ichs, Milieus etc. sein können. Dieser Essay erweiterte den Horizont für den Blick auf das Thema, doch Antworten gab es noch keine. Weiterführend erscheint Kunz' Begriff „*Gespann*"[9], weil darin ausgehend vom Fahren mit Zugtieren, also der Koppelung animalischer Kräfte mit einem Wagen oder Schlitten zum Zweck der Fortbewegung durch einen Dritten, also den Kutscher, unterschiedliche Dinge und Lebewesen zusammengespannt werden. Mit der durch die Einbeziehung von Tieren und Gegenständen gegebenen Komplexität scheint der Begriff brauchbar, wenn es im Folgenden um die Bestimmung von Konstellationen geht, die sich keiner biologischen oder sozialen Konvention zuordnen lassen. Man könnte auch von Geistes- oder Seelenverwandtschaft sprechen, solange diese nicht die Suche nach einer anders gelagerten gemeinschaftsstiftenden Verbindung zwischen Personen und Gegenständen blockiert. Hier gilt es, solche Koppelungen aus Quellen und Diskursen aufzuspüren, um eine Antriebskraft für die Entfesselung durch performative Bewegung zu bestimmen.

Auch der seit den 1970er Jahren immer wieder aufgegriffene Begriff der Kollaboration bleibt sehr allgemein. Er trifft zwar eine gattungsübergreifende, oft auch nur punktuelle Zusammenarbeit, verfehlt aber den Kern der Fragestellung, weil er nicht auf die Anziehung eingehen muss, die in dem Willen zur Überschreitung von Gender-, Staats- und Kulturgrenzen liegt. Wie aber können Menschen einander zugeneigt sein, die sich gar nicht persönlich kennen oder nur sporadisch getroffen haben? Manchmal liegt ein Spiel mit Ähnlichkeiten vor, das durch Kleidung, bestimmte Attribute oder Accessoires unterstrichen wird, die sich gelegentlich auch in der Mode oder in einem Geschmack wiederfinden und Gemeinsamkeit nach Außen signalisieren. Die Entdeckung von Spiegelneuronen, die Gehirne von aktiv Tätigen und ihnen dabei Zuschauenden synchron auf Reize wie lecker, schmerzhaft, lustig oder traurig reagieren lassen, eröffnet eine zusätzliche Möglichkeit, Sympathie in der Nachahmung von Bewegungen, Vorlieben und Gesten begründet zu sehen. Sie geben einen Begriff davon, wie stark Menschen untereinander vernetzt sind.

Hüte und Hutträger

Kleidungszitate, mit denen Beuys seine Erscheinung unverwechselbar gestaltete, gehörten zu seinem Repertoire. Mit ihnen und den dazugehörigen Accessoires setze er sich mit Personen der Geschichte und Zeitgeschichte auseinander. Der Hut jedoch scheint anderer Herkunft zu sein; denn er trug ihn nach dem Kriege als Schutz vor Wetter und Staub bei der Landarbeit, ohne dass er bäuerliche Traditionen aufgriff, nach denen er eigentlich eine Kappe hätte tragen müssen. Diese war allerdings durch die Kappe, die er als Soldat getragen hatte[10], besetzt, so dass er sich mit der Entscheidung für den Hut von seiner militärischen Vorgeschichte distanzierte.

Später im Licht der Öffentlichkeit stehend, rückten andere Gesichtspunkte in den Fokus; denn in den 1960er Jahren war die

Hutmode noch ein Teil der männlichen Selbstdarstellung. So hatte der Nicht-Hut-Träger Max Ernst 1920 in seiner dadaistischen Collage mit Mischtechnik „Der Hut macht den Mann“[11] angezeigt, woher der Wind wehte. Unter diesen Bedingungen ließen sich gewöhnlich Prominente wie Konrad Adenauer mit ihrem Hut identifizieren. Sein Homburger Hut war meist dunkel bzw. schwarz und mit gefasster Krempe, so dass schon das helle Beige und die ungefasste Krempe des von Beuys gewählten Huts als Abgrenzung davon zu werten ist.

Doch ließ sich die Aussagekraft eines Huts in der Zeit der Westbindung nicht mehr allein auf die Bundesrepublik begrenzen. Was das „Manhattan Project“ betrifft, so war jedenfalls der leitende Physiker J. Robert Oppenheimer in Los Alamos wie Beuys ein Hutträger. Sein Hut war so bekannt, dass dieser als pars pro toto auf dem Titelblatt des ersten Heftes von *Physics today* 1948 in der Annahme abgebildet wurde, dass er von den Lesern als Hinweis auf die Titelstory über Oppenheimer identifiziert werden würde. Der Hut repräsentierte in diesem Fall den Hutträger in einer Weise, die später auch für Beuys zutreffen sollte. Beide Hüte nebeneinandergestellt bringen aufgrund der im vorigen Kapitel herge-

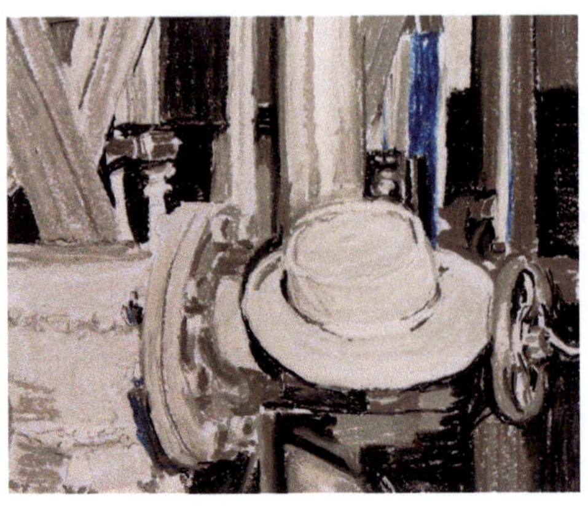

26 Hut von Robert J. Oppenheimer auf dem Cover von Jahrgang 1, No. 1, der Zeitschrift „Physics today“, May 1949, Illustration des Autors

27 Beuys‘ Hut, Detail von Abb. 22

stellten Verbindungen zwischen dem Bau der Atombombe und den Aktionen von Beuys eine untergründige Beziehung zwischen Beuys und Oppenheimer zustande. Beuys könnte diese sogar bewusst angestebt haben, denn er interessierte sich für Personen, die Böses mit großer Kreativität getan hatten und unter anderen Vorzeichen entsprechend Positives hätten schaffen können.

Über Oppenheimer war ein moralisches Urteil hinsichtlich seiner leitenden Tätigkeit beim Bau der Bombe nicht einfach zu fällen, weil er auf politische Entscheidungen über ihre Verwendung keinen Einfluss hatte. Er war sich aber der Ambivalenz seines Tuns bewusst, so dass er selbst in der Lage war, die Kontrolle über sein Handeln zu übernehmen. Allerdings war ihm klar, dass es einen möglicherweise kriegsentscheidenden Wettlauf zwischen der Nazidiktatur und den Alliierten um die erste einsatzfähige Atombombe gab und dass es in der Pazifikregion im Krieg gegen Japan aus offizieller amerikanischer Sicht darum ging, den Waffengang ohne weitere konventionelle Einsätze mit Tausenden von Opfern unter den eigenen Leuten beenden zu können. Andererseits wurde Oppenheimer vom amerikanischen Geheimdienst verdächtigt, geheimes Wissen an die Sowjetunion weitergegeben zu haben,

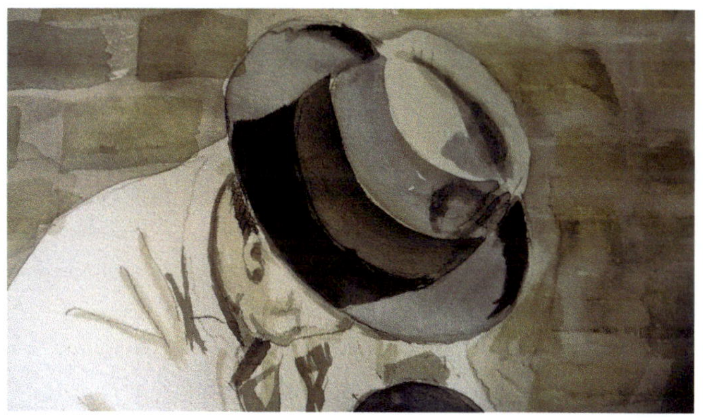

weil das FBI davon ausging, dass er mit Kommunisten sympathisierte. Jenseits außenpolitischer Interessen einzelner Länder und ideologischer Fragen bestand aber auch aus politischer und moralischer Sicht ein vitales Motiv, Informationen über den Bau der Atombombe weiterzugeben, denn nur geteiltes Wissen würde die Erpressung der Welt durch ein einziges Land verhindern können, das andernfalls in der Lage gewesen wäre, die Atomtechnik zu monopolisieren.[12]

Beuys hatte sich schon zuvor mit problematischen Personen, Körpern, Objekten und Versuchsaufbauten auseinandergesetzt, wobei er sich – selbst auf der Suche nach dem Anderen und Verlorenen – mit ihnen identifizierte. Ich habe diese Herangehensweise oben Egokonversion genannt, und auch im Falle Oppenheimer ist eine solche Identifikation durch Anverwandlung möglich, zumal sie im Bereich einer Fehlstelle stattgefunden hätte, die auf einen blinden Fleck hinweist. Dieser bestand nämlich bei Beuys auf dem Gebiet der Atomphysik. Es fällt auf, dass Oppenheimer auf der Liste von Wissenschaftlern, darunter zahlreiche Physiker, fehlt, die Beuys anlässlich seiner Teilnahme am *24 Stunden Happening* 1965 in Wuppertal angelegt hatte. Vielleicht lag es an der Überforderung, die auch darin bestand, wissenschaftliche Innovationen mit strategischen Fragen verknüpfen zu können. Da es unwahrscheinlich ist, dass Beuys Oppenheimers Funktion und Namen nicht kannte, ist es möglich, dass Beuys eine Nähe oder sogar Sympathie mit dem Atomphysiker auf der Grundlage von dessen fatalen Konflikten gefühlt hatte, die daher rührten, dass er eine furchtbare Waffe entwickelt hatte, die anschließend seiner Verfügungsgewalt entzogen worden war.[13] Amerikanische Atomwaffen trugen dazu bei, den Krieg gegen die Nazis zu beenden und halfen, mit der Westorientierung der Adenauerregierung einhergehend, die Vorherrschaft der Amerikaner in Europa zu sichern. Diese festigte die Spaltung Eurasiens und war nicht mit den Vorstellungen, die Beuys hatte, vereinbar. Um also seine Anziehung zu der ambivalenten Leistung der Entwicklung von Atomwaffen weiter zu verfolgen, sollen in diesem Kapitel noch weitere Gesichtspunkte gesammelt werden.

Gerade weil Hüte bis Ende der 1960er Jahre Bestandteil der Männermode waren, sagen sie oberflächlich gesehen mehr über die Zugehörigkeit von Menschen zum Bürgertum aus als über sie persönlich. Erst als in den 1970er Jahren das Tragen von Hüten selbst ein „alter Hut" wurde, konnten Hüte als Kennzeichen von Individualität wahrgenommen werden. Fast wichtiger als der Hut selbst, wurde die Penetranz mit der Beuys seinen Hut entgegen allen Gepflogenheiten z. B. in geschlossenen Räumen trug. Dazu kam noch die Legende, die besagte, er müsse seinen Köpf schützen, weil darin eine Metallplatte eingebaut wäre. Doch verbarg er einfach nur seine Glatze, auf der keine Narben zu erkennen waren. Die Fotos, die 1980 auf den Seychellen entstanden sind, zeigen einen unbehuteten und entspannten Mann mittleren Alters in Urlaub.[14] Dieser zivile Beuys, der in seiner Heimat kaum anzutreffen war, verdeutlicht, wie stark die üblicherweise in Umlauf befindlichen Bilder ein Image von diesem Künstler gefestigt haben, und wie stark das Bild von ihm durch Bildpolitik und -propaganda geprägt worden ist.

Den breitkrempigen dunklen Hut, der auf den Fotos der ersten Aktion zu erkennen ist, ersetzte Beuys Ende der 1960er durch einen Stetson mit einer schmaleren nach oben gezogenen Krempe, der ihn nun eleganter erscheinen ließ. Erst seit 1969 sah man ihn mit dem edler aussehenden Stetson Oberlin aus beigem Filz, der eine bewusste Auseinandersetzung mit dem Hut als Insignie der Macht konkretisierte. Gerade während der Hut als Kopfbedeckung von Industriekapitänen und Kanzlern von Ludwig Erhard über Kurt-Georg Kiesinger bis Willy Brandt im Niedergang begriffen war, füllte Beuys als Künstler die im Establishment aufgerissene Lücke und unterstrich so seinen Machtanspruch.

Historisch bedeuten Hüte ein Zeichen theologischer Gelehrsamkeit und patriarchaler Macht und das muss Beuys klar gewesen sein, als er unter die Liste der 27 Wissenschaftler schrieb: „«Yes» sagte der Hirschführer. «No» sagte der Chef des Hirschführers." Dieser Dialogfetzen fragt nach einem, der das Sagen hat. Da wir wissen, dass es Beuys als Soldat weder geschafft hatte, Führer eines Flugzeugs noch einer Einheit zu werden, und er auch in der akademischen Hierarchie unten rangierte, können wir besser beurteilen, mit welch ambivalenten Gefühlen er die Liste von Gegenständen und Anweisungen abgearbeitet hat, die Maciunas ihm zur Vorbereitung des Fluxusfestivals in der Düsseldorfer Akademie übermittelt hatte. Sollte er das Hirschführerzitat auf sich bezogen haben, so bezeugt es die Chance, die Beuys darin sah, sich das Feld der Aktionskunst zu erobern. Doch die Aufgabe bestand wohl darin, den Weg vom Hirschführer, der ein Kommando gibt, zum „Chef des Hirschführers" zurückzulegen. Man könnte viel über den Hirschen als altes religiöses Symboltier schreiben, das weit in die Geschichte bis in das Alte Testament und das Judentum zurückreicht, doch hülfe es nicht weiter, weil hier das Motiv der sich aufhebenden Befehle, mithin der Blockade im Vordergrund steht und im Kontext der Liste auch mit der Rolle der Naturwissenschaftler korreliert, die bedeutende Entdeckungen machten, ohne selbst daraus Machtpositionen außerhalb der Hochschulen ableiten zu können. Eine Ausnahme war Oppenheimer, der zum Leiter des „Manhattan Projects" in Los Alamos ernannt wurde, das für Entwicklung und Herstellung der Atombombe steht, weshalb Oppenheimer über gewaltige Anteile des

Staatsvermögens verfügen konnte, diese Macht jedoch sofort wieder verlor, als die Waffe entwickelt und der Verfügungsgewalt der Regierung und des Militärs unterstellt worden war.

Ein Brief an Vostell vom 3. Nov. 1964 lässt erkennen, in welcher Weise Beuys über Hierarchien und auch über die Außenwirkung seiner Teilnahme an Fluxusaktionen nachgedacht hat. Beuys äußert sich darin besorgt darüber, dass Fluxus wegen der Haltung zu den Institutionen bei Kritikern schlecht angesehen sein könnte. Er schrieb: „(...) Fluxus neigt also dazu, Oper und Theater (Kaprow, Stockhausen, etc.), die die Institutionalisierung der seriösen Kunst repräsentieren, abzulehnen, und ist stattdessen für Vaudeville oder Zirkus, die mehr die populäre Kunst oder gar nicht-künstlerisches Amüsement repräsentieren (und von »kultivierten« Intellektuellen schief angesehen werden)."[15] Nach seiner Teilnahme an der documenta 3 war er ein bildender Künstler, der an der Schwelle internationale Anerkennung stand und sann nun darüber nach, dass dieser Aufstieg gefährdet sein könnte. Wegen seiner Teilnahme an Fluxusveranstaltungen sah er die Gefahr, sich unbeliebt zu machen; denn im weiteren Verlauf des Briefs lässt er unvermittelt verlauten: „Ich bin nun mal gerade Vorsitzender...", um danach zu bedenken, was die Intellektuellen, also die Kritiker, wohl davon halten würden, die er als „kultiviert" apostrophierte.

Dieser Brief ist ein Zeugnis der Verunsicherung durch die neuen Herausforderungen, vor die ihn die Begegnung mit Fluxus gestellt hatte, dessen Vertreter er aufzählte, ohne in seinen akademisch geprägten Vorstellungen schon begriffen zu haben, wie die von Maciunas organisierte Struktur von Fluxus funktionierte. Nur so ist zu verstehen, dass er sich den Vorsitz von Fluxus in Europa anmaßte und obendrein noch den Adressaten des Briefs, nämlich Vostell, brüskierte, weil er versäumte, ihn in seine Mitgliederliste einzutragen. Das Verhältnis der beiden aktionistischen Protagonisten in Deutschland wurde nicht allein durch diesen Brief, der jedoch symptomatisch ist, dauerhaft belastet.

Gespanne

Wenn man die Frage nach dem Charakter von Paarungen oder Gespannen unter dem Aspekt der Konkurrenz stellt, ergibt sich eine große Anzahl von Beziehungen, die still oder gelegentlich auch spektakulär über die Kontinente hinweg in Szene gesetzt werden. Für seine 5. Aktion „Der Chef" bei René Block in Berlin hatte Beuys eine parallele Aktion mit Robert Morris verabredet. Als dieser im Oktober 1964 Düsseldorf besuchte, um seine Ausstellung in der Galerie Schmela einzurichten, hatte Beuys Morris vorgeschlagen, dass dieser am 1. Dezember parallel zu „Der Chef" eine Aktion in New York durchführen sollte. Diese Verabredung verbindlich voraussetzend, hatte Beuys sie auch auf dem Plakat ankündigen lassen, während Morris sie vergaß oder auf eine bestätigende Nachricht von seinem Kollegen gewartet hatte. Was Beuys als eine magische transatlantische Wechselbeziehung mit Morris vorgeschwebt hatte, materialisierte Nam June Paik durch Videoevents. 13 Jahre nach der misslungenen Parallelaktion sendete der Hessischen Rundfunk life Paiks Videoevent zur Eröffnung der documenta 6 am 24. Juni 1977, und 6 Jahre später folgte zum Jahreswechsel 1983/84 ein als Satelliten-TV-Aktion weltweit ausgestrahltes Programm aus dem Centre Pompidou in Paris. An beiden Veranstaltungen war auch Beuys beteiligt und konnte erleben, dass der mediumistische Charakter paralleler Aktionen durch Video technisch zu verwirklichen war. Die ursprünglich als ein telepathisches Experiment gedachte Aktion, die Beuys mit Morris vorgeschwebt haben mochte, war nun 13 und 20 Jahre später durch Telepräsenz technisch durchführbar und für ein allgemeines Publikum nachvollziehbar geworden. Die elektronischen Medien erlaubten es, die Geisterhaftigkeit immaterieller Begegnungen sichtbar zu machen, und hatten somit einen Aspekt dessen materialisiert, was unter der Idee eines Gespanns – das nun auch transatlantisch funktionierte – zu verstehen ist. Hier wurde ein Weg beschritten, der in den letzten Jahren durch einige Ausstellungen gewürdigt worden ist, die der Wechselbeziehung von Telepathie und elektronischen Medien gewidmet worden sind.[16] Inzwischen hat die Kommunikation über soziale Medien etwa mittels Smartphones die Wunschvorstellungen der Pioniere alltäglich werden lassen, die nicht einmal in der Science-Fiction als Möglichkeit ausgemalt worden sind[17], was nicht verwundert, wenn man berücksichtigt, dass ihnen noch in den 1960er Jahren der Anschein von Magie anhaftete.

Was nun die Praxis dessen betrifft, was hier Gespann genannt ist, so gab es nicht viele Künstler, die mit Möglichkeiten experimentierten, die über die Banalität eines routinierten Alltags hinausgingen. Besonders aber wurden die Wünsche und Bedingungen von Kommunikation, Verstehen und Nähe von einigen Performancekünstlern erforscht, die jenseits aller Gewohnheiten „Schönheit und Mörderisches ihrer Verbindung wiederholt ausschöpften, bis die Zärtlichkeit durch Vervielfältigung und Zeit in Grausamkeit und Zerstörung kippte."[18] Dies galt für die bis dahin unvergleichlichen Beziehungsarbeiten (Relation Works), mit denen Marina Abramoviç mit ULAY und ULAY mit Marina Abramoviç zwischen 1976 und 1987 die Kraft und Ausdauer erforschten, die sich aus Körpern schöpfen lässt. Tehching Hsieh und Linda Montano spitzten die Möglichkeit, Ausdauer und Nähe zu erproben noch einmal zu, indem sie sich tatsächlich mit einem Seil aneinander spannen ließen. Mit ihrer „One Year Performance 1983–1984" realisierten sie ein künstlerisches Projekt, das gesellschaftlich relevante Verhaltensmuster mit Methoden dekonstruierte, die ihre

Wurzeln in der Body Art haben: Am 4. Juli 1983 wurden beide Künstler mit einem knapp 2½ Meter langen notariell versiegelten Seil verbunden. Am Anfang der Aktion stand ein Statement mit den Bedingungen der Performance:

„Wir, Linda Montano und Tehching Hsieh, planen eine Performance, die ein Jahr dauert. Wir werden ein Jahr lang zusammen und nie alleine sein. Wir werden gleichzeitig in einem Raum sein, den wir betreten haben. Wir werden an der Hüfte mit einem 2,44 Meter (8 ft.) langen Seil zusammen gebunden sein. Wir werden uns während des ganzen Jahres nicht (gegenseitig) berühren. Die Performance wird am 4. Juli 1983 um 6 Uhr beginnen und bis zum 4. Juli 1984 um 6 Uhr dauern."

In die „One Year Performance 1983–1984" brachten beide Künstler eigene Erfahrungen ein. Hsieh hatte damals drei jeweils einjährige Dauerperformances hinter sich, und Linda Montano war 1973 drei Tage lang mit Handschellen an ihren Kollegen, den Konzept-Künstler Tom Marioni, gefesselt gewesen. Beide hatten den Horizont der Live-Art durch ein tagelanges Experiment erweitert, um über die Begrenzungen individueller Erfahrungen hinauszugehen. Statt sie durch wechselnde Rückzugsmöglichkeiten zu verbergen oder zu verwischen, wollten Montano und Marioni „wechselseitig (mutual) Bewegungen und Äußerungen beobachten".[19] Alle Geschehnisse dieser Tage wurden auf Grundlage des Konzepts überprüft, womit die Grenzen zwischen Kunst und Leben – damals im Sinne der Body Art – ausgelotet wurden. Die Zusammenarbeit mit Hsieh sollte diesen Ansatz 10 Jahre später radikalisieren und erforschen, wie Kunst in Leben eingreifen kann, um Konventionen außer Kraft zu setzen. Neben der Neubestimmung von Beziehungen ging es auch um einen humanistischen Anspruch. Die Aktion zwang in diesem Fall beide Künstler, sich während der 24 Stunden des Tages aufeinander einzustellen.

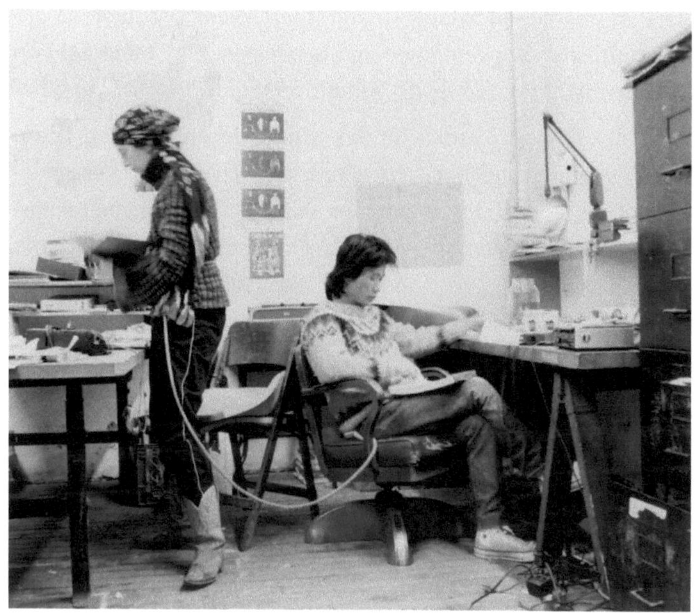

28 Linda Montano und Tehching Hsieh. One Year Performance 1983 – 1984, Foto des Autors am 13. Februar 1984 im Loft Hsiehs in 111 Hudson Street, VG Bild Kunst 2016

Waschen, Duschen, Essen, Toilettengänge, Arbeit, Schlafen und alle anderen Abläufe und Tätigkeiten mussten kommuniziert und aufeinander abgestimmt werden.[20] Die Aktion stellte an beide darüber hinaus nicht nur wegen der Verlautbarungen, Gespräche, Interviews, Medienberichte, Fototermine etc. sondern auch wegen der Aufmerksamkeit, die sie füreinander aufbringen mussten, besondere Anforderungen. Hsieh betrachtete die Ein-Jahr-Performance deshalb als eine verbindlichere Angelegenheit als eine Heirat, bei der ja die Möglichkeit der Scheidung vorgesehen ist. Für ihn war die Aktion viel grundlegender, weil sie nicht der Reproduktion und der gesellschaftlichen Arbeitsteilung diente, sondern die Stärke zweier Individuen manifestiert, die bereit sind, die gesellschaftlichen Konventionen zu übersteigen. Ein Statement von Hsieh verdeutlicht, wie er die Aktion verstand:

„Ein Jahr ist mein Symbol für ein ganzes Leben, für ewig. Zwei Personen sind mein Symbol für Menschen. Ich empfinde es als ein Symbol des Überlebens, wenn man durch ein Seil mit einer anderen Person verbunden ist. Wir treten ins Leben und haben uns mit anderen Menschen auseinanderzusetzen. Wir können nicht allein überleben ohne andere Menschen. Wir berühren uns nicht und das hilft uns, uns bewusst zu sein, dass diese Beziehung zwei Individuen verbindet, die dennoch unabhängig sind. Es ist nicht so, als wären wir ein Paar. Wir sind zwei verschiedene Individuen. Eine Heirat ist etwas anderes. Man kann sich als eine Einheit fühlen, wenn man verheiratet ist, und wenn man nichts mehr füreinander empfindet, kann man sich scheiden lassen. In diesem Stück ist das nicht so. Selbst wenn wir das Seil zertrennen würden, wäre das Stück nicht beendet... wir haben uns weiterhin mit anderen Menschen auseinander zu setzen, um zu überleben."[21]

Für Hsieh stand die vertragliche Dimension im Vordergrund. Durch den Notar beglaubigt, umfasst sie auch die sozialen Verpflichtungen, die sich in einer Beziehung niederschlagen. Sie verbindet nicht bloß zwei Individuen, sondern reicht über Familie, Freunde, Beruf und Nachbarn hinaus noch tiefer in das gesellschaftliche Gefüge. So kommt sie dem Anliegen der „sozialen Plastik" von Beuys nahe, die innerhalb der Rahmenbedingungen ein Hochgefühl repräsentiert, das Adrian Heathfield als „altered life" bezeichnete.[22] Es ist nicht unwichtig, dass diese Charakterisierung dem deutschen Begriff für die Feier einer Trauung ähnlich ist, denn die Hochzeit ist ein kollektiv gefeiertes Initiationsritual, das nicht nur die Selbstverpflichtung eines Paars besiegelt, sondern auch dessen Integration in die Gesellschaft, die durch anwesende Familienmitglieder und gesellschaftliche Würdenträger repräsentiert wird. Die Produktion von Aufmerksamkeit schärft Sinne und Verstand und wird in der Kunstaktion erreicht, indem die Intensität des Lebens unter ein konzeptuelles Kunst-Verdikt gestellt wird.

Für den hier erörterten Zusammenhang von Gespannen in der Kunst ist außerdem von Bedeutung, dass Hsieh 1974 als Seemann aus Taiwan illegal in die USA eingereist ist und erst 1988 als Staatsbürger legalisiert worden ist. Wir haben es also neben dem Ringen um Anerkennung als Künstler auch mit dem Streben eines Emigranten nach Integration in eine Gesellschaft zu tun. Sein Überleben in Manhattan hatte über 14 Jahre lang von der Solidarität und den Hilfeleistungen von Freunden, Förderern und Bekannten abgehangen. In dieser Zeit war die Serie der „One Year Performances" ein Ringen darum, den eigenen Weg zur Kunst mittels Aktionskunst durchzusetzen und eine Statusveränderung im Sinne einer Selbstinitiation zu erlangen. In diesem Punkt traf sich seine Absicht mit dem Streben von Montano, die in den 1970er Jahren als feministische Künstlerin von der Performances ignorierenden Kunstwelt keinerlei Rückhalt zu erwarten hatte, in der Zeit der Konsolidierung der Performancekunst ihre eigenständige spirituelle Praxis der Verbindung von Kunst und Leben weiterzuentwickeln[23]. Diese spezifische "One Year Performance 1983–1984" konstituierte außerdem ein transpazifisches Gespann, das geographisch ein Gegenstück zu den im Folgenden zu bestimmenden Konstellationen bildete.

Materielle und immaterielle transatlantische Gespanne

Ehe die Aufmerksamkeit als Parameter der Kunst im Netz erkannt und diskutiert wurde, verließen sich Künstler auf diese „Ressource", wie sie um 2000 genannt wurde[24], denn sie waren ja die Experten für Bilder und durch die Aktionskunst auch diejenigen, die Ereignisse herstellten konnten. Während des Happenings „You", das Wolf Vostell am 19. April 1964 in Great Neck auf dem Grundstück von Bob und Rhett Brown auf Long Island durchführte, ließ sich Vostell mit Handschellen an Allan Kaprow ketten. Es war eine Gelegenheit für den Deutschen, die Aufmerksamkeit auf sich zu ziehen, während er in der New Yorker Happening-Szene reüssierte. Die Koppelung mit Kaprow unterstrich medienwirksam eine transatlantische Freundschaft und sendete Signale nach Europa aus. Die Verbindung der beiden wurde sogar dramatisiert, weil jemand den Schlüssel für die Handschellen verlegt, verloren oder weggeworfen hatte, so dass die Kette zwischen beiden mit einer Handstahlsäge getrennt werden musste. Darin zeigte sich allerdings auch, dass die Aktion als Demonstration von Vostell inszeniert worden und nicht als ein künstlerisches Experiment gedacht war, in dem beide Seiten gleichberechtigt und in freier Entscheidung zusammengekommen waren. So hatte Vostell einen weiteren Schritt getan, um aufzuholen und Kontakte zu knüpfen. Auch nach den Fehlschlägen, die er mit französischen Künstlern wie Jean-Jacques Lebel und den Affichisten erlebt hatte, war sein Happening in den USA ein wichtiger Schritt, um sich international zu profilieren. Besonders musste er die Widerwilligkeit der deutschen Kunstszene und ihrer Kunstkritiker durchbrechen, die gerade einmal die Pop Art zur Kenntnis genommen hatten, Happenings aber ablehnten.

Während des Happenings „You" hatte Vostell außerdem mit Pigmenten gearbeitet, wie er sie drei Monate später bei der Aktion in Aachen abermals einsetzte, wo er die Bühne nach der amerikanischen Erfahrung mit geschwellter Brust betreten konnte, was den älteren, aber damals noch nicht aktionserprobten Beuys erheblich genervt hatte. Denn dieser folgte mit seinem Angebot an Mor-

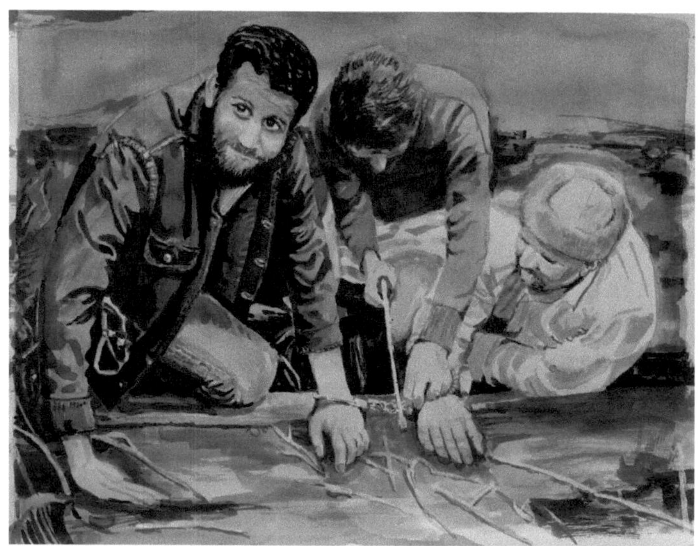

29 Wolf Vostell und Allan Kaprow auf dem Gelände von Robert Brown in Kings Point, N.Y. nach dem Happening „You" von Vostell am 19. April 1964. Ben Vautier hatte beide Künstler mit Handschellen aneinander gefesselt. Wegen des verschwundenen Schüssels mussten sie mittels Eisensäge getrennt werden. Foto: Peter Moore. Illustration des Autors nach der Abb. aus dem Band José Antonio Agundez Garcia, 10 Happenings von Wolf Vostell, 2002, S. 92f.

ris, mit dem er sich besser verstand als mit Kaprow und Maciunas, ähnlichen Ambitionen hinsichtlich einer transatlantischen Partnerschaft, die jedoch noch nicht durchschlagend war, weil er von Maciunas nicht als Mitglied der Fluxusgruppe akzeptiert wurde. Außerdem schwebte Beuys eine andere eher immaterielle Kommunikation vor als die, die der akkurate Buchhalter des Fluxus-Netzwerks durch Rundbriefe praktizierte. Um seine „Eroberung" Amerikas zu realisieren, musste Beuys, durch die Entwicklung gedrängt, andere Wege finden, um entsprechende Kontakte anzubahnen und nutzbar zu machen. Aus diesem Grunde kann man auch vermuten, dass Beuys' Äußerungen gegen den Materialismus nicht nur philosophischer Art waren, sondern konkret mit seinen transatlantischen Kontakten zu tun hatte, die er ohne technologische Hilfsmittel auf einer spirituellen Ebene zum Laufen bringen wollte. Hierin offenbart sich, dass der Glauben, das „geistige Wesen"[25] im Rahmen von Fluxus verwirklichen zu können, ein Irrtum war.

Gespann als Machtdemonstration

Wie schon 1969 als Beuys auf Einladung von Claus Peymann eine Theaterarbeit angenommen hatte, spielte er keine Rollen, sondern seine Verkörperung manifestierte eine innige Annäherung an Personen. Daher ist auch anzunehmen, dass solche Demonstrationen, wie man besser sagen sollte, die Auswirkungen mit und Erfahrungen von Macht zu kontrollieren versuchten, wozu Beuys deren Insignien in Form von Kleidungsstücken und Accessoires zur Geltung brachte. So auch am 10. Oktober 1972, als er nach seinem Rauswurf in der Kunstakademie auftauchte.

Nachdem der Wissenschaftsminister Polizei in die Akademie entsandt hatte, um Beuys am Betreten der Diensträume zu hindern, war dieser schon vor Ort und durchschritt mit erhobenem Haupt das Spalier der Staatsmacht in Stiefeln und einem Schweizer Militärarztmantel. So unterstrich er gezielt seine Rolle als Anführer und Soldat, so dass die Polizei wie ein etwas deplatziertes Begrüßungskomitee wirkte. Die Gewandung des vertriebenen Professors gibt der Auseinandersetzung mit der Hochschulleitung und dem Ministerium den Anschein eines Gefechts, nach dessen Ende der Sanitätsoffizier Beuys die Versorgung seiner Truppe übernommen hat. Der Schar von 54 Studienbewerbern gegenüber, die er den Verfügungen und Erlassen trotzend in seine Klasse aufgenommen hatte, nahm er die Rolle eines Heilers an, der den Schutz des Roten Kreuzes reklamierte. Dieses hatte er schon als Braunkreuz als Siegel seiner Arbeiten auf Papier und von Fluxusaktivitäten benutzt.

Dass die militärischen Elemente bewusst gewählt waren, bestätigt ein weiterer Auftritt von Beuys in demselben Schweizer Militärmantel anlässlich der Eröffnung der Präsentation von „Arena“ am 30. Okt. 1972 in der Galleria L'Attico in Rom.[32] Hier führte Beuys „spontan eine Aktion *Anacharsis Cloots*, benannt nach der von ihm seit jeher verehrten Persönlichkeit, bei der er Auszüge aus der Biographie dieses anarchistischen Revolutionärs des 18. Jahrhunderts las, der wie er selbst aus Kleve stammte“[33], durch. Am Ende verbeugte er sich, wie es von Cloots auf dem Weg zur Guillotine berichtet wurde, nach vorne, nach links und nach rechts. Entscheidend ist jedenfalls, dass sich Beuys während dieser Aktion durch die literarischen und habituellen Zitate sowohl mit Cloots als auch mit seiner eigenen Vergangenheit als Soldat identifizierte und diese durch den spielerischen Ernst der Aktion würdevoll in Szene setzt. Diese Annäherung an die Funktion eines Heilers oder besser gesagt eines Wundarztes unterstreicht nicht zuletzt die durch den Krieg und seine Folgen versperrte Möglichkeit, seinem Wunsch gemäß Kinderarzt zu werden. Dass Beuys dieses Bild einsetzte, nachdem man ihn von der zweiten beruflichen Position seiner Wahl entfernt hatte, signalisiert zudem, dass er diese Berufe in sich akkumulierte, wo sie als eine innere Schichtung erkennbar werden, die sein Image in der Öffentlichkeit bestimmte. Aus dieser Perspektive zeigen sich auch frühere imaginäre berufliche Vorstellungen wie die des Hirten oder Hirschführers diesem Selbstbild zugehörig.[34] In der Aktion „I like America and America likes me“ wurde diese Konstruktion der geschichteten Identität wirkmächtig zu einem Gespann zusammengefügt, das als Tier den Kojoten, als Gegenstände die Filzdecken und die Zeitungsstapel umfasste sowie als Insignie der Macht den Krummstab mit einschloss.

Kreative Gangster

Beuys' Herangehensweise wurde schon früh als „explorative Methode“ identifiziert und entsprach damals dem, was heute „künstlerische Forschung“ genannt wird. Adriani, Konnerts und Thomas teilten das in allgemeiner Form mit, als sie Beuys bescheinigten, er habe im Schauspiel Frankfurt mit „Iphigenie/Titus Andronicus“ am 29. und 30. Mai 1969 „durch Einbeziehung fremder Materialien verlorengegangene Bedeutungszusammenhänge für seinen Bewusstmachungsprozess nutzbar (ge)macht.“ Die Beuysbiografen unterließen allerdings eine Konkretion. Ist das Pferd auf der Bühne ein Wesen oder Material? Auch erfährt man nicht, welche Zusammenhänge gemeint sind und welche Schlussfolgerungen die Autoren aus diesem thesenhaften Satz gezogen haben.

Vorspiel in der Antike: Iphigenie und Orest

Antike Theaterstücke lassen uns erleben, welche Möglichkeiten Autoren vor 2000 Jahren dafür gefunden haben, grauenvolle Ereignisse auf der Bühne darzustellen. Im Gegensatz zu der täglichen Dosis von grauenhaften Bildern, Filmen und Videos die unsere Sinne abgehärtet haben, verzichteten die hellenischen Dramatiker darauf, das Schlachtengetümmel in der Bucht von Salamis oder das Gemetzel der Medea auf der Bühne auszubreiten.[35] Sie zogen es vor, das Geschehen durch Monologe von Boten und Dialoge zur Sprache zu bringen. Dieser Ansatz ist grundsätzlich unterschieden von den Möglichkeiten, die bildende Künstler nutzen, und allein dieses Segment der Geschichte der Künste zeigt schon, dass unter Performance jeweils etwas anderes verstanden wird, wenn Medien-, Theater- oder Kunstwissenschaftler darüber reden oder Schauspieler, Tänzer, Regisseure oder bildende Künstler als Performer agieren. Um es zu polarisieren: Im Theater basiert die Performance auf Sprechakten, also der Performanz, wogegen in der bildenden Kunst die räumliche und zeitliche Erweiterung eines statischen Werks darunter verstanden wird. Die Unterschiede galten erst recht noch in den 1970er Jahren, als die Theaterarbeit von Beuys eine exemplarische Schnittstelle bildete. Dabei ist es bezeichnend, dass der um eigene Statements nie verlegene Beuys es auf der Bühne vermied, den Text einer Rolle zu sprechen. Nur wenige Sätze kamen aus seinem Mund, während die meisten Textpassagen von Peymann oder Wiens zuvor auf Tonband aufgezeichnet worden waren, damit sie bei der Aufführung abgespielt werden konnten. Somit umging Beuys die gattungsspezifische Besonderheit des Theaters.[36] Das dramatische Geschehen war geradezu in den Körpern von Mensch und Tier versenkt worden, was die Gegenwart des Pferdes durch sein gelegentliches Schnauben noch unterstrich. Auf der Bühne stand das Schweigen der Väter, auf deren Einlassungen die Generation der Kinder und Protestierenden damals häufig vergeblich wartete.

Die in diesem Buch behandelten Zusammenhänge von Krieg und Gewalt lassen es plausibel erscheinen, dass sich Beuys auf diesen Auftritt eingelassen hatte, weil ihn die Frage von Schuld und Sühne, von kriegerischem Wahnsinn und seiner Heilung – also Aspekte, die in der Figur des Orests personifiziert sind – beschäftigten. Das im Titel adressierte zweite Stück *Titus Andronicus* von Shakespeare blieb in der Aufführung weitgehend unberücksichtigt, steht aber auch für den Blutrausch, der das Leben der Familie des Agamemnon überschattet. Orest wird nach dem Mord an seiner Mutter von Erinnyen verfolgt und sucht in seiner Verzweiflung das Orakel in Delphi auf. Dort rät ihm Pythia, auf das Schwarze Meer hinaus zu segeln, um die hölzerne Statue der Artemis aus Tauris, der heutigen Krim, zu rauben. Als er im Land der Taurer landet, von denen es heißt, dass sie alle ankommenden Fremden opfern würden, erkennt er in der dort tätigen Opferpriesterin seine

Schwester Iphigenie. Die Geschwister offenbaren sich ihr Schicksal, und Orest wird von den Erinnyen befreit; denn es gelingt ihm, die Statue zu entwenden und nach Attika zu bringen.

Das Leben der Geschwister war schicksalhaft blutgetränkt, und sie arbeiten sich unabhängig voneinander daran ab. Als beider Vater Agamemnon nämlich, um günstige Winde für die Überfahrt nach Troja bittend, seine Tochter opfern wollte, wurde Iphigenie von Artemis gerettet und nach Tauris entführt, wo sie als Priesterin der Jagdgöttin danach strebte, Menschenopfer abzuschaffen. Auch deshalb entging Orest dem Tod und fand zu seiner Schwester. Durch den Raub der Artemisfigur gelang es ihm zugleich, die ihm nachstellenden Erinnyen abzuschütteln, also sein Trauma zu überwinden, das er durch die Gewalt in seiner Familie erlitt. Er selbst wurde letztlich zum Mörder, als er den Mord an seinem aus Troja heimkehrenden Vater Agamemnon rächte, indem er seine Mutter Klytämnestra und ihren zweiten Mann Ägist umbrachte.

Schneede erwähnt, dass Beuys' Sohn Wenzel ihm gegenüber bestätigt hätte, dass Beuys dem Schauplatz des Dramas – Tauris oder Chersonesos war der antike Name der Krim – Autobiografisches abgewinnen konnte. In dem Stück gibt es aber noch weitere weniger anekdotische Anknüpfungsmöglichkeiten, die mit Beuys zu tun haben; denn neben dem Schauplatz bestimmen die Schuldgefühle und Ängste, die den Mörder der Mutter in der Gestalt der Erinnyen plagen, einen Teil der Handlung. Dass antike Stoffe nach dem Krieg auf den Spielplänen vieler Bühnen standen, hatte natürlich auch damit zu tun, dass sich Menschen, deren Beziehungen durch den Zweiten Weltkrieg zerrüttet worden waren und die mit traumatisierten Familienangehörigen zu tun hatten, in solchen Aufführungen wiederfinden konnten. Während wir statt von Wahnsinn heute von posttraumatischen Belastungsstörungen (PTBS) sprechen, nahmen die antiken Griechen an, dass Erinnyen einen Menschen verfolgten würden, die Ranke-Graves für „personifizierte Gewissensbisse"[37] hielt. Bei Orest hatte das im Theaterstück die Auswirkung, dass er, mit dem Schiff auf Tauris angekommen, zu blöken begann wie ein Kalb und jaulte wie ein Hund. Das geschah, als die Hirten ihn und seinen ihn begleitenden Gefährten Pylades in ihren Verstecken aufstöberten und anbeteten, weil sie die beiden für Unsterbliche hielten. Diese Stelle ruft unweigerlich das Gestammel und die Tierstimmen wach, die Beuys bei seinen Aktionen vernehmen ließ. Denkt man etwa an das „öh, öh" des Hirschen aus der Filzrolle bei der Aktion „Der Chef", so kann man erkennen, dass der Übergang in eine als geheiligt angenommene Existenz von der Identifikation mit Tieren begleitet ist. Ferner ist daran zu erinnern, dass der Schrei eines Hirschen ein frühes Symbol der Transzendenz ist, das ihn mit Iphigenie verbindet, deren Schuldgefühle die Gestalt einer Hirschkuh angenommen hatten, die statt ihrer als Opfer für günstige Winde dargebracht wurde. So konnte die Tochter des Königs von Artemis nach Tauris entführt werden, um dort selbst Opferpriesterin zu werden. Als solche hätte sie auch ihren Bruder Orest und Gefärten Pylades opfern müssen, bis sie ein Traum eines Besseren belehrte. Statt dessen gelang es beiden, den König der Taurer hinzuhalten, bis die Schiffe nach Attika ablegen konnten, was als Überwindung der Praxis der Menschenopfer gedeutet wurde.

Ein weiterer für den Bildhauer Beuys nicht unwesentlicher Aspekt des Mythos ist die Artemisfigur, die Orest entwendete, um sie in einem anderen Heiligtum aufzustellen. Statt einen Künstler zu beauftragen, eine neue Figur herzustellen, entwendete Orest eine schon vorhandene und noch dazu in der Obhut seiner Schwester befindliche archaische Figur, die im Vokabular des 20. Jahrhunderts als Ready-Made angesprochen werden könnte. Im christlichen Sinn aber entspricht die schon stark ramponierte Figur eher einer Reliquie, wie sie ausgestellt wurde und wird, um die Attraktivität eines religiösen Zentrums zu erhöhen. Als ehemaliger Katholik konnte Beuys mit solchen Kontexten etwas anfangen, denn er selbst gab die Herstellung von sakralen Figuren auf, die er anfänglich in kirchlicher Tradition stehend anfertigte, um sich auf Fundsachen zu konzentrieren, die er für seine Installationen verwendete. Die Theatererfahrung in Frankfurt zeigte ihm damals aus einer anderen kunstgattungsspezifischen Perspektive, wie sich jemand nah am Wahnsinn bewegen konnte, um sich in einem dynamischen Prozess fesselnden Traditionen und Denkweisen zu entwinden. Dieses zu tun, war ihm nun auch als Aktionskünstler im Theater möglich, obwohl er sich außerhalb der sprachlichen Ebene auf der Bühne durch eine Mythe/Sage arbeitete. Es ist davon auszugehen, dass Beuys sich darüber im Klaren war, welche Macht die Figuren, mit denen er sich auseinandersetzte, über ihn hatten. Auch ahnte er die Chancen, die sich boten, wenn er sich auf diese Weise dem Grauenhaften anverwandelte; denn der schon in Sprache gefasste Stoff stellte für ihn eine Entlastung dar, die ihm ermöglichte, die Ebene der leiblichen Repräsentation dramatischer Ereignisse zu erkunden.

Joseph Beuys als John Dillinger

Joseph Beuys' Auftritt als John Dillinger bei seinem ersten Besuch in Chicago am 14. Januar 1974 könnte als Rollenspiel bezeichnet werden. Beuys stieg vor dem Biograph-Kino in der North Lincoln Avenue aus dem Auto und spielte die Hinrichtung des verurteilten mehrfachen Raubmörders, der sich seiner Todesstrafe durch Flucht entzogen hatte, als ein Solo. Nach einem Kinobesuch wurde Dillinger am 22. Juli 1934 von FBI-Beamten vor dem Kino gestellt und an Ort und Stelle mit Geschossen durchsiebt. Beachtlich ist die aus der Fotoserie von Klaus Staeck herauszulesende Leichtigkeit und Bereitschaft zur Improvisation, mit der Beuys sich spielerisch in einen Gesetzesbrecher verwandelte. Es sind die signifikanten Kleidungsstücke, also Beuys' Hut und sein Fellmantel, in denen er glaubwürdig als eine Figur der Geschichte erschien und doch zugleich er selbst war, also als eine Person der Gegenwartskunst erkennbar blieb. Je nach Informationen über die Hintergründe springen einem aus dem *persona*-Sandwich, mit dem beide zur Deckung gebracht worden sind, einmal Dillinger und ein anderes Mal Beuys ins Auge.[38] Aber warum gilt dieses Spiel einem Gesetzesbrecher?

Die Energie des John Dillinger (1. Variante: Schuldgefühle) Es ist möglich, dass die weltweite Berichterstattung über Dillingers Hinrichtung durch das FBI 1934 den damals 13-jährigen Beuys erreicht hatte und ihn das gewaltsame Ende dieses Gesetzesbrechers ebenso erschreckt wie fasziniert hatte.[39] Vielleicht hatte diese Episode auch sein Amerikabild mit der Botschaft geprägt, dass man sich nimmt, was man braucht, wenn man bereit ist, das Risiko einzugehen, erschossen zu werden. Bezeichnend ist jedenfalls, dass sich Dillinger dem jungen Beuys bis zu seinem ersten Besuch in den USA 40 Jahre später eingeprägt hatte, wo ihn Erinnerungen und Recherchen bewogen, diese Szene in einem Live-Act zu aktualisieren. Seinem Begleiter Staeck gegenüber äußerte Beuys sein Interesse an diesem Gangster: „Ich lege großen Wert auf die Energie, die in einer Biographie wie der des John Dillinger liegt. Diese Energien, die beim Dillinger beispielsweise negativ gepolt waren, können einen positiven Impuls abgeben. Nach dem Motto: Unser Liebesimpuls für solche Menschen oder überhaupt Menschen ist dreifach: untermenschlich, menschlich und übermenschlich."[40] Für den in diesem Kapitel zur Diskussion stehenden Ansatz ist wichtig, dass Beuys hier von einem *Liebesimpuls*, also von einer irrationalen Energiequelle spricht und sie auf mehreren Stufen der Menschlichkeit ansiedelt, die von ihm ähnlich gestaffelt wird wie in der Psychologie das Bewusstsein (Unterbewusstsein, Ich und Über-Ich). Ein zweiter Aspekt ist die Umpolung des Negativen. Dazu hat Schneede Äußerungen aus verschiedenen Interviews mit Beuys zusammengetragen, die deutlich machen, wie sehr ihn das Böse faszinierte.[41] So sagte er Birgit Lahann, für ihn sei Hitler „ein großer Aktionist", der wie ein großer Gangster „seine schöpferischen Fähigkeiten negativ gebraucht"[42] habe. Unter dem Gesichtspunkt des Aktionismus hat ihn die Energie fasziniert, die das Böse im Kampf gegen seinen Antagonisten freisetzen konnte. Und inzwischen hatte er genug Erfahrungen als Performer, um zu wissen, welche Energien seine Aktionen benötigten bzw. durch günstige Umstände freigesetzt werden konnten. Diese haben natürlich mit den Energieschüben zu tun, die er während seiner Tätigkeit im Sturzkampfbomber, durch Amphetamine und Lebensgefahr angestachelt, erlebt hatte, so dass seine eigenen Aktionen selbst eine Umformung dieser von ihm als Soldat freigesetzten zerstörerischen Energie waren, die ihn mit dem Tod konfrontierte.

Die Personen, die Beuys aus verschiedenen Anlässen aufgeführt hat, haben jeweils auf ihrem Gebiet und zu ihrer Zeit Verbrechen begangen, Schuld auf sich geladen oder wurden bestraft, bzw. richteten sich selbst. Wenn er diese Biographien auf sich zog, indem er sie wie die Episode vom gewaltsamen Ende des Dillinger sogar nachspielte, zeichnete sich darin neben der Absicht der Identifikation konkret auch das Bemühen ab, zu verzeihen und Schuld abzutragen, die er nicht nur als Individuum, sondern auch als Angehöriger seiner Generation im Krieg auf sich geladen hatte. Es ging dabei auch um den Fluss von Lebensenergie. Im Moment, in dem der Kampf oder der Krieg als Energiereservoire endete, brach diese Energiequelle zusammen und es entstand eine

Leerstelle, die durch die Erschließung anderer Energiequellen aufgefüllt werden musste. In Amerika bekam Energie darüber hinaus noch eine weitere Bedeutungsebene durch die Notwendigkeit, die Theorie der *sozialen Plastik* und der Kreativität ins Englische zu übertragen. Beuys entschied sich für den Slogan: „the energy plan for the western man"[43], wodurch Leben, Technologie und Naturwissenschaft miteinander verzahnt wurden.

Erfahrungspool (2. Variante: Opfer) Auf den ersten Blick erscheinen die Handlungen, von denen hier die Rede ist, identifikatorisch, doch ist darüber hinaus festzustellen, dass Energieentfaltung, Traumata und fatale Ereignisse zusammenhängen und einen Erfahrungspool bilden, dessen Inhalte zwischen Menschen mit vergleichbaren Biografien wirksam sind und sich wie ein virtuelles Wurzelgeflecht zwischen ihnen ausbreiten. Außerdem können durch Nachspielen, also Re-doings und Re-Inszenierungen, historische Zusammenhänge mit der Gegenwart gekoppelt und so schließlich der Neubearbeitung und Umdeutung zugänglich gemacht werden. Neben der Darstellung und der durch die Aktion gesteigerten Energie lag das Eigeninteresse von Beuys nicht allein in der Heilung, sondern darüber hinaus auch in der Revision seiner bisherigen Erfahrungen mit Amerikanern als Feinden. Deshalb kann die Personifikation des Dillinger auch als eine Entlastung betrachtet werden, die dazu beigetragen hatte, dass Beuys als Künstler von seiner Vorgeschichte unbelastet in den USA auftreten konnte. Die Aktion „Dillinger" gestaltete daher Beuys' verinnerlichtes Amerikabild um und war folglich mehr als ein Rollenspiel, denn sie ermöglichte ihm durch Identifikation eigene Schuldgefühle auf Dillinger abzuwälzen, der sich dann im christlichen Sinn stellvertretend und schon im Voraus für den Künstler geopfert hätte. So gelang es Beuys durch Doubeln dieser *persona* auch Schuldgefühle zu kompensieren, die er nicht nur als Soldat akkumuliert, sondern mit der Aneignung der Methoden von FLUXUS und des Begriffs auf sich geladen hatte. Wie Dillinger sich das Geld aus den Banken holte, sich also materielles Kapital beschaffte, so hatte sich Beuys FLUXUS angeeignet, um seine im Krieg und während seiner persönlichen Krise hinter den Entwicklungen zurückgebliebenen Mittel zur Verwirklichung seiner künstlerischen Ideen umzubauen und aufzustocken, um sie auf den neuesten Stand zu bringen.[44] Man kann mit Beuys' Worten diesbezüglich vom immateriellen kulturellen Kapital sprechen, das er sich von jüngeren Kollegen angeeignet hatte. Insofern hat die Personifikation Dillingers, der sich seiner Strafe nicht entziehen konnte, für Beuys und seine durch die katholische Erziehung geprägte Seele, die für sündiges Handeln eine Strafe zu erwarten hatte, eine entlastende Wirkung. Da er der Kirche nicht mehr verbunden war, fand Beuys seine eigenen Wege der Vergebung. So konnte er nach der performativen Sühne auf die Bezeichnung FLUXUS verzichten und seine eigene Form der Aktions- und Installationskunst offensiver vertreten. Er sagte, er sei „mit nichts Sichtbarem nach Amerika gefahren (...) Sondern nur mit der Idee, eben der Idee der social sculpture"[45].

Identifikationsfiguren (3. Variante: Freibeuter) Dillinger hatte aber auch etwas, was Beuys nicht erreicht hat. Das Echo auf den lapidaren Satz, den Beuys als Untertitel der Ausstellung „Arena" wählte, „Wo wäre ich hingekommen, wenn ich intelligent gewesen wäre" hallt hier nach. Der Satz klingt wie eine Frage, doch ohne Fragezeichen ist er eine Aussage. Nachdem Hitler ihm und Millionen anderen, zum Aufbruch in eine neue Zeit bereiten Jugendlichen eine neue Welt vorgegaukelt hatte, hatte der junge Flieger Beuys durch das Kriegsfiasko alles, was er damals erträumt und worauf er sich eingelassen hatte, verloren. Vom Krieg gezeichnet, musste er wie die anderen Überlebenden in seine zerstörte Heimat zurückkehren. Diese deprimierende Situation ließ alles in einem anderen Licht erscheinen, und besonders andere Kontinente schienen außer Reichweite gerückt zu sein. Insofern war Dillinger, der den Alten Kontinent schon zuvor verlassen hatte und sich in der „Neuen Welt“ als Gangster einfach genommen hatte, was ihm gefiel, auch eine Heldenfigur, dessen Handeln von Unabhängigkeitsstreben durchdrungen war. Eine solche Haltung mag die jungen Soldaten anlässlich der Eroberungszüge zu Beginn des Krieges fasziniert haben, bis diese nach Kriegsende diskreditiert und sanktioniert worden war. Der gewaltsame Tod Dillingers kompensierte diesen Verlust gleichsam stellvertretend, weshalb er für den jungen Beuys, der sich im Krieg und in seiner Krise 1956/57 mit dem Sterben auseinandersetzen musste, eine Figur wurde, die auch wegen der Ferne – in Amerika und in der Zeitung – für ihn als Identifikationsfigur eine Distanz zu sich selbst ermöglichte. Diese Distanz verkürzte Beuys in Chicago, als er sich schließlich genau an den Schauplatz des Show-downs chauffieren ließ. Hier hatte es dann den Anschein, dass er die Wirksamkeit der Aktionskunst, die er sich in den vorausgegangenen 10 Jahren angeeignet und erarbeitet hatte, nun hinsichtlich ihrer Belastbarkeit in einer anderen kulturellen Umgebung überprüfen wollte.

In Bezug auf die Kunst der Moderne waren Fluxuskünstler Figuren, die eine negative Utopie verkörperten, als sie in den 1960er Jahren als Freibeuter in Europa auftauchten, denn sie traten ohne die Zertifikate von Akademien wie Artisten eines Wanderzirkus auf Festivals auf, die nur einen Abend dauerten. Das stieß in der Kunstwelt nicht einmal auf Unverständnis, denn man wollte diese Leute gar nicht zur Kenntnis nehmen, selbst wenn man sich über den Professor wunderte, der bei diesem Zirkus partiell mitmachte. Zuvor hatten schon die Surrealisten mit „Ersatzporträts“ Identifikationsfiguren verwendet, um die Aussagekraft ihrer bürgerlichen

Bildnisse in Frage zu stellen. Dazu verwendeten sie die Porträts bekannter zeitgenössischer Krimineller, die den illegitimen Status unterstreichen sollten, den Literaten und Künstler damals in den Augen der Offiziellen hatten. Sie sollten die Öffentlichkeit provozieren. Schließlich standen Beuys durch die Begegnungen mit Nam June Paik und Georges Maciunas künstlerische Mittel zur Verfügung, die ihm die Hochschule, an der er studiert hatte und die ihn von Jahr zu Jahr mit einem neuen befristeten Lehrauftrag hinhielt, nicht bieten konnte. In den 1960er Jahren noch in dieser Sackgasse steckend, aus der er durch den Rauswurf aus der Akademie befreit wurde, hatte er Ambivalenz, möglicherweise sogar Neid gegenüber den Angehörigen der U.S.-Army empfunden, die wie Maciunas und George Brecht als zivile Angestellte in einer beeindruckenden Weise künstlerisch ambitioniert sein konnten. Beuys hatte ja Erfahrungen damit, wie es beim Militär zuging, und es ist wahrscheinlich, dass er dort mit seinen Kameraden und Ausbildern vor den Fronteinsätzen ähnlichen Aktivitäten und seinen naturwissenschaftlichen Interessen nachgegangen war, weshalb er sie nach der Begegnung mit Maciunas in *Lebenslauf Werklauf* „Ausstellungen" genannt hatte. Die Einträge für 1940 mit den „Ausstellungen" in Posen, in Sewastopol „während des Abfangens einer JU 87"[46], auf dem Flugplatz Erfurt-Bindersleben und dem Flugplatz Erfurt-Nord verwandelten Erinnerungen an gravierende Ereignisse in kunstrelevante Stationen seines Lebens.

Zur Sühne von Schuld zusammengespannt

Als die ersten Aktionen von Beuys öffentliche Beachtung fanden, erlangte ein anderes Gespann große Aufmerksamkeit. Der Pilot des Wetterflugzeugs, das der *Enola Gay* vorausflog und ihr gute Sicht auf Hiroshima für den zwei Stunden später erfolgten Abwurf der ersten Atombombe meldete, war wegen seiner Schuldgefühle bekannt geworden. Während sich seine Kameraden als

Helden feiern ließen, quälte er sich mit den Folgen seiner Tat. Claude Eatherly schickte nach dem Krieg Geld nach Japan und versuchte sich umzubringen, als Präsident Truman den Bau der Wasserstoffbombe verkündete. Nach wiederholten Klinikaufenthalten machte er durch kriminelle Delikte auf sich aufmerksam, bei denen er die Beute liegen ließ.[47] So versuchte er Strafen zu erzwingen, die ihm jedoch aus verschiedenen Gründen verweigert wurden, bis nach weiteren Klinikaufenthalten 1959 Günther Anders von Eatherly erfuhr und mit ihm korrespondierte. Allein das Verständnis für seine Schuldgefühle, der Anteil nehmende Rat des Philosophen und die Kontakte, die Anders knüpfen half, trugen dazu bei, dass sich Eatherlys Zustand stabilisierte. Anders vermochte jedoch nicht, ihn aus der Psychiatrie frei zu bekommen, wo man ihn auf militärärztlichen Rat festhielt.[48]

1959 kam es zu einem Briefwechsel zwischen Eatherly und jungen Frauen aus Hiroshima. 30 von ihnen unterzeichneten einen Brief, der ein bewegendes Dokument des Verzeihens ist; denn sie schrieben: „Wir haben gelernt, uns Ihnen gegenüber als Kameraden zu fühlen, und wir glauben, dass Sie ebenso ein Kriegsopfer sind wie wir."[49] Im folgenden Brief von Anders vom 18. August 1959 verstärkte der Philosoph diese Wendung, als er Eatherly fragte, ob er sich nicht glücklich schätzen sollte, „dass nun eine einzige Frontlinie des Friedens hergestellt worden ist, eine Frontlinie, in der die Opfer die ‚Täter' gleichfalls als Opfer anerkennen?"[50] Dass Anders die Rhetorik des Krieges wählte, als er von einer „Frontlinie des Friedens" sprach, zeigt, dass der Krieg weiter in den Köpfen tobte. Auch ging es um die Deutungshoheit des Verhaltens von Eatherly, dessen Einlassungen sehr unterschiedlich ausgelegt wurden. So schildert ihn William Bradford Huie in seinem 1964 erschienenen Buch als beleidigte und verkrachte Existenz, die sich gewünscht habe, auch beim Angriff auf Nagasaki mit dabei zu sein. Jedoch sei er aus der Airforce entlassen worden, weil er bei einem Test geschummelt habe. Es muss hier nicht geklärt werden, was die Motive von Eatherly waren, als er sich auf den Briefwechsel mit Anders eingelassen hatte, weil hier das Interesse von Anders an einer transatlantischen Beziehung zur Bewältigung von Kriegsfolgen und Schuld im Vordergrund steht.[51] Deshalb ist es wichtig, dass Dieter E. Zimmer seinen Artikel mit einer Überlegung zur Ambivalenz schließt, die „den neuen Menschen im Zeitalter der Technik" kennzeichnet, „der eingespannt ist in unüberschaubare Abläufe, denen weder seine Vorstellungskraft noch seine Verantwortung gewachsen sind".[52] Die Relativierung des Heldenstatus, den Eatherly erlangte, weil er als einziger der am 1. Atombombenangriff beteiligten Flugzeugbesatzungsmitglieder öffentlich Schuldgefühle bekannte, unterstreicht noch einmal die Rolle des Opfers, die auch durch Anders für einen militärischen Funktionsträger reklamiert wurde. Sie verweist auf einen weiteren Wirkmechanismus, der auch für Beuys bestimmend gewesen war und rückblickend auch für Orests Handeln in Anspruch genommen werden kann.

In jedem dieser Fälle geht es darum, nach Taten, die die betreffenden Protagonisten in Konflikte mit ihren Idealen und Prinzipien gebracht haben, die Fähigkeit zum selbstbestimmten Handeln zurückzuerobern. Auch dieses „Zurückerobern" ist Kriegsrhetorik und steht in unserer Sprache für einen Krieg, den Menschen gegen sich selber führen bzw. in sich oder mit der Gesellschaft ausfechten. In dieser Hinsicht ist für die Weiterführung des Gedankens auch die Reise bedeutsam, die Oppenheimer auf Einladung des *Japanischen Komitees für intellektuellen Austausch* 1960 unternommen hatte. Noch auf dem Flughafen fragten ihn Reporter danach, ob er den Bau der *Bombe* bedaure und er antwortete: „Ich bedaure nicht, dass ich etwas mit dem technischen Erfolg der Atombombe zu tun hatte. (...) Nicht, daß ich sonst kein Bedauern hätte, nur ist mein Bedauern heute abend nicht größer als es gestern abend war."[53] Oppenheimer trennte also seine Verantwortung für die Entwicklung der Atombombe von der Verantwortung, die der Präsident der USA als Oberbefehlshaber hatte. Deshalb hätte Oppenheimer auch die Relativierung von Verantwortung, die Anders wegen der Undurchschaubarkeit von technischen Abläufen vorgenommen hatte, ablehnen müssen; denn als Atomphysiker und verantwortlicher Entwickler kannte er sowohl die Funktionsweise der thermonuklearen Bombe und nach dem Test in New Mexico auch ihre Zerstörungskraft, deren Folgen ihn ja wie viele seiner Mitarbeiter an Krebs erkranken und frühzeitig sterben ließen.

Geopfert zurück unter den Lebenden

Wanted: dead or alive

Die Aktion Dillinger bekundet Beuys' Interesse an Outlaws. Es sind Menschen, die sich aus eigenem Entschluss oder durch Gesetzesbrüche außerhalb der Gesellschaft stellen. Ihre Grenzwertigkeit an der Schwelle zur Zivilisation würdigt das Gangster- und Westerngenre, das in der Zeit der Aktionen von Beuys zur Blüte gelangte. In vielen der Filme geht es um steckbrieflich gesuchte Personen, die mit Namen bezeichnet und eventuell abgebildet öffentlich ausgehängt (gepostet) werden. Kopf- oder Fußzeile dieser Steckbriefe tragen außerdem den entscheidenden Zusatz: „Wanted: dead or alive", und schließlich darf die Höhe der Prämie nicht fehlen, die winkt, wenn die Gesuchten tot oder lebendig dem Sheriff übergeben werden. Wie aber ist der Status des so Gejagten zu beurteilen und welche Rechtsgrundlage gilt für eine derartige Menschenjagd?

Ein Outlaw bezeugt die Problematik eines ungeklärten sozialen Status und weist Merkmale des *Homo sacer* auf, der aus dem antiken europäischen Rechtsverständnis kommend auch in den USA unter bestimmten Bedingungen weiterhin existiert. Rechtsstaatlichen Grundsätzen zufolge müsste jeder Verbrecher zunächst vor ein Gericht gestellt werden, das seine Identität und Schuld feststellt und dann ein Strafmaß verkündet, das in den USA eine Exekution einschließen kann. Doch ist Rechtsstaatlichkeit in der Geschichte der USA vielfach übergangen worden. So wurde das Lynchen ohne Gerichtsverfahren von Organisationen der schwarzen Amerikaner beklagt, zumal es häufig ungeahndet blieb.[54]

Darüber hinaus leben nicht nur in den USA zahlreiche Menschen aus eigenem Entschluss, wegen Gesetzesübertretungen oder durch Ausschließung seitens der Gemeinschaft vollkommen legal außerhalb des gesellschaftlichen Rahmens in der Wildnis. Henry David Thoreau hat ihnen durch seinen dreijährigen Aufenthalt in einer kleinen Blockhütte, in der er sich der Welt des Geldes und der Geldvermehrung entzog, ein von ihm dokumentiertes literarisches Denkmal gesetzt, bis ihn die Steuerpflicht einholte.[55] Der Finanzbehörde konnte er nicht entgehen. Wenn auch die Verfassung der USA Niederlassungsfreiheit gewährt und keine Meldepflicht kennt, so war er als Pächter des Grundstücks von Ralph Waldo Emerson aktenkundig. Nach den Kriegen, die die USA im 20. Jahrhundert geführt haben, befanden sich unter denen, die sich durch eigenen Entschluss in die Wildnis zurückzogen, auch zahlreiche Soldaten, für die eine Ausnahme gilt. Soldaten dürfen töten, ohne dass sie dafür belangt werden. Diese Ausnahme, die eigentlich zeitlich befristet ist, mündet nach dem Ende von Kriegen in ein Spannungsverhältnis zwischen Soldaten und Zivilisten, das schon bei den Römern bestand. Livius sah es als gegeben, wenn die „Todgeweihten" nach der Schlacht als Lebende zurückkehrten, denn sie unterstanden nicht mehr dem profanen Recht, weil sie zuvor den Göttern geweiht worden waren. Das schützte sie zwar davor, wegen Tötungsdelikten belangt zu werden, doch sonst war ihnen – einmal den Göttern geweiht - die Rückkehr in den Geltungsbereich des staatlichen Rechts verwehrt.[56] So standen sie außerhalb der Gesellschaft, doch durften sie nicht wie die steckbrieflich Gesuchten getötet werden. Kriegsheimkehrer mussten in dieser Zwischenwelt selbst zurechtkommen.

Homines sacri

Die Bedingungen für Veteranen, die das Gesetz vor Bestrafungen wegen Todschlags und Mordes schützt, hat das römische Recht durch die Figur des *Homo sacer* konkretisiert. Zwischen religiösem und profanem Recht angesiedelt, erörterte Giorgio Agamben vor dem Horizont der philosophischen und anthropologischen Debatten um 1900 die Grundlagen der Biopolitik im 20. Jahrhundert.[57] In diesem Zusammenhang tritt die Bedeutung des *Homo sacer* im Hinblick auf die Entbindung der Soldaten vom Tötungsverbot in den Hintergrund. Doch lässt sich anhand dieser Figur und der Konflikte, die in ihr kodifiziert worden sind, herausarbeiten, was Eatherly, Orest und Beuys umtrieb. Alle drei fühlten sich außerhalb der Gesellschaft stehend und waren über unterschiedliche Zeiträume hinweg nicht in der Lage, in der Gesellschaft Fuß zu fassen. Dabei fällt auf, dass Beuys nach dem Krieg und während seiner gesamten künstlerischen Laufbahn eine Außenseiterposition eingenommen hatte. Bisher ist nur seine Krise Mitte der 1950er Jahre beachtet worden, und seine Sehnsucht nach Heilung ist meist mit den zur Legende ausgemalten Ereignissen nach seinem Flugzeugabsturz auf der Krim und mit Schamanismus in Verbindung gebracht worden. Nicht beachtet wurden hingegen die irregulären Ereignisse (Fortbestand seiner Vereidigung als Soldat, Professor auf Basis von Lehraufträgen, Gründung einer Studentenpartei als Professor, Entlassung aus der Akademie), die sich durch die Biografie von Beuys ziehen und die er durch seine

Aktionen zuspitzte. Natürlich hätte es verwundert, wenn er als engagierter Künstler nicht auf Widerspruch gestoßen wäre, doch richtete sich die Ablehnung auch gezielt gegen ihn persönlich und als Bürger. Hindernisse, die ihm behördlicherseits in den Weg gelegt wurden, hatten ja nicht nur dienstrechtliche Gründe, sondern fußten auf weitergehenden unausgesprochenen Annahmen, die nach der Aktion in Aachen auch aktenkundig gemacht wurden[58]. Man muss keine Verschwörungstheorie entwickeln, um, wie im Zusammenhang mit der Aktion in Aachen gezeigt, davon auszugehen, dass gegen Beuys aus politischen Gründen intrigiert wurde. Auch später scheiterten seine Bemühungen, in der grünen Partei eine Funktion einzunehmen und als Kandidat in den Landtag einzuziehen.

Um die Reaktionen gegen Beuys' Verhalten und seine künstlerischen Äußerungen begreifen zu können, ist es dienlich, die Figur des *Homo sacer* als ein Paradigma aufzugreifen. Obzwar auf antike Rechtsgrundsätze zurückgehend, hat der zwischen Religion und Staat angesiedelte *Homo sacer* die Zeiten überdauert und den Umgang mit Verhaltensweisen kodifiziert, die infolge von Traumata u. a. auch bei ehemaligen Soldaten zum Vorschein kommen. Vor diesem Hintergrund erscheinen auch Beuys Wendungen selbst im Rahmen der ihm gesellschaftlich zugestandenen Sonderrolle als Künstler eine Folge seiner Statusveränderung zu sein. Mit dem Hinweis auf Livius, VIII 10, 11-13 erwähnt Agamben das heikle Weiterleben eines Todgeweihten, der lebend aus der Schlacht zurückkehrte. Er wurde zu einer Belastung für die Gemeinschaft, weil er trotz seines lebenden Körpers nicht mehr zur Welt der Lebenden zählte.[59] Was wir Trauma nennen und auf eine individuelle Erfahrung zurückführen, hatten die Römer schon im Zuge der Vorbereitungen von Kriegen aus der Gesellschaft ausgegliedert und der Sphäre der Götter zugewiesen, denen sie ihre Krieger weihten. Diese Weihe sicherte Soldaten schon im Vorhinein einen Status im Jenseits zu, der nicht durch das Töten in der Schlacht beeinträchtigt werden konnte. Allerdings wurde diese Initiation in eine kriegerische Funktion für die lebend aus der Schlacht Zurückkehrenden zum Problem, weil sie sich auch nach Kriegsende weiter in dieser Zwischenwelt befanden, die Beuys in zahlreichen Handlungen und Werken mit den Motiven des Todes und Todeskultes thematisiert hat.

Der Themenkreis der *Homines sacri* überschneidet sich darüber hinaus direkt mit der Erzeugung von Bildwerken, weil die Todgeweihten auch durch Figuren (Kolissi) oder durch Statuen, die Seelen repräsentieren (Zânas), schon zu Lebzeiten wiedergegeben werden konnten. „Insofern seine Person die Elemente verkörpert, die gewöhnlich mit dem Tod verbunden sind, ist der *Homo sacer* eine lebende Statue, das Doppel oder der Koloss seiner selbst."[60] Diese antike Auffassung der Darstellung, der gemäß ein Bildwerk das plastische Abbild des Menschen in beiden Welten ist, praktizierte Beuys individuell, indem er seit Ende der 1940er Jahre Grab- und Denkmäler entwarf und ausführte, um später dann seinen Körper in Aktionen selbst als Bildwerk einzusetzen. Die ungeklärte Existenz zwischen Totenreich und der Welt der Lebenden greift im 20. Jahrhundert überhaupt als eine ästhetische Auffassung in der Performancekunst und besonders auch in der Body Art, denn in ihrem Umfeld werden Körper von Künstlern zur „Plastik". Chris Burden realisierte mehrere Performances zu diesem Thema[61] und sagte in einem Interview nach „Shoot": „In diesem Augenblick war ich eine Skulptur!"[62] Eine wesentliche technische Voraussetzung für die Zunahme der Selbstbetrachtung in der Performancekunst war die Entwicklung von tragbaren Videogeräten Ende der 1960er Jahre. In Verbindung mit Smartphones trägt die permanente Medienpräsenz heute zu einer ununterbrochenen Selbstdarstellung bei, die eine dauernde Anwesenheit in einer Zwischenwelt ermöglicht, die in der Menschheitsgeschichte vor der Mediatisierung den jeweiligen religiösen Sphären zugeordnet war. Dieser Zusammenhang ist insofern als für Beuys relevant einzustufen, als er zumindest in Deutschland der erste Künstler war, dessen Ruf und Verbreitung sich wesentlich seiner Präsenz in den Medien verdankte.

Selbst Andy Warhol wunderte sich noch 1984 über das Weiterleben seiner Prominentenbilder in den Musikvideos bei MTV, die auch mit dem von ihm portraitierten Beuys in Verbindung stehen: „I just saw Liz Taylor and I've seen my Joseph Beuys in another one", notierte er in seinem Tagebuch.[63] Diese Präsenz seiner Bilder lösten bei Warhol sogar einen weitergehenden Reflex aus: Er betrachtete die Porträts als seine, was sich sprachlich als Identifikation mit dem Modell ausdrückt. Mit dem Possessivpronomen versehen wird Beuys Warhols Besitz. Es ist sein eigenes Bild im doppelten Sinn, sein eigenes Bild im Bild Beuys' und Beuys' Bild im Bild Warhols. Hier treffen sich die beiden Aspekte der Gespanne und die des religiösen Charakters der Totenbilder von Lebenden und werden gleichsam zur Deckung gebracht. Das Privileg der Todgeweihten ist durch Reproduktionstechniken zur Massenware geworden.

Konkrete Existenzformen des *Homo sacer* im zeitgenössischen Umfeld äußerten sich im Verhalten, das Beuys – sei es als Künstler oder als traumatisierter Kriegsheimkehrer – an den Tag legte. Hier geht es auch um Verhaltensmodalitäten, die bisher mit Schamanen identifiziert worden sind. Diese könnten hinsichtlich der vermittelnden Position zwischen Kultur und Natur auch mit dem Waldgänger, Wolfsmenschen oder Werwölfen[64] identifiziert werden, in denen Agamben mit dem *Homo sacer* verwandte Existenzformen erkannte, die sich für immer oder zeitweise in einer „Zone der Ununterscheidbarkeit zwischen dem Menschlichen und dem Tierischen" aufhalten.[65] Diese ambivalente Haltung zur Zivilisation war in zahlreichen Aktionen konstitutiv, in denen Beuys mit Tierlauten, Tierbälgen und schließlich mit lebenden Tieren eine Annäherung zwischen Menschen- und Tierwelt praktizierte. Am spektakulärsten näherte er sich dieser Thematik 1969 mit dem Pferd auf der Bühne bei „Iphigenie/Titus" im Schauspiel Frankfurt und 1974 mit dem Kojoten im Galerieraum in seiner Aktion „I like America and America likes me" in Manhattan an. Hier spannt sich ein Bogen zeitlich zurück in die Antike zu Orest, der Tierlaute von sich gab, und deshalb von Hirten als Unsterblicher angesehen wurde, und zu seiner Schwester Iphigenie, die von Artemis in eine Hirschkuh verwandelt worden ist.

Oppenheimer als *Homo sacer*

Neben der transatlantischen Beziehung zu Robert Morris und George Maciunas sowie den sporadischen Kontakten zu Allan Kaprow und Andy Warhol gibt Beuys' Auseinandersetzung mit der Atombombe Anlass anzunehmen, dass es eine weitere und weniger offensichtliche Beziehung zwischen Beuys und Oppenheimer gegeben hat.

Dazu ist an dieser Stelle auch zu überprüfen, ob nicht Oppenheimer, obwohl er kein Soldat war, als verantwortlicher Chef des zivilen Bereichs des „Manhattan Projects" zu den *Homines sacri* gezählt werden kann. Er war ein Geheimnisträger, den man aus Besorgnis darüber, dass er den Masterplan der A-Bombe an die Sowjets weitergeben könnte, zeitweise unter Hausarrest gestellt hatte. Wegen seiner Funktion konnte man ihn nicht einfach aus dem Weg räumen und ihn wie Sacco und Vancetti des Landesverrats beschuldigen und hinrichten. Man brauchte ihn und deshalb wurde er von 1942 bis 1955 ständig überwacht.[66] Außerdem litt er unter den Folgen der hohen Radioaktivität, der er während der Experimente und bei der Detonation der Uranbombe in Los Alamos zusammen mit allen anderen Mitarbeitern ausgesetzt war. Insofern war er schon zu Lebzeiten ein Totgeweihter.

Was unter Lebensgefahr in Los Alamos zu verstehen war, zeigte sich neben den schon erwähnten Vorkommnissen einmal mehr zwei Wochen nach Hiroshima, als man weiterführende Experimente zur Entwicklung eines Zündmechanismus für die Plutoniumbombe durchführte. Der junge Atomforscher Harry Daghlian stapelte deshalb Uranblöcke als Reflektor um zwei unterkritische Plutoniumhalbkugeln. Als Daghlian den letzten fünf Kilo schweren Block platzierte, fiel dieser in den Versuchsaufbau und machte die Masse kritisch, was zur unmittelbaren Ionisation der Luft führte. Um die Kettenreaktion zu stoppen stieß er den Block sofort beiseite und wurde dabei so schwer verstrahlt, dass er 28 Tage später starb.[67] Man kann in beiden Fällen von Opfern sprechen, weil sich für Daghlian der Aufenthalt in Los Alamos unmittelbar tödlich auswirkte, während Oppenheimer 1967 62-jährig an Krebs starb. In dieser Zeit hatte der 46-jährige Beuys gerade seine ersten Aktionen hinter sich.

Wärme: Dem alles Übersteigenden etwas entgegensetzen

Es scheint verwegen, Personen aus sehr verschiedenen Gebieten der Zeitgeschichte miteinander in Beziehung setzen zu wollen, die jeweils auf ihren Gebieten Bahnbrechendes geleistet haben, doch geht es hier nicht um die Vergleichbarkeit ihrer Leistungen, sondern um die Vermutung, dass Beuys auf Oppenheimer einerseits wegen der Frage der Schuld aber auch wegen der gewaltigen Ausmaße des „Manhattan Projects“ Bezug genommen hat. Wir wissen ja, dass Beuys durch die „soziale Plastik“ die Bildhauerei in die Gesellschaft ausgeweitet hat. Dadurch demontierte er das

Selbstverständnis eines akademischen Faches, das ja, wie es mit der faschistischen Etikettierung „Monumentalbildhauerei“ beabsichtigt war, für die Überdimensionierung einzelner Werke der Propagandakunst verantwortlich war. Als Beuys dieses abgewirtschaftete Feld der Bildhauerei übernommen hatte, entwickelte er grundsätzlich andere Vorstellungen, wie die „Plastik“ in der Zukunft verstanden werden sollte und stellte seine Auffassung dezidiert gegen Skulpturen, die Helden und Herrscher heroisch verklären sollten. Im Hinblick auf die Absicht, weltweit zu wirken, würde ja die „soziale Plastik“ weitaus eher den Begriff der Monumentalität verdienen als die Figuren von Arno Breker. Beuys revolutionierte also unausgesprochen, was unter Monumentalität zu verstehn ist. Schon die Verwendung weicher Stoffe war ja eine Distanzierung von Stein und Metall, zumal Fett und Filz den Anspruch der Dauer in einer grotesken Weise zu unterlaufen schienen. Doch war Fett universell verfügbar und Beuys dehnte das Betätigungsfeld der Plastik durch das Attribut „sozial“ in einem immateriellen Sinn auf die ganze Gesellschaft aus, wodurch er die Reichweite seiner Kunst entgrenzte. Hierin zeichnete sich ab, dass er nach etwas Umfassenderen als Dreidimensionalität suchte, um den Folgen der industriellen Kriege und der unfassbaren Zerstörungskraft moderner Massenvernichtungswaffen zu begegnen. Wie seine Arbeit am Begriff der „sozialen Plastik“ zeigt, fühlte er sich den neuen Herausforderungen gewachsen, deren Dimensionen, sei es in der Zerstörungskraft oder der Reichweite, den Horizont des traditionell individuellen künstlerischen Schaffens sprengte. Ihre Wirkung erwies sich schließlich im Vergleich mit Werken der amerikanischen Kunst in den USA und in der Übertragung seiner Begriffe ins Englische als schlagkräftig.

Zeitgleich reagierten Künstler wie Michael Heizer, der 1969 ost-nord-ost-wärts von Las Vegas in der Nähe von Overton in Nevada zwei zusammen 457 Meter lange Gräben von 15 Meter Tiefe und 9 Meter Breite ausheben ließ. Für dieses „Earth Piece" wurden 218.000 Tonnen Fels und Geröll ausgebaggert, womit es sich nach den prähistorischen Linien in Peru um die erste Bodenarbeit eines Künstlers des 20. Jahrhunderts handelt, die auf Satellitenbildern sichtbar ist. Diese Arbeit suchte nicht zufällig die Nähe des nördlich davon gelegenen Testgeländes für Atomwaffen, sondern vollzog auch einen Bruch mit der Moderne, weil sie sich nicht mehr primär an das Kunstpublikum in den urbanen Zentren richtete. Um das „Earth-Piece" zu sehen, muss man in kein Museum gehen, sondern bereit sein, an einen abgelegenen Ort zu reisen. Die zunehmende Verfügbarkeit von Satellitenbildern ermöglicht es sogar, diese Werke überall auf eigenen Bildschirmen zu betrachten. Außerdem richtet sich diese Kunst aus einer posthumanistischen Sicht gar nicht mehr an Menschen, weil ihre Existenz auf der Erde durch Atomwaffen potentiell unmöglich werden könnte oder aus einer kosmischen Perspektive irrelevant ist.

Beuys, der Zeitzeuge der Explosion der ersten Atombomben und der damit einhergehenden Atomtests war, konnte als Teil einer Bomberbesatzung die Bedeutung von Geschwindigkeit, die Wirkung von Explosionen und die Gewalt von Energiemengen, die sich durch Bomben freisetzen ließen, einschätzen. Er wusste, wovon die Futuristen geschwärmt hatten, als F.T. Marinetti 1909 in *Gründung und Manifest des Futurismus* behauptete: „Raum und Zeit sind gestern gestorben. Wir leben bereits im Absoluten, denn wir haben schon die ewige, allgemeine Geschwindigkeit geschaffen."[68] Beuys war weiterhin klar, dass sich auch durch konventionelle Waffen ganze Städte in Schutt und Asche legen ließen. Dennoch muss ihn sprachlos gemacht haben, dass schon der Abwurf einer einzigen Bombe Zerstörungen anrichten konnte, für die zuvor ganze Luftflotten eingesetzt werden mussten.

Da den emotionalen Reaktionen auf diese unvorstellbare Wucht der Zerstörung – also dem Schrecken, der Trauer, der Empörung, der Faszination, der Scham etc. – nichts Bekanntes entgegenzusetzen war, entschied sich Beuys für die andere Strategie, die schon Dadaisten, Surrealisten und teilweise sogar Futuristen in ihrer Affirmation der Zerstörung gefunden hatten: Spiel, Täuschung, Verdrehung und Humor. Unter dem Druck, eine Lösung zu finden, förderte er schließlich, mit Gegenständen, Instrumenten und Materialien agierend und sich auf seine Intuition verlassend, im Körper gespeichertes Wissen zutage, das den Zauber seiner Aktionen ausmachte, der immer einen Teil seines Publikums erreichte und fesselte, sofern es sich auf die Präsenz des Künstlers einließ.[69]

Wie aber kann man diesen Effekt mit einer thermonuklearen Explosion vergleichen? Bei der Kernspaltung wird Masse – also Substanz – unmittelbar in Licht- und Wärmeenergie umgewandelt. Ein Element mit seinen bestimmten Eigenschaften und seiner Ausdehnung im Raum wird in zwei andere Elemente, in Strahlung, Licht und Wärme umgewandelt. Es besteht die Möglichkeit, dass Beuys sich die Annahme der Einsteinschen Theorie zu eigen gemacht hatte, die das Verhältnis von Masse, Geschwindigkeit und Energie bestimmt, also Raum und Zeit in ein Verhältnis zu Wärme stellt. Hier wird in allgemein nachvollziehbaren Begriffen ausgesprochen, was geschieht, wenn die Bindungskräfte von Atomkernen entbunden werden und Protonen, Licht, Hitze und Bewegungsenergie freisetzen. Beuys wählte also weder die konventionellen Mittel der Bildhauerei noch neue technische Möglichkeiten wie z. B. der Lichtkünstler Otto Piene, der die ästhetischen Qualitäten von Licht mit Objekten und Installationen erforschte, sondern überwiegend vergängliche, lumpige und abgetragene Gegenstände, Materialien und Stoffe, unter denen schon eine Taschenlampe als technisch entwickelter Gegenstand auffiel.

Schon am zweiten Abend des *Festum Fluxorum* am 2. und 3. Februar 1963 an der Kunstakademie in Düsseldorf sah man Beuys mit einer Taschenlampe im dunklen Zuschauerraum agieren, womit er seine Sonderrolle in Bezug auf die auf der Bühne agierenden Fluxuskünstler hervorhob und den dunklen Zuschauerraum mit der erleuchteten Bühne vermittelte.[70] Letzteres zeigt, wie auch sein Agieren neben oder unterhalb der Bühne in Aachen, dass er keine theatralische Inszenierung anstrebte. Noch erwiesen sich seine Aktionen im Zuschauerraum und im Zwischenbereich als zu geringfügig, obwohl sie hinreichend waren, um die Aufmerksamkeit von Fotografen anzuziehen. Die Unscheinbarkeit von Handlungen und die Hervorhebung der einfachsten Dinge adelte die neuen Materialien seiner Kunst und die Einfachheit der Darbietung, mit denen er sich wie ein David gegen die Arsenale der Produktion und Destruktion stellte. Nachhaltiger wirkte mit der Verbreitung seiner Aktionen durch die Medien die Verbindung mit den vielen Menschen, denen er als öffentlich wahrgenommener Künstler begegnete. Hier kam eine Kraft zum Tragen, die ein einzelnes Kunstwerk gar nicht haben konnte. Unter diesen Bedingungen wird schließlich das Körpergedächtnis mobilisiert, das Künstlern gewöhnlich bei der Produktion ihrer Werke im Studio zugutekommt. Beuys gelang es immer besser, es bei seinen öffentlichen Aktionen freizusetzen. Was er auf diese Weise gegen die unfassbare Zerstörung zu setzen vermochte, war neben einem Mehr an Erfahrung, Wissen und Kenntnis auch der Zusammenhalt und das Zusammenwirken von Menschen in der Öffentlichkeit, die er mit seinen Aktionen bewirken konnte.

Chōra

Die gesamtgesellschaftlichen Anstrengungen zum Bau von Atomanlagen und zur Erforschung von Atomen durch Teilchenbeschleuniger und andere Versuchsanordnungen sind enorm und finden wenig Entsprechung in den Ressourcen, die in den 1970er Jahren für Kunst freigegeben worden sind. Was hätte Beuys als Künstler den gigantischen Ausmaßen solcher Anlagen zum Abbau und zur Anreicherung von Uranerzen, sowie zur Herstellung und Wiederaufarbeitung von Kernbrennstäben und zur Produktion von bombenfähigem Plutonium auch entgegensetzen sollen, als seinen mit Erfahrungen und Wissen ausgestatteten Körper. Dazu muss man sich vor Augen führen, dass 1944 beim Bau der bis dato größten Fabrik der Welt, der Plutonium-Fabrik in Hanford (Washington State), 45.000 Menschen arbeiteten, damit dort später waffenfähiges Plutonium hergestellt werden konnte.[71] Mittels der Diffusionstrennungsanlage in Oak Ridge, in der der Silberschatz der Nationalbank – 6000 Tonnen massives Silber – in Form von Drahtwicklungen für Elektromagneten verbaut worden war, konnte täglich die Menge eines Teelöffels Uran 235 hergestellt werden.[72] Gegen diesen volkswirtschaftlichen Aufwand und die gesundheitlich ruinöse Arbeit von Hunderttausenden darin involvierten Forschern, Ingenieuren, Arbeitern und Soldaten konnten sich die Mühen eines einzelnen Künstlers nun nicht einmal mehr an Don Quijote orientieren. Wie würde daraufhin die Tapferkeit zu messen sein, mit der eine einzelne Person noch bestehen könnte?

Später erreichten die Installationen von Beuys zwar ausstellungsraumgreifende Ausmaße, doch selbst wenn es ihm die Ressourcen erlaubt hätten, hätte Beuys nie an die Dimensionen, die die amerikanischen Künstler ihren Earth-Works und Land-Art-Projekten gaben, heranreichen können. Diese orientierten sich tatsächlich an den Dimensionen, die die Strukturen der U.S.-amerikanischen Atomindustrie sowie die militärischen und raumfahrttechnischen Anlagen angenommen hatten. Das mächtigste Objekt, das Beuys bewegen ließ, war die Talginstallation im Guggenheim-Museum.

Anlässlich seiner Retrospektive 1979 ließ er das Objekt „Unschlitt/Tallow" (1977) bestehend aus 21 Tonnen Talg in Manhattan einschiffen und auf einem Tieflader im Schritttempo nach Midtown fahren, wo das Objekt durch ausgebaute Fenster in das Gebäude geschoben wurde.[73] Derartige Großinstallationen des Spätwerks haben Beuys zwar zu einem weltweit beachteten Künstler gemacht, doch hat er außerhalb der Kunstszene nie wieder die Popularität erreicht, die er durch die mediale Multiplikation seiner Aktionen in weiten Teilen besonders der deutschen Bevölkerung erzielen konnte. Dort hatte seine Bekanntheit in den 1960er und 70er Jahren Traumwerte erreicht, so dass Beuys bewusst war, dass eine Massenwirkung nicht durch Volumen und Masse, sondern gerade durch ephemere Werke erzielt werden konnte.

Wie FLUXUS und Arte Povera nahm die Kunst von Beuys schon die Reaktion auf die Wirkungslosigkeit der Vernunft vorweg, welche die Philosophie des „Schwachen Denkens" als Reaktion auf die Krise der Vernunft begründete.[74] Die Zähne der Vernunft benötigen Widerstand, die die Kunst von Beuys nicht liefern wollte. Er selbst hat das mit dem Talg vorgeführt, der in seinem Mund jeweils verschiedene Formen annahm. (s.o.) Hier wurde die Tätigkeit des Mundes als plastisches Wirken vorgeführt, womit es den in Stein gemeißelten Sätzen und Begriffen entgegenstand. Mit der Formenvielfalt, die Prozesse hervorbringen können, zeigte Beuys, dass seine Kunstpraxis die Hybris von Technologie als Hort und Quelle der Machtausübung metaphorisch zerlegen kann; denn Künstler wie er waren nicht zuletzt als gute Köche in der Lage, ein schmackhaftes Essen nach Art des Hauses zuzubereiten. Harald Lemke bezeichnete Beuys denn auch als ersten „TV-Koch" Deutschlands, obwohl er strikt im Gegensatz zu Daniel Spoerri nur für sich, seine Freunde und Familie kochte[75] und das Kochen nicht als Kunst zelebrierte, wobei er die Tätigkeiten des Alltags durchaus als revolutionär betrachtete.[76]

Die Technologien einschließlich ihrer Einsätze in den zwei Weltkriegen des 20. Jahrhunderts haben die bisherige Kunstproduktion schon mehrfach in Frage gestellt, und darüber hinaus hat sich noch eine weitere Überwindung der konventionellen Vorstellungen ereignet. Die individuelle Kunst- und Wissensproduktionen wurden durch kollektive Schöpfungen erweitert. Es ist nicht mehr ein Forscher oder Künstlerindividuum allein, das etwas Neues hervorbringt, sondern die Leistungen werden von Gruppen, von Teams gebracht oder bedürfen, wie die Atombombe, der Leistungsfähigkeit von Staaten, um verwirklicht werden zu können. Da sich Beuys in seinen Aktionen den materiellen Bedarfen weitgehend enthalten hat, war seine Kunst nicht grundsätzlich auf große Budgets angewiesen, sondern hat als „soziale Plastik", die das Publikum einbezog, die Möglichkeiten des Einzelnen im Sinne der Revolutionierung durch die Umgestaltung des Alltags potenziert und durch die Medien multipliziert.

Nicht ohne Grund ist im 20. Jahrhundert Platos „Timaios" mehrfach neu diskutiert worden. Heidegger, Jacques Derrida und Julia Kristeva haben sich dem Begriff der Chora genähert und ihn untersucht, weil es um nichts weniger als die schöpferische Hervorbringung geht, die mit diesem altgriechischen Begriff in einem Feld gesehen wird, das so unbestimmt ist wie vieles, das wir heute unter komplexen Zusammenhängen zu verstehen haben. Dabei ist klar, dass der Ort der Wissenschaft nicht allein der Kopf ist, der für den Körper und die Seinsentwicklung steht, sondern auch die Orte implizieren, an denen Denken stattfindet und die miteinander vernetzt sind. Wichtig ist auch, dass die individuelle Darstellung und Entäußerung einer Entdeckung, Erfindung und eines Kunstwerks zwar durch ein Paar Hände gemacht werden aber genauso steht es außer Frage, dass die betreffenden Personen dazu in den Traditionen des Denkens und der Äußerungen stehen, selbst wenn sie sie überwinden. Sie gehören Schulen, Traditionen, Symbolsystemen an, die Platon nannte, als er die Sippschaft (genos) der Dichter, das Geschlecht der Nachahmer und die Sippschaft der Sophisten bezeichnete. Letztere schickte er auf die Suche, die sich in der Widergabe von Derrida so liest: „Sie irren von Ort zu Ort, von Stadt (ville) zu Stadt, unfähig, die Menschen zu begreifen, die – als Philosophen und Politiker – *Statt haben*, das heißt durch die Geste und durch das Wort in der Stadt (cité) oder im Krieg agieren." Er schlug sie der Gattung derjenigen zu, die keinen Platz haben.[77] Die Ortlosigkeit kennzeichnet heute Aktions- und Performancekünstler, die im Gegensatz zu anderen Kunstgattungen in den meisten Fällen keinen eigenen Ort haben, selbst wenn ihren Aufführungen im Laufe der Zeit auch die Räume von Theatern, Kinos, Universitäten und Forschungseinrichtungen geöffnet worden sind. Und die Ortlosigkeit trifft nicht zuletzt und besonders die *Homines sacri*, von denen die Rede war, denn sie sind durch die Überstellung an die Götter aus der Gesellschaft gefallen, auch wenn sie ihre Opferbestimmung überlebt haben. In dieser Lage müssen sie sich, wie bei Beuys geschehen, quasi von Außerhalb kommend, mit den Bedingungen auseinandersetzen und sich in die, wie wir heute sagen, Institutionen einschleichen. Für ihn gilt, was Derrida über Sokrates feststellte, nämlich dass er mit seiner Nicht-Zugehörigkeit spielte, „ohne einen eigenen Ort und eine eigene Ökonomie"[78], um von einem Punkt außerhalb zu sprechen.

Weiterhin ist es lohnenswert, sich an dieser Stelle noch einmal den Sinn von Phelans „Unmarked" (s.o.) zu vergegenwärtigen, was ja etwas Unbemerktes, Makelloses und im Sport auch einen frei stehenden Spieler meint. Hier liegt die Bedeutung vor, die schon in den 1980er Jahren mit Performance Art als „maverik" – wildes Pferd – gemeint war, das sich von seiner domestizierten Herde getrennt hat und wieder verwildert ist, bzw. sich der Brandmarkung (engl.: branding) wiedersetzt hat. Das Brandmarken, was Besitz und Wert anzeigt, ist eine Markierung, die einen Makel, eine Macke oder eine Schramme darstellt. Entsprechend ist mit dem Wunsch, etwas rein zu halten, auch das Festhalten am Ideal verbunden, das so etwas wie eine Definition beinhalten kann, die in ihrer Reinheit nicht mit der Wirklichkeit überein stimmt. In diesem Sinn werden die frühen „Prägungen" des Menschen im Timaios (26bc) mit frischem ungeschrammten Wachs verglichen, in dem sich die ersten Erfahrungen und Informationen der Kindheit besonders dauerhaft einprägen. Der Fortgang der Zeit macht es aber notwendig, die Einschreibungen in Verhältnisse zu setzen zum Vorher und Nachher, so dass Derrida „die anhaltendste Bestimmung (...) von chōra" dagegensetzt, nach der „Jede Erzählung ... das *Behältnis* einer weiteren"[79] ist.

Die räumliche und soziale Situierung Chōra umfasst somit durch ihre Bestimmung als Behältnis auch einen archivarischen Sinn, so dass die Verwendung von Vitrinen, Schachteln und Kisten bei Beuys und anderen Künstlern mit diesem Begriff zusammenhängt. Wobei, wie im Zusammenhang mit der „Auschwitz-Vitrine" und der Halbkreuzkiste diskutiert, ihre Inhalte gar nicht fixiert worden sind und sich permanent verändern, weshalb sie weiterhin Teil der Dynamik sind. Ähnliches gilt für eine Bombe in ihrer Schale, die Flugzeugbesatzungen in den metallischen Hüllen und das Geschoss, als das Beuys den Hasen sieht. Als Metapher gesehen ist auch er Gefäß und Erzeuger von Bewegung in einem, das als Lebewesen die Bezeichnung Geschoss zugleich von der Zerstörungskraft eines militärisch verwendeten Geschosses abkoppelt und es als Reaktionsgefäß für etwas Neues sieht.

Doch der eigentliche Durchbruch, auf den Beuys zusteuerte, liegt weder in der Körperkunst noch in den Materialien, sondern in der Einsicht und Erfahrung, dass Menschen durch den Zusammenhalt, das Zusammenarbeiten, das gemeinsame schöpferische Entfalten von Ideen (Woodstock) allein Energien freisetzen können, deren Dynamik alles an der scheinbaren Überlegenheit technischer Macht in den Schatten stellen kann. Deshalb gipfeln die Bemühungen von Beuys im Bestreben, durch Projekte wie die FIU die Schöpferkräfte von Menschen zu befreien und ihre Befähigung zur Selbstbestimmung zu stärken, die schon im Timaios aus der göttlichen Sphäre herausgelöst worden sind, damit sie mit all ihren Konsequenzen in die Hände der Menschen gelangen.

Anmerkungen

Kapitel I

1 Der in San Francisco lebende Tom Marioni sprach schon früh von einer Akademisierung der Performance Art, die in den USA in den 1970er Jahren beispielsweise mit Gründung des California Institut of the Arts in Valencia eingesetzt hatte. Diese frühe Institutionalisierung – in diesem Fall von Walt Disney – hat allerdings mit den kommerziellen Interessen an der Auswertung von Innovationen in der Kunst zu tun. Auch sind die Künstler wegen fehlender Projektförderung auf Lehraufträge und meist temporäre Professuren angewiesen, wenn sie halbwegs überleben wollen.

2 Die Arbeit von Uwe M. Schneede über die Aktionen von Joseph Beuys (Schneede, 1994) ist grundlegend für dieses Gebiet des Wirkens von Beuys, doch ist es darüber hinaus notwendig, in Beuys auch den Künstler seiner Generation zu betrachten und seine Kunst stärker unter dem Aspekt seiner Kriegsteilnahme zu befragen. Älter als seine Kollegen, haben diese Erfahrungen ihn anders als die jüngeren Künstler der 1960er Jahre geformt.

3 In: (Becker, 1965), S. 428f, S. 428

4 „Ich schrieb Features für The Stars and Stripes in Darmstadt. George Maciunas war als Designer bei der U.S.-Air Force im nahen Wiesbaden angestellt. Wir waren Freunde und Nachbarn und führten beide ein Doppelleben. Wenn George nicht auf dem Luftstützpunkt arbeitete, heckte er Fluxusaktivitäten aus." Dazu stieß Ben Patterson, der versuchte Enzyklopädien an Militärangehörige zu verkaufen. Emmet Williams: Vorbemerkungen zum Interview in „The Stars and Stripes", in: 1962 Wiesbaden FLUXUS 1982, Katalog Wiesbaden, Kassel, Berlin 1982, S. 81 Das fiktive Interview in der Europaausgabe dieser Zeitschrift für U.S.-Streitkräfte stellte die erste Publikation über Fluxus dar.

5 (Riegel, 2013) führt zahlreiche Beispiele für fiktive, übertriebene und falsche Angaben an, die in Umlauf gebracht wurden. Dazu gehören der Besitz von Büchern von Carl von Linné, Thomas Mann und Hanns Heinz Ewers, die Beuys vorgeblich der Bücherverbrennung entrissen hatte. (34, 35) Auch Beuys' Angaben über Verletzungen und ein angebliches Studium ließen sich nicht verifizieren. (ebd. 69, 86)

6 Hierbei ist maßgeblich, dass Beuys selbst die schon erwähnten Kontakte zu seinen Kameraden bei der Luftwaffe pflegte und später auch für seine berufliche Laufbahn entscheidende Kontakte zu ehemaligen Angehörigen der SS hatte. Dazu zählen sein Anwalt und Verteidiger Karl Fastabend und sein Sammler Karl Ströher. Über die Dramatik von Biographien im Übergang von der Nazizeit zur Bundesrepublik: Helmut König, Wolfgang Kuhlmann,

Klaus Schwabe: Die vertuschte Vergangenheit. Der Fall Schwerte und die NS-Vergangenheit der deutschen Hochschulen, München 1997. Dazu: Hubert Winkels im Gespräch mit Jochen Hörisch http://www.deutschlandfunk.de/vertuschte-vergangenheit-der-fall-schwerte-und-die-ns.700.de.html?dram:article_id=79412 (vom 18. Februar 2014).

7 (Wyss, 2012), S. 130

8 http://www.cicero.de/salon/selbstportraet-des-hitler-jungen-joseph-beuys/52384

9 http://www.cicero.de/salon/selbstportraet-des-hitler-jungen-joseph-beuys/52384#comments

10 Eine weitere Ausnahme ist der 1925 geborene Otto Mühl.

11 Verena Kuni: Vom Standbild zum Starschnitt, in: Christian Janecke (Hg.), Performance und Bild. Performance als Bild, S. 209-246, S. 235f

12 Joseph Beuys. Hauptstrom und Fettraum, Darmstadt 1993, S. 106

13 Einer der wenigen eindeutigen Hinweise auf diese Professur steht in der Legende zum Foto von Hildegard Weber, das Beuys an seinem ersten Tag, also bei Antritt der Professur, zeigt. Darunter steht die volle Bezeichnung „Professor für monumentale Bildhauerei". In: Fotos schreiben Kunst-Geschichte, Museum Kunstpalast 2007, S. 146. Zuvor ist diese Dienstbezeichnung bei (Adriani, 1984), S. 88 angegeben. In einem Begleittext zu einem Statement von Beuys in der FR vom 23. Sept. 1978 erwähnt Peter Iden einige Daten aus dem Leben des Künstlers darunter die Berufung „zum Professor für Monumentalbildhauerei". Im Dienstvertrag vom 18.10.1961 ist dagegen von einem „außerordentlichen Lehrer für Bildhauerei an der Staatl. Kunstakademie Düsseldorf, Hochschule für Bildende Künste" die Rede. (Anna, 2008), S. 46. Für die nicht offizielle Benennung „Monumentalbildhauerei" sprechen zwei Gründe. Der erste ist die Benennung der Professur von Josef Magers, dem Vorgänger von Beuys, der von 1938-1961 Prof. für Bildhauerei an der staatl. Kunstakademie war. Der zweite Grund ist die Übernahme dieser Bezeichnung durch Kritiker, die darauf setzten, Beuys durch die parasitäre Verwendung des Nazibegriffs mächtig erscheinen zu lassen.

14 Beuys selbst schildert seine Krise und erwähnt auch das Nachwirken von Kriegsereignissen: „... im Grunde mußte etwas absterben. Ich glaube, diese Phase war für mich eine der wesentlichsten insofern, als ich mich auch konstitutionell völlig umorganisiert habe: ich hatte zu lange einen Körper mit mir herumgeschleppt. Der Initialvorgang war ein allgemeiner Erschöpfungszustand, der sich allerdings schnell in einen regelrechten Erneuerungsvorgang umkehrte. Die Dinge in mir mußten sich völlig umsetzen, es mußte bis in die Physis hinein eine Umwandlung stattfinden. Krankheiten sind fast immer auch geistige Krisen im Leben, wo alte Erfahrungen und Denkvorgänge abgestoßen beziehungsweise zu durchaus positiven Veränderungen um-

geschmolzen werden." Zit. nach Lebenslauf Werklauf (AKT, 1981, S. 67f.) wiederabgedruckt in: Beuys nach Beuys. Köln 1987. S. 232

15 Das Kaninchen ist ein ambivalentes Symboltier, das wegen seiner Nachtaktivität als nicht immer positives Mondtier apostrophiert wurde und wegen seiner Sinnlichkeit und Fruchtbarkeit für Erneuerung steht. Ein Kaninchen oder ein ist Hase ein Erdwanderer, der sich „in die Erde, d. h. in die Materie oder in das Bewußtsein, hineinbohrt". (Graevenitz, 2007) S. 74

16 (Riegel, 2013), 65-71

17 Riegel fand bei seinen Recherchen keine Belege für die Verleihung von Verwundetenabzeichen an Beuys. (Riegel, 2013), 78f

18 Es ist also vielsagend, dass McEvilley in der Anglerweste eine „Armeeweste" erkennen will (McEvilley, 1988), S. 35 und so den von Eva und Joseph Beuys vorgetragenen Transformationsprozess als vollzogen anerkennt.

19 (Stachelhaus, (als Taschenbuch) 1989), S. 215f. Auch Stachelhaus, der mit den Bedingungen in Deutschland vertrauter ist als McEvilley, nennt die Anglerweste eine Uniform und bestätigt damit meine Vermutung, das die Kleidungsstücke paradoxe Signale geben. (S. 216)

20 Es ist sehr wahrscheinlich, dass Beuys während seiner Ausbildung zum Bordfunker oder in Zeiten, in denen er nicht als Funker verwendet wurde, als Mannschaftsdienstgrad Wachdienste verrichten musste, bei denen er die Wirkung von Filzkleidung am eigenen Leibe erfahren hatte.

21 Das Bild gehörte der Kunsthalle Bremen, in der es 1942 durch Bomben zerstört wurde. Da das Bild die Gründungsepisode der USA darstellt, sind Kopien dieses Gemäldes von Leutze selbst und anderen Malern weit verbreitet. So hängt eine im Weißen Haus in Washington, wo es auf den Ursprung der Hauptstadt hinweist.

22 Genaue Beschreibung und Quellen bei (Schneede, 1994), S. 68-79

23 Wolf Vostell zit. nach (Schneede, 1994), 69

24 zit. nach ebd.

25 zit. nach ebd.

26 Caroline Tisdall, 1979. Zit. nach Schneede 1994, 69

27 ebd. S. 71.

28 Brief von Maciunas an Beuys. Zit. nach: (Adriani, 1984), S. 107. Adriani veröffentlichte Materiallisten und Briefe von Maciunas an Beuys. S. 104-107

29 (Schneede, 1994), S. 73f

30 (Adriani, 1984), S. 69

31 Biographische Hinweise, in: (Bastian, 1988), S. 89-110, S. 92

32 (Adriani, 1984), S. 89ff

33 (Adriani, 1984), S. 99-100

34 Ebd., S. 104. Schade auch, dass nur die Briefe von Maciunas, nicht aber die von Beuys abgedruckt worden sind.

35 (Hendricks, 1983), S. 154

36 (Hendricks, 1983), S. 243

37 (Hendricks, 1983), S. 241

38 (Adriani, 1984), Abb. 55 Komposition für 2 Musikanten, S. 105.

39 Ebd. S. 99

40 Catherine David im Gespräch mit Jean-François Chevrier und Benjamin Buchloh diskutierten die Frage der Unterdrückung der Avantgarde und damit auch des Surrealismus als Folge des Traumas in Deutschland, aber auch als Wendung gegen die gesellschaftliche Utopie. 1960-1997 Das politische Potential der Kunst, Teil 1, in: Politics Poetics. Das Buch zur documenta X, Kassel 1997, S. 374 – 403, 392.

41 Ammann, verschollene Karteikarte des Autors aus den 80er Jahren

42 Zum Verhältnis von Beuys und Fluxus sagte Thomas Kellein am 4.6.2007 auf D-Radio-Kultur: „In Wahrheit hat Beuys Fluxus ausgebeutet. Er hat den Begriff, er hat die Werkformen auf sein eigenes Œuvre übertragen, hat seine eigene Ausstellung ‚Fluxus' betitelt, um dann so eine Art Systemführerschaft zu übernehmen. Und das schließlich hat dazu geführt, dass viele Beuys-Forscher sich noch nicht einmal die Mühe machen zu überlegen: Wo kommt Fluxus eigentlich her?" http://www.dradio.de/dkultur/sendungen/fazit/632221/ (05.11.13)

43 (Adriani, 1984), S. 100f

44 Ludwig Rinne, Joseph Beuys „öö" 1972-1981, in: Veith Loers/Pia Witzmann, Stuttgart 1993, S. 96. Hinweis aus: Mythos Atelier, Katalog der Staatsgalerie Stuttgart 2012, S. 241

45 Ich selbst habe solche Momente in Diskussionen erlebt, nachdem der Haufen aus Basaltsäulen 1982 in Kassel mit Farbe überzogen worden war, oder als Beuys in Hamburg von Ari Goral angegriffen wurde, der ihm Antisemitismus unterstellte.

46 Die volkstümliche Redeweise, die ein Auto als „fahrbaren Untersatz" bezeichnet hat, bezieht sich auf die Funktion des Autos als Sockel einer mobilen Plastik.

47 Das Verwischen war eine Technik der teilweisen Unkenntlichmachung, die Vostell eingesetzt hatte. Es bliebe zu klären, inwiefern diese Beuys beeinflusst hat.

48 „Es muss wohl etwas an meiner Person sein, das vielleicht stellvertretend für etwas steht, was noch nicht endgültig in Erscheinung getreten ist." Aus einem Gespräch mit Amine Haase, Köln 1982, S. 29, zit. nach (Riegel, 2013), S. 130. Die Einwände von Hans Peter Riegel haben zwar einige Widersprü-

che zwischen Beuys' Angaben und den Archivbeständen herausgestellt, doch machen diese Beuys' Werk und Ansprüche ganz und gar nicht dubios, denn er hat die Instrumente der künstlerischen Forschung (avant la lettre) genau dazu eingesetzt, etwas gesellschaftlich zu bewegen, ehe es mit naturwissenschaftlichen und positivistischen Mitteln belegbar geworden war.

49 Zusätzlich zu der in Abschnitt B genannten Erörterung ist hier Peter Iden zu erwähnen, der in einem Begleittext zur Sonderseite, die es Beuys erlaubte seinen „Aufruf zur Alternative" zu publizieren (FR, 23. Sept. 1978), von „Monumentalbildhauerei" spricht.

50 Es kömmt heute nicht darauf an, die Welt zu verändern, sondern sie umzuschreiben, in: Kunstforum international, Bd. 212, Nov.-Dez 2011, S. 204-224.

Kapitel II

1 Tibor Pataky erwähnt in seinem im Duktus von Briefen von einem Studenten an den Meister geschriebenen Roman *Fruchtmann* auch die Strenge und die Grobheiten. „... deine Strenge, natürlich war sie auch unser Stolz – wie eines Rekruten Stolz die Härte des Drills, nährt sie doch die Hoffnung, dass hart er selber ist. (...) Der grobe Ton der Kameradschaft, der uns aus der Schule, aus Verein und Kaserne vertraut war: auf Konkurrenzkampf schien er die natürlichste Antwort – vorexerziert zudem von dir, deiner Vorliebe fürs Derbe." Pataky, Fruchtmann, Zürich 2015, S. 39. Die von Pataky geschilderten Erfahrungen sind mit dem Ende der Wehrpflicht weitgehend aus der öffentlichen Wahrnehmung verschwunden.

2 Vgl. hierzu meine Ausführungen zu Kim Jones, auf der Basis der Erkenntnisse von Michael Oppitz, Abi Warburg und Jürgen Habermas. Jones, der nach seinem Kunststudium 1966 zum U.S.-Marine Corps ging und nach seiner Rückkehr aus Vietnam 1969 sein Kunststudium wieder aufnahm, tauchte seit 1976 an verschiedenen Orten als *Mudman* (als „persona") auf. In: J.L.S.: Identität. Überschreitung/Verwandlung, Münster 1990 und Selbstverlag 1999ff, S. 180-205.

3 Die unkontrollierten Bewegungen sind Folge der durch Trauma ausgelösten Rastlosigkeit, die sich auch durch permanentes Rauchen, Trinken, Hin- und Hergehen etc. äußert.

4 (McEvilley, 1988).

5 Der Prozess um die berühmt gewordene Reinigung der Badewanne, die zum Sektkühler umfunktioniert worden war, muss einem unvoreingenommenen Publikum grotesk erscheinen. Doch wird vor dem Hintergrund der im kindlichen Sinne animistischen Belebung der Gegenstände deutlich, worum es dabei ging. Es ging nicht, wie oft angenommen, um Fragen der Origi-

nalität, sondern um die auf dem Gegenstand liegenden Spuren, die seine Zeitlichkeit ablesen lassen. Und eben diese Zeitlichkeit ist die mit Lebenszeit gesättigte Schicht, die einen Gegenstand mit Leben erfüllt.

6 Die Informationen und die Abläufe einschließlich der Aktionen der anderen Künstler sind von Schneede einschlägig recherchiert worden, weshalb diese Aktion hier nur rudimentär zusammengefasst und bis auf die wesentlichen Elemente gekürzt dargestellt wird. (Schneede, 1994), S. 46-49.

7 Mehrfach besucht von April bis Juni 2014, zuletzt am 27.06.14.

8 Die Bundesversammlung wählte Heinrich Lübke als Bundespräsident für eine 2. Amtszeit. In Südafrika wurde Nelson Mandela zu lebenslanger Haft verurteilt. In den USA unterzeichnete Lyndon B. Johnson ein Gesetz zur Aufhebung der Rassentrennung und befahl die Bombardierung Hanois aufgrund von der NSA bewusst unvollständig vorgelegter Informationen. Martin Luther King erhielt den Friedensnobelpreis. („1964", Wikipedia, am 12.7.2014).

9 http://deu.anarchopedia.org/Georg_Elser

10 (Schneede, 1994), S. 42.

11 Interview in: *Kunst*, abgedruckt in: (Becker, 1965), S. 325-328, S. 325.

12 Aschoff war Experte für die automatische Zielsuche von Geschossen und entwickelte während des 2. Weltkriegs für die AEG Torpedos.

13 In: (Becker, 1965), S. 419-420, S. 420.

14 Eine Untersuchung und Einschätzung der Verhältnisse an der RWTH legte Werner Tschacher 2004 vor. (Tschacher, 2004). Unter den Rektoren nach 1945 gab es mehrere ehemalige NSDAP-Mitglieder, darunter Herwart Opitz, der nach 1948 wieder Professor wurde und als renommierter Konstrukteur für Werkzeugmaschinen gleich zwei Mal, 1958-59 und 1967-69, Rektor war, und der als linksliberal geltende Literaturwissenschaftler Hans Schwerte, Rektor von 1970 bis 1973.

15 Der Titel, ein Begriffsmonstrum, ist dem Programmheft entnommen, das diese merkwürdige, an Speiseröhrenbeschwerden erinnernde Variante des Begriffs *FLUXUS* enthält, die hier schon 3 Jahre nach der Gründung in Wiesbaden als Retrovariante „Refluxus" auftaucht. Das hat mit der Flut von Namensgebungen zu tun, die typisch für den Neubeginn nicht nur in Deutschland war. Die Künstler versuchten sich nach der Stagnation während des Krieges mit neuen Begriffen für ihr Tun gegenseitig als Urheber von neuen Ansätzen zu übertrumpfen. Die Bezeichnung „Agit Pop" klingt eigenartig. Aber vielleicht war damit Agitations-Pop Art und nicht „Agitprop" gemeint, das eine Kurzform für Agitation und Propaganda ist.

16 Die offiziellen Veröffentlichungen zur documenta 3 belegen nicht nur die traditionelle Aufteilung der Kunst in Skulptur, Malerei und Handzeichnung, sondern auch die Berührungsängste mit Pop Art und Nouveaux

Réalistes, die man als „pseudo-moderne Erscheinungen" betrachtete. Documenta-Sekretariat. Die dritte docuemta `64 – Das Programm (27.6.1963), in: Manfred Schneckenburger (Hg.): documenta. Idee und Institution, München 1983, S. 66-69.

17 Dieses Statement lag im Programmheft zum 20. Juli 1964 erstmals vor. Darin hatte Beuys Schlüsselerfahrungen aus seiner Kindheit, Schulzeit und dem Krieg mit Kunstereignissen verknüpft und sie als Ausstellungen bezeichnet.

18 Diese Möglichkeit war schon im Surrealismus entwickelt worden und ging damals auf den Bruch mit der bürgerlichen Welt des 19. Jahrhunderts nach dem 1. Weltkrieg zurück. Mit Max Ernst befand sich derjenige, der diese Fiktionalisierung genutzt hatte, im amerikanischen Exil.

19 Wie verflochten das bis heute trotz eines Forschungsprojekts des Landes NRW nicht vollkommen entwirrbare Netz von Beziehungen war, darüber sprach Hubert Winkels am 14.05.1997 mit dem Mainzer Literaturwissenschaftler Jochen Hörisch anlässlich des Erscheinens von *Vertuschte Vergangenheit. Der Fall Schwerte und die NS-Vergangenheit der deutschen Hochschulen, von* Helmut König, Wolfgang Kuhlmann, Klaus Schwabe, München 1997. Hörisch dazu: „Es ist ausgeschlossen, dass einige es nicht gewusst haben. Der Doktorvater von Schwerte war Burger. Auch ein vergleichsweise bedeutender Germanist. *Dasein heißt eine Rolle spielen*, sein vielleicht bekanntester Titel. Und der hat natürlich gewusst, wer es war. Er war selbst ein alter Nazi. Es kann nicht sein, dass Burger das nicht gewusst hatte. Schwerte machte dann Karriere in Aachen. In Aachen saß Arnold Gehlen. Der war auch im Ahnenerbe-Amt. Und der alte rechtsradikal denkende, aber ja nicht uninteressante Theoretiker Gehlen muss, das darf man unterstellen, gewusst haben, was für ein Mensch da nun Reformrektor ist. Also, das sind gespensterhafte Konstellationen, die man sich da ausdenken kann. Aber das Milieu hat geschwiegen."
http://www.deutschlandfunk.de/vertuschte-vergangenheit-der-fall-schwerte-und-die-ns.700.de.html?dram:article_id=79412 (18. Februar 2014)

20 Faksimile des Briefs vom 24. Mai 1964 in: (Schneede, 1994), S. 45. Dieser erste Entwurf der Aktion in Aachen gleicht der später als „Der Chef" realisierten Aktion, in der Beuys stundenlang in eine Filzdecke gewickelt lag und Tierlaute von sich gab.

21 Die Originalausgabe von „Pop Art" erschien 1966.

22 Natürlich sieht es so aus, dass Beuys sich Fluxus eigennützig nur für kurze Zeit angeschlossen hat, doch waren die Künstler in seiner Umgebung ebenfalls solche, die sich wie Vostell nur temporär mit Fluxus assoziiert hatten.

23 Flyer von Metzger, in: (Breitwieser, 2005), S. 117.

24 Alle Angaben sind dem Band von Sabine Breitwieser entnommen. Ebd.

25 Susanne Anna: J. B., Düsseldorf, Ostfildern 2008, S. 54f.

26 (Riegel, 2013) S. 243f.

27 Wurde die Veröffentlichung 1966 noch als Fälschung vom Bundespräsidialamt zurückgewiesen, so sind nach der Wende neue Unterlagen gefunden worden, die Lübke als einen Verantwortlichen bestätigen. Im Spiegel (22/2001) vom 28.05.2001 sprach der Historiker Jens-Christian Wagner über Heinrich Lübkes Rolle beim Einsatz von KZ-Häftlingen in Peenemünde: Massengrab an der Raketenrampe (http://www.spiegel.de/spiegel/print/d-19285864.html) Jens-Christian Wagner legte 2007 seine Forschungen zu Lübkes Verstrickungen in das Zwangsarbeitssystem dar: *Der Fall Lübke. War der zweite Präsident der Bundesrepublik Deutschland tatsächlich nur das unschuldige Opfer einer perfiden DDR-Kampagne?* von Jens-Christian Wagner. http://www.zeit.de/2007/30/Heinrich-Luebke/komplettansicht

28 (Riegel, 2013), S. 495.

29 (Riegel, 2013), S. 471f.

30 Catherine David im Gespräch mit Jean-François Chevrier und Benjamin Buchloh: Joseph Beuys und der Surrealismus, in: Politics Poetics. Das Buch zur documenta X, Kassel 1997 S. 392-394, 393.

31 Catherine David im Gespräch mit Jean-François Chevrier und Benjamin Buchloh: 1960-1997 Das politische Potential der Kunst, Teil 1, in: ebd., S. 374 – 403, 392.

32 Beat Wismer: AFORK: Das Archiv künstlerischer Fotografie der Rheinischen Kunstszene. (Buschmann, 2007), S. 10-11. Einzig Stephan von Wiese (ebd., S. 168) spricht auch dieses Potential der Fotos mit dem Verweis auf Uwe M. Schneede an, der das Foto von Heinrich Riebesehl als „das öffentliche Bild von seiner Person" würdigte und klarstellte: „Mit diesem Foto begann der Mythos Beuys." (Schneede, 1994), S. 52.

33 Zit. nach: (Adriani, 1984), S. 127f.

Kapitel III

1 Dieser Text entstand als Beitrag zur Tagung „Return to mind" des EINSTELLUNGSRAUMS e.V. anlässlich des 70. Jahrestages der Bombardierung Hamburgs 2013. Ich stellte mir die Frage, wie sich Kriegserfahrungen in den Körper eines Performancekünstlers eingeschrieben haben könnten, der während des Zweiten Weltkriegs als Bordfunker in einem Sturzkampfbomber Einsätze geflogen hatte. Auf der Homepage des EINSTELLUNGSRAUMS e.V. http://einstellungsraum.de befindet sich eine gekürzte Fassung des während der Konferenz „Return to mind" am 9. August 2013 gehaltenen Vortrags.

2 Besonders häufig hat der Schriftsteller und Rundfunkredakteur Helmut Heißenbüttel diese Themen in seinen Hörspielen aufgegriffen.

3 Bautzmann macht darauf aufmerksam, dass es entgegen der weit verbreiteten Bezeichnung für sonniges Wetter tatsächlich um nächtliches Wetter ging: „... die britischen Piloten sprachen bei klaren Neumondnächten von ‚bombing weather'. Mit der Sonne hatte es also ursprünglich gar nichts zu tun, denn die Alliierten flogen erst ab Mitte 1944 Bombereinsätze auch am Tage, nachdem es fast keine deutsche Flugabwehr mehr gab. Selbst Dresden wurde im Februar 1944 noch nächtens zerstört. Klare Nächte (Vollmond hin, Neumond her) mit guter Sicht wurden von beiden Seiten mit Bombenwetter bezeichnet. http://www.gutefrage.net/frage/warum-sagt-man-bombenwetter, Antwort von Bautzmann vom 12.07.2012 (aufgerufen am 5.1.2015)

4 Laut eines Internet-Wörterbuchs verbirgt sich hinter dem Begriff nicht eine Bombe, sondern eine Luftangriffsstrategie: „Der Begriff ‚Blockbuster' bezieht sich ursprünglich auf eine zweistufige Angriffsstrategie der Alliierten im Luftkrieg des Zweiten Weltkriegs, mit der ganze Wohnblocks zerstört werden konnten. Der Strategie zufolge wurden zunächst Fliegerbomben an Straßenecken so abgeworfen, dass der entstehende Schuttkegel die Straße versperrte. Damit sollte die Flucht der Einwohner aus den zerstörten Gebäuden erschwert werden. In einem direkt anschließenden Angriff wurden Brandbomben in die Wohnviertel geworfen, wo die Feuer dann wegen der zerstörten Straßen nicht von der Feuerwehr gelöscht werden konnten." http://www.fremdwort.de/suchen/bedeutung/blockbuster (aufgerufen am 5.1.2015).

5 Der Göttinger Gewaltforscher Wolfgang Sofsky (im Gespräch mit Christoph Kucklick, GEO, 2/2003, S. 136/7) unterscheidet Eliten, die aus politischer Raison vermieden, über Deutsche als Opfer zu sprechen und stattdessen den Holocaust im kollektiven Bewusstsein verankerten, vom Wahlvolk, das in Familien und unter Freunden über die eigenen Kriegserlebnisse erzählte.

6 W.G. Sebald: Luftkrieg und Literatur, München 1999. Das Buch wurde bezeichnenderweise von einem Deutschen in England geschrieben, wo es unter dem Titel „On the Natural History of Destruction" erschien. „... diese Erlebnisse (wurden) immer und immer wieder erzählt, was das ursprüngliche Entsetzen abschliff, das Erlebte fassbar und schließlich unterhaltend machte", schrieb Uwe Timm, Am Beispiel meines Bruders, Köln 2003, S. 36.

7 Walter Benjamin: Über den Begriff der Geschichte, IX, in: Gesammelte Schriften, Bd. I.2, Frankfurt am Main 1974, als Taschenbuch 1980, S. 691-705, 697.

8 Da viele seiner Äußerungen seine Schulbildung und den Krieg betreffend nachweislich falsch sind, ist es durchaus möglich, dass sein Pilot mit den Bordwaffen Menschen zerfetzte und mit den Bomben Wohnungen zerstörte. H.P. Riegel, Beuys. Die Biographie, Berlin 2013, S. 63, 88.

9 Ausstellungskat. Skulpturen und Objekte, Berlin, München 1988, Abb. #12.

10 Verstehen und Nachahmen der Sprache der Tiere ist eine der Grundqualifikationen eines Schamanen. Mircea Eliade, Le chamanisme et les techniques archaiques de l'extase", Paris 1951, dt. Schamanismus und archaische Ekstasetechnik, Zürich 1957; zit. nach Taschenbuchausgabe, Frankfurt am Main 1975, S. 103ff.

11 Der „Hase" wird allgemein als faktisch akzeptiert (z.B.: Uwe Schneede, Joseph Beuys: Die Aktionen, Ostfildern-Ruit 1994, S. 68-69). Tatsächlich verwendete Beuys statt Hasen Kaninchen. Auf die schamanischen Implikationen der Verwendung von Tieren und die Verbindungen mit Kriegserfahrungen hat Thomas McEvilley hingewiesen (Was hat der Hase gesagt?, in: Ausstellungskat. 1988, S. 30 – 35.

12 (1967 aktualisiert) ebd., Abb. #51.

13 Joseph Beuys: Hasengrab, 1962/67, Kat. Berlin, München 1988, #51.

14 (Kampe, 1998), Abb. 124f.

15 Mit Stellvertreterkrieg wurde ein Krieg bezeichnet, in dem die Groß- und Atommächte in Drittländern gegeneinander antraten, weil ihnen ein direkter Schlagabtausch durch die programmierte Eskalation bis hin zum Einsatz von Atomwaffen unmöglich war.

16 Vor diesem Hintergrund könnte die Hinwendung zu Rudolf Steiner und seiner Lehre auch als ein Ausweichen vor der Politisierung gedeutet werden. Beuys entzog sich damit dem studentischen Protest gegen den Vietnamkrieg. Statt dessen gründete er paradoxerweise als Professor die Deutsche Studentenpartei, um diesen Ereignissen und der Stoßrichtung der Studentischen Proteste seine Sicht entgegenzusetzen. Dass Beuys Informationen über seine Quellen gezielt einsetzte, darauf deutet Dieter Koepplin besonders auch in Bezug auf Steiner hin. (Koepplin, 1990), S. 21.

17 (Stachelhaus, (als Taschenbuch) 1989), S. 24.

18 ebd., S. 28.

19 ebd., S. 28f.

20 Petra Bopp und Sandra Starke haben diesen Aspekt des Krieges anhand der Kriegsfotografien von deutschen Soldaten untersucht. „Die kämpfenden Besatzer vergewisserten sich ihrer eigenen Identität und Überlegenheit mit dem zuweilen touristischen, neugierig-ethnographischen oder auch rassistischen Blick auf die Fremden." „Fremde im Visier. Fotoalben aus dem Zweiten Weltkrieg", Ausstellungskatalog Bielefeld 2009, S. 8.

21 (Stachelhaus, (als Taschenbuch) 1989), S. 73-77.

22 (Stachelhaus, (als Taschenbuch) 1989), S. 78.

23 Die Aussagen des Autors beziehen sich auf das Objekt „Hasengrab"

1962/67, das in (Bastian, 1988), S. 185 mit Kat. Nr. 51 abgebildet ist.

Kapitel IV

1 (Ricœur, 1964, dt. 1969, als Taschenbuch 1974), S. 429ff.

2 Ich danke Andrea Morein für den Hinweis. In der jüdischen Symbolik sind Hasen und von Hunden gejagte Hasen auch zu einem Sinnbild des gefährdeten und von Pogromen bedrohten Menschen geworden. Vgl. Lexikon der Kunst, Bd. III, Leipzig 2004.

3 (Adriani, 1984), S. 155. Die Autoren zitieren aus einem Interview, das Hagen Lieberknecht mit Beuys führte. Kat. Slg. Lutz, Kunstverein St. Gallen, 1971.

4 Beuys rekurrierte hier auf okkultistische Vorstellungen von der Erde, der man Schöpferkraft zusprach, die sie befähigte, Artefakte wie Figuren, gediegenes Gold und eben Lebewesen wie Kaninchen hervorzubringen. Horst Bredekamp: Die Erde als Lebewesen, in: kritische berichte (Gießen) 9, 1981, Heft 4/5, S. 5-37. Alchemisten suchten die formende, also schöpferische Kraft der Erde mit den Substanzen und Vorgängen in ihren Gefäßen nachzuahmen.

5 (Wagner, 2001), S. 123.

6 (Riegel, 2013), S. 81.

7 Der „Hase" wird allgemein als faktisch akzeptiert (z.B.: Uwe Schneede, Joseph Beuys: Die Aktionen, Ostfildern-Ruit 1994, S. 68-69).

8 Beuys im Gespräch mit Veit Mölter, AZ 15. Nov. 1985. Zit. nach (Schneede, 1994), S. 129.

9 Dieser Zusammenhang wird im Verlauf dieses Kapitels weiter vertieft, weil er auch im Umgang mit Fett und anderen Substanzen eine Rolle spielt.

10 (Adriani, 1984), S. 25.

11 Der Brief erläutert das Vorhaben für den 20. Juli 1964 in Aachen mit einer Skizze. Faksimiliert abgebildet in: (Schneede, 1994), S. 45.

12 (Faust, 1977), S. 26f. Neben anderen Künstlern, die Sprache in Aktionen, Happenings und Performances benutzten, nennt Faust Beuys als einen der Künstler, die den Dialog zum Teil ihrer Kunstausübung machten. Seine Untersuchung berücksichtigte noch nicht die Nutzung der weitergehenden Kraft der Sprache, welche Zusammenhänge zu verschleiern und umzudeuten vermochte. John C. Welchman schreibt: „Im Bereich der Repräsentation richtete man einen ständigen Umweg ein, um der entzweienden Rationalität zu entkommen,..." Nach der Wagnerianischen Bouillabaisse, in: Judi Freeman: Das Wort-Bild in Dada und Surrealismus, dt. Ausgabe München 1990, S. 13-96, S. 61.

13 Die Nähe zur Befreiung der Worte aus den Bedeutungszusammenhängen war auch Armin Zweite aufgefallen, als er die Namensgebung für die Installation „Voglio vedere le mie montagne" (1950/71) aufzulösen versuchte. (Zweite, 1988), S. 71.

14 Andreas Huyssen bezeichnete Beuys 1984 als eine der Schlüsselfiguren der Postmoderne in den 1970er Jahren. Mapping the Postmodern, in: New German Critique, #33, Fall 1984, pp. 5-52, erneut veröffentlicht in: Postmodernism: Critical texts, hg. von Victor E. Taylor and Charles E. Winquist, Vol. II, London & New York 1998, S. 181-224, S. 181.

15 Philip Ursprung benennt das in einer Anmerkung: „Exemplarisch für die Thematisierung einer als tragisch verstandenen Modernität ist das Werk von Joseph Beuys." Grenzen der Kunst. Allan Kaprow und das Happening. Robert Smithson und die Land Art, München 2003, S. 35.

16 (Riegel, 2013), S. 77f. Die leichten Verwundungen von Beuys sind am 16.3.1944 eine Gehirnerschütterung und Platzwunde und am 27.4.1944 (sic! Hier muss es 1945 heißen.) Granatsplitter im linken Unterschenkel. Sie kamen nicht für Ehrungen infrage. Sein letzter Dienstgrad entsprach dem eines Unteroffiziers. Ebd. S. 78.

17 Erst 1996 veröffentlichten Frank Gieseke und Albert Markert ihre Recherchen *Flieger, Filz und Vaterland.* Der Beuys-Schüler Georg Herold reiste mit einem Team 2000 auf die Krim, um einen Film vor Ort zu drehen. http://www.berliner-zeitung.de/archiv/joerg-herold-verfolgte-den-beuys-mythos-bis-auf-die-krim-und-dokumentiert-seine-ermittlungen-in-der-galerie-eigen---art-kein-fett--kein-filz,10810590,9900314.html (Juli 2015).

18 (Riegel, 2013), S. 41, S. 45f

19 Die Anlage dieser Biografie erlaubt es anzunehmen, dass sich Beuys' Zurückweisung des Materialismus nicht ausschließlich auf den philosophischen Materialismus im Sinne von Marx bezieht, sondern das kleinbürgerliche Alltagsverständnis von Materialismus meint, das ihn in kritischen Momenten immer wieder eingeholt haben mag.

20 (Adriani, 1984), S. 66, (Stachelhaus, (als Taschenbuch) 1989), S. 67f.

21 (Schneede, 1994), S. 129f.

22 Z.B. (Stachelhaus, (als Taschenbuch) 1989), S. 77f.

23 Die Verbindung zum Schamanismus wird von Stachelhaus im Kapitel über Tiere nur angedeutet. (Stachelhaus, (als Taschenbuch) 1989), S. 71. Uwe M. Schneede erwähnt „Schamane" im einleitenden Essay zu den Aktionen von Beuys nur einmal im Abschnitt „Habitus". (Schneede, 1994), S. 8-19, 16. Später geht er ausführlicher im Zusammenhang mit Initiation auf Schamanismus ein. S. 172f.

24 „Wie ein Schamane kommunizierte er mit Verbündeten aus dem Tierreich. Er sprach mit Hasen, lebte mit Kojoten, nahm sich den Tod von Mäu-

sen zu Herzen und setzte Rituale mit Pferden in Szene, ohne sie zu besteigen." (McEvilley, 1988), S. 32

25 Thomas McEvilley hat in seinem Aufsatz auf die schamanischen Implikationen der Aktionen hingewiesen, wobei er die archaische Bedeutung des Tieres als Partner nicht vergaß. Was hat der Hase gesagt? Fragen über, für oder von Joseph Beuys, in: (McEvilley, 1988), S. 30 – 35, S. 32

26 Unveröffentlichtes Interview von Ursula Meyer. Zit. nach (Schneede, 1994), 71

27 Zahlreiche Beispiele für die Interaktion zwischen Schamanen und Tieren sowie Mischwesen führt Hans Peter Duerr an. (Duerr, 1984) §6, S. 71ff

28 https://www.wired.de/collection/latest/un-konferenz-gesteht-tieren-kultur-zu (29. Juni 2015)

29 (McEvilley, 1988), S. 30

30 Siehe dazu die gleichnamige Ausstellung im Kunsthaus Zürich 2011, Katalog: Beuys Voice, hg. von Lucrezia De Domizio Durini, Mailand, besonders: S. 369-410

31 Beuys befand sich z. B. in der AuD (Aktion unabhängiger Deutscher) in der Nähe von rassistischen und nationalistischen Mitgliedern und Funktionären, und auch in der Gesellschaft für Anthroposophie kooperierte er mit Personen, die wie Werner Georg Haverbeck und August Haußleiter rechtsextremes Gedankengut vertraten und dieses noch bis in die Phase der Gründung der grünen Partei in die gesellschaftliche Debatte einbrachten. (Riegel, 2013), S.444f. Weitere anthroposophische Aktivisten waren Wilfried Heidt und Peter Schilinsky, S. 398ff

32 (McEvilley, 1988), S. 32

33 Bruno Bettelheim wählt die Großmutter, die sich Rotkäppchen gegenüber als Wolf zeigt. Als Psychologe sieht er darin keinen Trick, mit dem sich ein anderes Wesen in die Welt des Kindes einschleicht, sondern die Abspaltung der furchterregenden Seiten der sonst liebevollen Großmutter. The Use of Enchantment, New York 1975, 1976, dt.: Kinder brauchen Märchen, Stuttgart 1977, zit. nach Taschenbuchausgabe, München [14]1990, S. 79f. Im Märchen hat sie sich tatsächlich in einen bösen Wolf verwandelt, womit die Großmutter nicht nur ihre Freundlichkeit, sondern gleichfalls auch ihre geschlechtliche Identität verlor.

34 (Huber, 1993), S. 28f

35 (Eliade, 1975) 64-71

36 „Es hieß, er habe einen Klumpen Fett im feuchten Boden vergraben, symbolhaft für sein Herz." (Riegel, 2013), S. 342

37 Ebd. bes. Kap. V, S. 148ff

38 „In kaum einer Periode der jüngeren deutschen Geschichte prägten pa-

ramilitärische Verbände die politische Kultur so stark wie in den Jahren der Weimarer Republik. Niederlage und Umsturz von 1918 wurden in weiten Teilen der Bevölkerung ebenso als „Schmach" empfunden wie der Versailler Vertrag. In Hass mündende Ablehnung der Republik ließen eine allgemeine Gewaltbereitschaft und damit Wehrverbände wachsen. Von dieser weitverbreiteten Mentalität blieb naturgemäß auch die Nachkriegsgeneration nicht unberührt, die von Kindheit an durch Krieg und Revolution, bürgerkriegsähnliche Zustände und die Folgen der Inflation geprägt war und sich zudem einer unsicheren Zukunft gegenüber sah. Ohnehin an autoritäre Umgangsformen gewöhnt, zeigten sich viele Jugendliche für die zeittypische Gewaltbereitschaft und die daraus resultierenden paramilitärischen Einstellungen empfänglich." Vgl.: Wolfgang R. Krabbe: Kritische Anhänger - Unbequeme Störer. Studien zur Politisierung deutscher Jugendlicher im 20. Jahrhundert, Berlin 2010, S. 67ff. http://www.jugend1918-1945.de/thema.aspx?s=3504&m=3440&open=3504(12. Feb. 2014).

39 (Stachelhaus, (als Taschenbuch) 1989), S. 67

40 Ich kann mich jedenfalls erinnern, dass ich mich als Kind in den 1960ern übergeben musste, nachdem ich einen solchen Film gesehen hatte.

41 (Stachelhaus, (als Taschenbuch) 1989), S. 77

42 Das diesbezügliche Foto stammt von Bernd Nanninga und ist abgebildet in: (Bastian, 1988), S. 103

43 Das Lied „Die Moorsoldaten", das Johann Esser und Wolfgang Langhoff 1933 geschrieben haben, bezeugt diesen Aspekt.

44 Verena Walzl hat diese Zusammenhänge für die Kunst seit 1967 erforscht. Ihre Magisterarbeit geht von ersten Grabungen wie *Hole* oder *Burial Monument* von Claes Oldenburg (1967, New York) aus, doch entgingen ihr angesichts der auf Objekte ausgelegten Recherche die bei Beuys durch seine Soldatenvergangenheit induzierten Einflüsse des Grabens in der Kunst. Kluft, Öffnung, Höhlung: Anthropogene Senken der Land Art und das Hervorkehren ihrer Mensch-Natur-Beziehung, Magisterarbeit, Karl-Franzens-Universität, Graz 2013

45 Veröffentlichungen dazu z. B.: „Zwischen Kunst und Literatur", Thema von Bd. 37, KUNSTFORUM international, 1/1980, (Faust, 1977), Vom Aussehen der Wörter, Visuelle Poesie/Notationen, Kunstmuseum Hannover mit Sammlung Sprengel, 1980.

46 Eine Ausnahme zitiert Sven Felix Kellerhoff aus einer Familiengeschichte von Karin Friedrich diese euphemistischen Zeilen über den Maifeiertag 1945 in Berlin: „Frei wuchernde Narzissen, Vergissmeinnicht, junges Grün. Dazwischen hingestreckt aufgedunsene Soldaten. Russische und deutsche. Mit glasig starrenden Augen. Über allem klebrig süßlicher Verwesungsgeruch, wie nach wildem Honig." (Berlin im Krieg, Berlin 2011, S. 338) Diese Verklärung des Bestialischen macht die bedrückenden Erinnerungen erträg-

lich. Die dunklen Seiten solcher Erfahrungen aktualisierten olfaktorische Eindrücke während eines Besuchs der Südspitze von Manhattan nach dem 9. September 2001. Noch im März 2002 hing ein Geruch von verbranntem Fleisch und Fett in der Nähe von Ground Zero, obwohl man während der anhaltenden Aufräumarbeiten regelmäßig Wasser auf die umliegenden Straßen sprühte. Die Erinnerung an diesen Geruch ist mächtig und gibt mir eine Vorstellung davon, wie lange die bombardierten Städte nach menschlichen Überresten gerochen haben müssen.

47 Kluge, Etymologisches Wörterbuch, Berlin, verschiedene Ausgaben.

48 (Adriani, 1984), S. 115.

49 Nach der Zielvorgabe: „Mit Hilfe derartiger Materialien ist es unter einfachsten Konditionen später möglich, diesen Bewegungsprozess vom organischen Urbild zum systematisch-kristallinen Ordnungssystem, von der ungestalten Fettmasse etwa zur Fettecke, die sich als Grundmuster anbietet, zu analysieren", bringt Adriani ein Zitat von Beuys, der nun Fett und Wachs mit Bienen in Verbindung bringt. (Adriani, 1984), S. 49. Das ist zwar hinsichtlich der Substanzen, die bei Verbrennung Wärme erzeugen, möglich. Doch ist Fett keine Substanz, die von Bienen erzeugt oder verwendet wird.

50 (Wagner, 2001), S. 206.

51 (Riegel, 2013), S. 65-71. Riegel bezieht sich auf Recherchen von Frank Gieseke, Albert Markert, Jörg Herold und Corinna Tomberger (vgl. Anm. 17) und eigene Gespräche mit damaligen Vorgesetzten von Beuys, die ihn zu dem Ergebnis brachten, dass die Verletzung nicht lebensbedrohlich war.

52 Eva Huber: Fett als Substanz plastischer Energie, in: (Huber, 1993), S. 109-118, S. 102.

53 Sie wurden 1965 in dem von Jürgen Becker und Wolf Vostell herausgegebenen Reader „Happenings" veröffentlicht. (Becker, 1965), S. 428 f

54 1921 wurde Leukoplast und 1922 Hansaplast auf den Markt gebracht. Das Band wurde mit Zinkoxid-Kautschukharz klebend und mit Chlorhexin antiseptisch gemacht und war damals eine Innovation, die Beachtung fand.

55 Georg Jappe, in: Kunstnachrichten, Heft 3, März 1977, S. 74. Dass Beuys hier Filz und Fett in einem Atemzug nannte, scheint zunächst abwegig, doch werden Filter aus Filz auch in Molkereien eingesetzt, so dass beide Materialien sich auch ohne die Jurten der Nomaden aufeinander beziehen.

56 Zit. nach: Art of two Germanys/Cold War Cultures (Kat. L.A. County Mus.) New York 2009, dt.: Kunst und Kalter Krieg. Deutsche Positionen 1945-89, Köln 2009, S. 95.

57 Wie sehr Beuys sich ihm zu Dank verpflichtet fühlte, zeigt sich in dem Klavierduett in memoriam George Maciunas, das er mit Nam June Paik am 7. Juli 1978 in der Staatlichen Kunstakademie in Düsseldorf aufgeführt hat.

58 (Becker, 1965), S. 428 ist die früheste mir vorliegende Veröffentlichung

von „Lebenslauf Werklauf".

59 (Adriani, 1973) Dieser Patzer wurde in der folgenden Ausgabe korrigiert.

60 Die von Beuys verwendeten Materialien dienten seinen Kritikern als Anhaltspunkt, um ihm zu bescheinigen, kein relevanter Gegenwartskünstler zu sein. Die Einwürfe seines Kollegen Norbert Kricke zeigten aber auch die geschichtsverlorenen Verdrängungsleistungen in der jungen Bundesrepublik. Norbert Kricke, Kein Fall für mich, in: Die Zeit, 20.12.1968. http://www.zeit.de/1968/51/kein-fall-fuer-mich (10.11.2014).

61 In einem Interview des SWF 1980 sagte Beuys: "Ich habe gewusst, dass etwas in Bewegung kommen würde mit der Wahl der Materialien."

62 Die vollständige Überschrift der Synopse lautet: DIAGRAM OF HISTORICAL DEVELOPEMENT OF FLUXUS AND OTHER 4 DIMENSIONAL, AURAL, OPTIC, OLFACTORY, EPITHELIAL AND TACTILE ART FORMS. Lund 1979.

63 Caroline Tisdall: Joseph Beuys, Ausstellungskat. Solomon R. Guggenheim Mus., New York 1979, S. 97. Zit. nach (Schneede, 1994), S. 91.

64 (Benjamin, 1974), S. 701. Oft wird vergessen, dass Benjamin auch die Mode als eine solche Rückgriffbewegung in einer Arena, also vor Publikum, sah. Von dort ausgehend erweiterte er das Bild, als er anfügte: „Derselbe Sprung unter dem freien Himmel der Geschichte ist der dialektische als den Marx die Revolutionen begriffen hat." Ebd.

65 (Jappe, in: Artis, Nov. 1991, S. 44-48, 48), zit. nach: (Schneede, 1994), S. 271.

66 Es ist bezeichnend, dass Beuys von Andy Warhol mit Exkrementen und nicht mit Fett zusammengebracht wurde. Warhol erinnerte sich, dass er zum Dinner des deutschen Botschafters anlässlich der Beuys-Retrospektive im Guggenheim-Museum etwas spät dran war und ihm zugetragen wurde, es sei „um Exkremente gegangen, die Beuys so gut zu benutzen wisse". "The Andy Warhol Diaries" ed. by Pat Hackett, New York 1991, S. 248.

67 Die Verteidigungsdoktrinen der NATO und des Warschauer Pakts sahen vor, jedem Angriff mit einer Atomwaffe einen Gegenschlag mit der Fülle des verfügbaren Arsenals folgen zu lassen.

68 (Kristeva, 1980), S. 2/3.

69 (Buchloh, 1980), S. 39.

70 vgl. Anm. 49

71 (Groys, 1992), S. 56, 58.

72 Helga Levend, Spätes Leiden. Die Generation der „Kinder" des Zweiten Weltkriegs hat Schreckliches erlebt – vielen wird das heutzutage erst wieder bewusst, FR 13.4.2005, S. 23. Sowie weitere Beiträge zum Thema in dieser Beilage.

73 „...da wurde der Kocher aufgestellt, heiß gemacht. Dann wurden die Fettblöcke geschmolzen, und das Fett in dieser Fettkiste wurde erwärmt; das war wohl dieses ‚Kukei'. ... und als ich diese Kupferstange, die jetzt in der Sammlung Ströher ist, mit dem Filz hochhob, da gab's eine einzige Explosion." Diese Aussage, die von Beuys sein könnte, wird bei (Adriani, 1984), S. 127f zitiert, ohne dass sie wie andere Äußerungen auf den Seiten 126ff einem Autoren zugeordnet worden wäre. Falls sie von Beuys sein sollte, erscheint es befremdlich, dass er, der der Aktion ja den Titel gegeben hatte, danach vermutet haben sollte, dass seine Fettkiste wohl „dieses ‚Kukei'" wäre.

74 GEO, Heft 02/2003, S. 156f. Menschen, die den Feuersturm in Hamburg erlebt haben, berichteten von verschmorten oder gesottenen Leichen, die im Fett lagen, das die Hitze aus ihren Körpern geschmolzen hatte. (S. 156) Der Bäckergeselle Otto Sander, der ein bekannter Langstreckenläufer war – 10.000 m in 31 Min. – brach sich einen Weg aus dem Bunker an der Deichstraße, um ärztliche Hilfe zu holen. Aus dem Bunkerinneren konnte er sich von dem Inferno, das draußen tobte, kein Bild machen. Die Tür war durch die Hitze des Feuersturms verzogen und als er sie mit Gewalt aufgedrückt hatte, musste er über die sich vor dem Bunker stapelnden Leichen klettern. Die Menschen, die sich noch in den schon verschlossenen Bunker flüchten wollten, waren davor zu einer schwarzen dampfenden Masse zusammengeschmolzen, an der Kleiderreste hingen. Verbrannte Extremitäten ragten aus schwarzem Fett und verklebter Asche. (S. 157)

75 Eine präzise Beschreibung der Vitrine hat Iris Gniosdorsch vorgelegt, die die Vitrine unter religiösen Gesichtspunkten untersucht hat, um Bezüge zu Auschwitz aus ihrer Sicht zu begründen. (Gniosdorsch, 2004), S. 190ff.

76 (Gniosdorsch, 2004), S. 191.

77 Die Aktion in Aachen wurde ausführlich in Kapitel II dargelegt, wo sich auch die Quellenangabe des Videos befindet, das Gniosdorsch 2004 nicht kennen konnte.

78 Ströher, in: (Bott, o.J. (1970)), S. 5-7, 5.

79 Ebd., S. 6

80 (Riegel, 2013), S. 274-6

81 (Buchloh, 1980)

82 (Bott, o.J. (1970)), S. 41-43

83 Ebd.

84 Die Aktion und die Installation wurden ausführlich von Eva Huber anhand der Fotos von Camillo Fischer dargelegt. (Huber, 1993).

85 Im Versuch der Materialisierung des Unsichtbaren ist auch eine Fortsetzung der vom Esoterischen inspirierten Experimente festzustellen, die auf die von Charles Richet als „Ideoplastik" und „Astralplastik" bezeichneten

Abdrücke „ektoplasmischer" Projektionen zurückgehen. Sie wurden auch von den Futuristen praktiziert, die wie Arturo Bragaglia (Der Raucher, 1913) den Rauch und Lichtstreifen von Langzeitbelichtungen auf Fotoplatten als Belege paranormaler Phänomene veröffentlichten. Z. B.: Katharina Harlow Tighe: Die Schriften von Umberto Boccioni: Schlüssel zum Verständnis der Beziehungen zwischen italienischem Futurismus und Okkultismus, in: Okkultismus und Avantgarde, von Munch bis Mondrian 1900-1915, Ausstellungskatalog Schirn Kunsthalle, Frankfurt am Main. S. 469.

86 (Beuys, 1988) Die Nummern und Seitenangaben beziehen sich auf diese Publikation des Konvoluts.

87 (Adriani, 1984), Abb. 36, S. 70

88 Merkwürdig, dass „Astronautin" von 1957 zwischen die Zeichnungen von 1958 gerutscht ist. An dieser Stelle zwischen Prothesen und Spazierstock würde allerdings die prothetische Form bestätigt werden, und die Anspielung auf angeschossene oder durch Einwirkung von Bomben verletzte Frauen würde plausibler. Noch dazu ist die Frauengestalt als Astronautin, dem Weltall zugeordnet, womit sie Beuys einem materialistisch-spirituellen Himmel zugeordnet hätte.

89 Bildlegende (Beuys, 1988), S. 501.

90 (Riegel, 2013), S. 69.

91 (Adriani, 1984), Abb. 81, S. 160.

92 Ich selbst erlebte, dass noch im März 2002 in der Nähe von „Ground Zero" abendlich die Straßen gewässert worden sind, um den mit Leichengeruch vermischten Asbeststaub, der über dem Gebiet hing, zu binden.

93 http://mmk-frankfurt.de/de/sammlung/werkdetailseite/?werk=2003%2F134

94 Jean-Christoph Ammann organisierte *Muerte sin fin*, Margolles' erste Ausstellung in Deutschland, im MMK in Frankfurt 2004. Niklas Maak, der die Ausstellung für die FAZ vom 24. Mai 2004 rezensierte, entging die olfaktorische Ebene, denn er legte den Lesern nahe, dass man die Behauptung von Margolles glauben müsse. http://www.faz.net/aktuell/feuilleton/kunst/kunst-die-schoenen-und-die-leichen-1161900.html

95 MANSON 1969, Ausstellung der Hamburger Kunsthalle, 2009.

96 Auf dem Weg zum Unding, in: (Flusser, 1993, als TB 1997), S. 188.

97 (Siegmund, 2006), S. 58.

98 Ebd., S. 61

99 Den Hinweis auf Adam Smith und Karl Marx verdanke ich Carolyn Steedman, die auf der Konferenz „Performance and Politics in the 1970s" im Zilkha Auditorium, Whitechapel Gal. London, 30. Mai 2015 triumphierend darauf hinwies, dass die Definition der nicht produktiven Arbeit von

Bediensteten bei Adam Smith und später auch bei Karl Marx der Definition von Performance bei Peggy Phelan entsprechen würde.

100 Arthur Cravan griff in der Nummer 4 der von ihm von 1912 bis 1915 herausgegebenen Zeitschrift „Maintenant" die Leitfiguren der Avantgarde wie Guillaume Apollinaire und die Delaunays dermaßen unverschämt an, dass sie gerichtlich gegen ihn vorgingen. Cravan unterschrieb daraufhin einen fingierten Schmähbrief als „Hochstapler, Seemann im Pazifik, Mauleseltreiber, Orangenpflücker in Kalifornien, Schlangenbeschwörer, Hoteldieb, Neffe von Oscar Wilde, Holzfäller in riesigen Wäldern, Ex-Boxchampion für Frankreich, Enkel des Kanzlers der Königin, Autochauffeur in Berlin, Einbrecher usw. usw. usw." Die Aufzählung seiner beruflichen Tätigkeiten bestätigt alle Vorstellungen, die man von einem Bohèmien, einem Entwurzelten oder vogelfreien Menschen hat, der bestenfalls Beziehungen zu Wilden, Außenseitern und Höflingen pflegt.

101 Judith Buttler hat sich in ihrem Essay „Von der Performativität zur Prekarität" (in: Erika Fischer-Lichte u. Kristiane Hasselmann, Hrsg., Performing the Future. Die Zukunft der Performativitätsforschung. München 2014, S. 27-40) mit der politischen und sozialen Erkennbarkeit von prekären Existenzen auseinandergesetzt. Es ist bemerkenswert, dass sich aus ihrer Sicht als Folge der Globalisierung der Statusverlust von Künstlern ausgeweitet hat. Was sich zuvor in der Kunst ereignete, als die Künstler bürgerlicher Herkunft das bürgerliche Kunstpublikum mit prekärer Existenz konfrontierte, wird zu einer weltweiten Lebenserfahrung, die einer weite Verbreitung von Performances nach sich gezogen hat. Streng betrachtet ging es auch bei den illegalen lateinamerikanischen Emigranten, die in Los Angeles die US-amerikanische Nationalhymne auf Spanisch und Englisch sangen, um die Anerkennung ihrer prekären Existenz, die sie mit performativen Mitteln sicht- und hörbar machten. Sie kamen also über ihren nicht mehr vorhandenen Status zur Performance, der künstlerischen Ausdrucksform der Mittellosen.

102 Diese Auffassung kennzeichnet Beuys' Einsatz für den „Dritten Weg", der die Reformbemühungen aller politischen und religiösen Gruppierungen zur Abkoppelung der Arbeit vom Profit zusammenfasst. Lucrezia De Domizio Durini, Beuys Voice, Ausstellungskatalog Zürich, Mailand 2011, S. 286. Heute konkretisieren sich diese Überlegungen in der politischen Forderung eines bedingungslosen Grundeinkommens.

103 Bodies that Matter, New York 1993, dt.: Körper von Gewicht, als Taschenbuch, Frankfurt am Main 1997, S. 66. Die Konsequenzen daraus, die Judith Buttler mit Irigaray zieht und auf die sich Peggy Phelan bezieht, lassen sich im Anschluss an Buttler generell auf die Ebenen der Gesellschaft, des sozialen Geschlechts und der gesellschaftlichen Modalitäten ausgedehnen.

104 Ebd., S. 67

105 Grundsätzliches über die Kunstwürdigkeit von Materialien (Wagner, 2001), S. 9ff.

106 Joseph Beuys im Gespräch mit Caroline Tisdall, 1974, in: (Beuys, 1988), S. 48-50, 48

107 Ebd., S. 49

108 (Kristeva, 1980), S. 155

109 In: heute Kunst, Nr. 21, 1978, S. 15-18, S. 17

110 Elisabeth Roudinesco folgt hier der Genese des Begriffs der *Verwerfung*, den sie 1956 bei Jacques Lacan lokalisiert, der ihn unberechtigterweise Freud zugeschrieben hat. Jacques Lacan. Esquisse d'une vie, histoire d'une système de pensée, Paris 1993, dt.: Jacques Lacan. Bericht über ein Leben, Geschichte eines Denksystems, Köln 1996, S. 424.

111 Laute bei den Aktionen *Der Chef* und dem *Wie man dem toten Hasen die Bilder erklärt.*

112 „... (man's special relationship to matter, the conveying of spirit through matter, the designation of significance to matter. And in the case of the voice: man hears plastically before he sees).." Beuys im Gespräch mit Tisdall, in: (Beuys, 1988), S. 48-50, S. 49

113 Hier wird der Begriff der Chōra berührt, wie er im Timaios von Platon vorgefunden wird. Aus methodischen Gründen wird dieser Begriff erst später zur Sprache kommen.

114 Platon, Timaios, Reinbek bei Hamburg 1959. Diese Ausgabe der Schriften Platons beinhaltet eine Übersetzung von Schleiermacher, wie sie auch Beuys am Anfang seiner Auseinandersetzung mit Fett zugänglich gewesen war.

115 „FETTRAUM" hieß die Installation, die nach der Aktion in den Räumen von Franz Dahlem in Darmstadt zu besichtigen war. Dazu ausführlich: (Huber, 1993).

116 1967 amerikanische Originalausgabe, 1969 folgte die deutsche Übersetzung.

117 (Fischer-Lichte, 2004) S. 347f. Wenn auch die Dynamik einer Masse im Sportstadion von der der bei einer Kunstaktion anwesenden sehr verschieden ist, so bestätigt allein die Tatsache, dass Fischer-Lichte eine Verbindung zwischen diesen herstellt, wie sehr Beuys 1964 den Nerv des Kollektiven getroffen hatte.

118 Ebd., S. 16. Huber bezieht sich auf die Interpretation von F.J. van der Grinten zu Manresa und Ignatius von Loyola.

119 Das Interesse an animierten Figuren zeigt sich an verschiedenen Stellen: Bei seiner Fluxusaktion in Düsseldorf verwendete er 1963 ein mechanisches Blechspielzeug mit zwei clownesken Perkussionisten, und auf dem Blatt aus

dem Konvolut „Secret block for a secret person in Ireland" # 216 verso, ist unten rechts eine Marionette abgebildet.

120 Johannes Cladders: Die Realität von Kunst als Thema der Kunst, (Abteilung 16, Individuelle Mythologien), Kat.: documenta 5, Kassel 1972, 16.1-16.5, 16.1. Da hier „verstanden" werden in doppelten Anführungszeichen steht, wird signalisiert, dass es sich um eine Konvention handelt, die plastisch ist, also geformt werden kann, also von Zeit zu Zeit transformiert wird.

121 Peggy Phelan: Broken symmetries: memory, sight, love, in: (Phelan, 1993), S. 1-33, S. 3.

122 (Flusser, 1993, als TB 1997), S. 189

123 (Groys, 2002), S. 110ff

124 In: heute Kunst, Nr. 21, 1978, S. 15-18, S. 17

125 Das performative Spiel als Laboratorium, in: (Blohm, 2015), S. 175-185. Besonders interessant für die oben angesprochene Frage von Uniformen und Prekariat ist die Diskussion zum Thema „Uniforms for the precarious workers", der sich Max Gilgenmann von der Ethical Fashion Show 2015 in Berlin stellte. S. 177

126 Gespräch mit Annelie Pohlen, in: heute Kunst, Nr. 21, 1978, S. 15-18, S. 17

127 (Buttler, 1993, dt. 1995, 1997), S. 56

128 Michel Foucault: Überwachen und Strafen, als TB, Frankfurt am Main 1977, S. 42

129 La statue intérieure, Paris 1987

130 Grundlegende Informationen auf: http://epigenetics.uni-saarland.de/de/links/ http://epigenetics.uni-saarland.de/de/home/ (mehrere Besuche 2015).

131 (Buttler, 1993, dt. 1995, 1997), S. 61

132 (Rickert, 2007)

133 (Rickert, 2007), S. 263

134 (Rickert, 2007), S. 2

Kapitel V

1 Amelio, zit. nach (Schneede, 1994), S. 318.

2 Zweite in: Skulpturen und Objekte, Ausst.-Katalog Berlin, München 1988, S. 69-87, S. 76

3 Bekannt ist die Analogie, die zur „Voltaschen Säule", einer Erfindung, die zur modernen Batterie führte, gezogen wurde. (Schneede, 1994), S. 319

4 Zur Erinnerung: Beuys hatte sich als Berufssoldat verpflichtet. (Riegel, 2013), S. 45

5 Die Langeweile muss Beuys außerdem mit der wegen seiner Farbenblindheit und anderen Defiziten verpassten Chance Pilot zu werden konfrontiert haben.

6 Über Junggesellenmaschinen hatte Michel Carrouges bereits in den 1940er und 50er Jahren nachgedacht. Sein Buch *Les machines célibataires* erschien 1954. 1976 zog Harald Szeemann mit der vielbeachteten Ausstellung „Junggesellenmaschinen" nach. Sie wurde zuerst in Malmö gezeigt. Der Katalog, aus dem das Zitat (S. 7) stammt, ist 1975 (Civita Nova Marche) erschienen. Ob und wie Beuys dazuzuzählen gewesen wäre, war vor dem damaligen Horizont offensichtlich nicht einzuschätzen.

7 (Adrian, 1984), S. 12, (Riegel, 2013), S. 21.

8 (Becker, 1965), S. 428f, S. 428. Die besagte Rückenstütze könnte das passende Objekt zur „Ausstellung während des Abfangens einer JU 87" sein, denn der Gefechtseinsatz eines damals noch unerfahrenen Teams hatte schon allein durch die unvorhersehbaren Flugmanöver mindestens zu zahlreichen blauen Flecken geführt.

9 Noch in der jüngsten Episode 7 (2015) treffen sich die legendären Piloten der 1970er Jahre mit den neuen ProtagonistInnen in den und mit den Maschinen, die trotz ihrer Beschädigungen immer noch einsatzfähig sind.

10 (Riegel, 2013), (58f, 431), http://it.wikipedia.org/wiki/Complesso_aeroportuale_di_Foggia (07.06.2012)

11 (Kunz, 1979) Entsprechende Äußerungen finden sich auf den Seiten 2 und 3 des unpaginierten Katalogs.

12 Er erwähnt auch Landschaften in Jugoslawien (Karst) und Rumänien. Ebd., (o.S.) 3. Seite des Interviews. Das Zusammenfließen unterschiedlicher Weltteile sieht Elmar Schenkel in den Romanen des ehemaligen Seefahrers Joseph Conrad, der Landschaften verschiedener Kontinente zu imaginären Ländern und Archipelen zusammenfließen lässt. Fahrt ins Geheimnis. Joseph Conrad, Eine Biographie, Frankfurt am Main 2007, S. 261.

13 Als verbeamteter Professor hätte ihm beispielsweise aufgrund seiner Anwartschaft als Berufssoldat eine stattliche Pension zugestanden. Diese war nun durch die dauernden Zeitverträge im Wert erheblich gemindert. Und es ließ sich nun ausrechnen, wie viele Verkäufe abzüglich der Provisionen er würde tätigen müssen, um eine entsprechende Menge Geld zu verdienen.

14 (Riegel, 2013), S. 76f, 81. Wenn sich ein Infanterist unter feindlichem Feuer rechtzeitig auf den Boden in Deckung wirft, sausen Geschosse und Splitter über den Körper hinweg. Dabei können jedoch die im Fallen reflexartig hochschnellenden Unterschenkel getroffen werden. Im Glücksfall kam

es wie bei Beuys zu einer „Fleischwunde“, und das Bein war – anders als bei Knochenverletzungen – seltener von einer Amputation betroffen. Im Gegensatz zu der Gehirnerschütterung, die ihn nach seinem Flugzeugabsturz „außer Gefecht gesetzt“ hatte, handelte es sich bei der Splitterverletzung um eine typische Kriegsverletzung, die mit Schock und Verletzungstrauma verbunden ist, die eintreten, wenn Geschosse mit hoher kinetischer Energie in den Körper einschlagen. Siehe dazu auch Kap. III

15 „Events that are perceived as a threat to life and limb are more prone to cause problems, as are those that involve important attachment loss (Waelde et al., 2001) https://isst-d.org/default.asp?contentID=75 (besucht am 25. Jan. 2016)

16 (Riegel, 2013), S. 64

17 (Anders, 1961)

18 (Goodchild, 1982), S. 137

19 Interview im „Magazin ‚Kunst‘“ (undatiert) zit. nach: (Becker, 1965), S. 325-328, S. 328

20 Die Zeit 20.12.1968, zit. nach (Adriani, 1984), S. 210

21 In einen Interview mit Adriani, Konnerts und Thomas sagte Beuys 1981 „Also diese Akademie ‚Freie Internationale Hochschule‘ ist da, und ich unterrichte nicht Physik, und ich unterrichte auch nicht Bildhauerei allein.“ (Adriani, 1984), S. 364. Damit gibt Beuys zu erkennen, dass er sich mit früheren Behauptungen sehr stark aus dem Fenster gehängt hat, obwohl er – wie hier gezeigt wird – als Künstler an seinen Stellungnahmen, die Physik implizieren, nichts zurückzunehmen hat. Deshalb beanspruchte ja die FIU auch, ein Institut für Interdisziplinarität zu sein.

22 Paul Wember, Bewegte Bereiche der Kunst, Krefeld 1963, S. 13. In dieser Ausstellung waren Kricke und die Protagonisten des Nouveaux Réalisme gleichermaßen vertreten, so dass Kricke sehr gut über das Ansehen von Abfällen als Material der Kunst im Bilde war.

23 Die Mengenangaben für die Margarine schwanken zwischen 100 kg bei Adriani (Adriani, 1984), S. 206) und 20 kg bei Schneede (Schneede, 1994) S. 212). Wenn man die Anzahl der Margarineklumpen auf den Fotos von Angelika Platen überschlägt, so sind es ca. 100 Stücke aus handelsüblichen Bechern. Demnach gehören zu jeder Luftpumpe 500 Gramm Margarine, womit man auf ca. 50 kg kommt.

24 (Schneede, 1994), S. 206-215

25 „Luftpumpe und Fett fungieren als negatives und positives Prinzip.“ (Adrian, 1984) S. 206

26 Auf der Homepage der Museen in NRW werden die mit Margarine bestückten Luftpumpen in einem Eimer als „Handgranaten“ bezeichnet. Das Objekt „Chaotische Energie“ 1968 befindet sich im Museum am Ostwall

in Dortmund und besteht aus Resten einer Aktion, die Beuys anlässlich der Ausstellungseröffnung des Deutschen Künstlerbundes in Nürnberg aufgeführt hatte. http://nrw-museum.de/#/chaotische -energie (15.09.13) Auch in Nürnberg hatte er Luftpumpen und Margarine in ähnlicher Weise verwendet wie in Düsseldorf. Der Unterschied bestand darin, dass in Nürnberg die Margarinebatzen am Luftpumpenzylinder gegen einen Heizkörper geschleudert worden waren. Bedeutsam ist, dass die Aktion in Nürnberg stattfand, wo Beuys als Hitlerjunge 1936 am Reichsparteitag der NSDAP teilgenommen hatte. Hier servierte er sozusagen die „Handgranaten" – einen Splitter dieser Waffe hatte er ja in die Wade bekommen – als Retourkutsche.

27 Ausst.: Surrealität – Bildrealität 1924 – 1974, Katalog: Städtische Kunsthalle Düsseldorf 1974/75, S. 21

28 Der Titel des Blattes: „Partitur zu 24 Stunden", o.J., 1965/67, (Schneede, 1994), S. 90. Hier sind 27 Namen von Philosophen und Forschern von Born über Plank und Fermi bis Bohr aufgeführt.

29 Johannes Lothar Schröder: Performance Art + Wissensfixierung: Beglaubigtes und partizipatorisches Wissen, in: Formen der Wissensgenerierung. Practices in Performance Art, hg. von Manfred Blohm und Elke Mark, (Athena-Verlag) Oberhausen 2015, S. 9-18

30 Aktuell ließ sich im Februar 2016 Ai WeiWei auf Lesbos in der Position des durch einen türkischen Journalisten zum Symbol für die Unmenschlichkeit illegaler Flucht gewordenen ertrunkenen syrischen Kindes fotografieren und löste damit Diskussionen aus, weil dieses Motiv umgehend auf einer Kunstmesse dem Kunstmarkt zugeführt wurde.

31 Aktualisierung des Materials aus dem Archiv nach einem Score von Arnold Dreyblatt. Das Black-Mountain-Archiv als Aufführungskunst, in: Kat. Staatliche Museen zu Berlin, Hamburger Bahnhof 2015, S. 16-21. Im Rahmen des Projekts „Teaching and Learning at the Black-Mountain-Archive" probierten Studenten in der Ausstellung alle möglichen Formen des Vortrags aus, die auch Tanz oder eigene Installationen und Objekte einschlossen.

32 (Goodchild, 1982), S. 106. Das Verhältnis von Aufwand und Resultaten bei der Gewinnung von Plutonium in Hanford – die Anlage wurde von 45.000 Arbeitern errichtet – war noch viel schlechter.

33 (Goodchild, 1982), S. 116ff. Einen direkten Bezug zu diesem Thema gibt auch das Multiple, ein Holzkeil mit dem Titel „Ende der Implosion" 1973, http://pinakothek-beuys-multiples.de/de/product/hier-ende-der-implosion/ (besucht am 19. Januar 2016)

34 Einen entsprechenden Hinweis gab Beuys Willoughby Sharp in einem Interview für Artforum, Dez. 1969, S. 46, http://pinakothek-beuys-multiples.de/de/product/vakuum%E2%86%94masse/ (besucht am 19. 01. 2016)

35 „Masse Valium ←→ Vakuum", o.J., 1968, (Schneede, 1994), S. 208.

Kopie der Bleistiftzeichnung als Abb.

36 (Goodchild, 1982) S. 137. Der Titel der Originalausgabe ist „J. Robert Oppenheimer. Shatterer of Worlds“, London 1980, Im Deutschen ist das furchteinflößende Attribut: „Der Erschütterer der Welten“ weggelassen und durch *Eine Bildbiographie* neutralisiert worden.

37 Die Zeichnung lässt erkennen, dass „Valium ←→Vakuum“ zentriert auf das Querformat geschrieben wurde. In einem zweiten Schritt wurde „Masse“ leicht nach unten verspringend links neben die Überschrift gesetzt.

38 http://pinakothek-beuys-multiples.de/de/product/schlitten/

(besucht am: 12. Januar 2016)

39 (Goodchild, 1982), S. 137f

40 (Bastian, 1988), Kat. Nr. 54, S. 189

Kapitel VI

1 „Double Negative“ bezieht sich auf die Exkursion im Anschluss an die Performance/Intervention zum Earthwork „Double Negative“, das Michael Heizer 1969/70 in der Nähe von Overton in Nevada grub.

2 (Siegmund, 2006)

3 Ebd., S. 65ff

4 (Phelan, 1993) Der Titel des entsprechenden Essaybandes heißt „Unmarked“ und beginnt mit einer Reflexion über das Abwesende. „Unmarked attempts to find a theory of value for that which is not "really“ there, that which cannot be surveyed within the boundaries of the putative real." Dieser erste Teil des Bandes heißt deshalb "Broken symmetries: memory, sight, love" und zeigt die Unmöglichkeit, die Bandbreite eines Wesens zu erkennen. „Identity is perceptible only through a relation to an other – which is to say, it is a form of both resisting and claiming the other, declaring the boundary where the self diverges from and merges with the other. In that declaration of identity and identification, there is always loss, the loss of not-being the other and yet remaining dependent on that other for self-seeing, self-being." Ebd. S. 13

5 In einem Interview mit Keto von Waberer erwähnte Beuys die schmerzhaften Verluste von Kameraden. „Das Nomadische spielt eine Rolle von Anfang an“, in: (Haenlein, 1980), S. 210. Diese spezielle Abwesenheit von Personen gilt weiterhin auch für die während und nach dem Krieg geborenen Künstler der Schülergeneration von Beuys, die als Waisen oder Halbwaisen aufgewachsen waren, und zwar nicht nur weil Elternteile im Krieg ums Leben kamen, sondern auch, weil diese die Familie verlassen haben, unauffindbar waren oder nicht in der Lage waren, in familiären Verhältnissen zu leben.

6 Michael Schwarz versuchte 1978 im Kunstforum international Bd. 28 in einer ausführlichen Dokumentation mit Nachträgen so viele Künstlerpaare wie möglich zu erfassen, die jeweils dauerhaft oder temporär bis zum Scheitern durch mehr oder weniger eheähnliche und sexuelle Beziehungen getragen waren und zugleich wie bei Abramovic/ULAY oder Gilbert & George auf einer künstlerischen Kooperation basierten.

7 Kunstforum international, Bände #106 und #107, 1990

8 Paare. Acht Betrachtungen z.B. über die Alchemie der Paarbeziehung, in: Kunstforum international, Bd. 107, 1990, S. 94 – 101.

9 Ebd. S. 97

10 Mit einer Kappe als Dienstmütze auf dem Kopf sieht man Beuys guter Dinge und unverletzt 1943 vor dem abgestürzten STUKA posieren. (Adriani, 1984) Abb. Nr. 4, S. 23.

11 http://www.moma.org/collection/works/35478

12 Der Acheson-Lilienthal Report fasste die Gründe gegen die Weitergabe des Wissens zur Nutzung von Atomenergie schon 1946 zusammen. (Goodchild, 1982), S. 186. Man machte also Oppenheimer zum Regierungsberater und das FBI kontrollierte seine Kontakte, weil man ihn verdächtigte, Atom-Geheimnisse an die Sowjetunion weitergegeben zu haben. S. 181-277

13 Dem ist das oben erwähnte Theaterstück „In der Sache J. Robert Oppenheimer" von Heinar Kipphardt gewidmet.

14 Fotos des Aufenthalts auf den Seychellen enthält der Katalog (De Domizio Durini, 2011), Abbildungen nach den Seiten 280, 312, 317, 325 und vor S. 311. Das Tagebuch der Seychellen (ebd. S. 666-701) enthält weitere Fotos des Künstlers und der dort entstandenen Objekte. Das Foto nach S. 341 zeigt, dass Beuys Mantel und Hut selbst in die Tropen mitgenommen hat, damit auch von dort mit dem Künstlerimage übereinstimmende Bilder überliefert werden konnten.

15 (Adriani, 1984), S. 99.

16 „Wach sind nur die Geister". Über Gespenster und ihre Medien. Hardware MedienKunstVerein, Dortmund 2009; »Cosa mentale. Art et Télepathie en XXeme siècle«, Centre Pompidou, Metz 2015/16

17 Bezeichnend ist „Bis ans Ende der Welt" von Wim Wenders, der sich 1991 mit dem Science-fiction-Genre auseinandergesetzt hatte. Das Road-Movie bietet die Möglichkeiten einer universellen Kommunikation, die sich Wenders allerdings in einer verkabelten Welt vorgestellt hatte. Selbst in Wüstengegenden nutzten die Protagonisten stationäre Telefonstationen mit Bildschirmen entlang der Straßen. Der Film zeigt, dass selbst kurz vor der Verbreitung von Mobiltelefonen eine vollständige Ablösung der Telefonie von Kabelnetzen noch nicht zwingend vorstellbar war.

18 Wim Beeren im Vorwort von (Abramovic, 1989), S. 7

19 Linda Montano: Art in Everyday Life, Los Angeles 1981, o.S.

20 „Hsieh und Montano haben sich zweifellos an einige der Abläufe (dynamics) aus ihrer Verpflichtung gewöhnt, indem sie ihre Entscheidungen, Gedanken, gesellschaftliche Gewohnheiten an ihre verstärkten und unerbittlich (remorselessly) fordernden voneinander abhängigen Bedingungen angepasst haben." Adrian Heathfield, Impress of Time, in: Out of Now. The Lifeworks of Tehching Hsieh by Adrian Heathfield and Tehching Hsieh, London and Camebridge MA 2009, S. 10-61, S. 49.

21 Gespräch des Autors mit Hsieh und Montano in ihrem Studio in Manhattan am 13. Feb. 1984

22 Adrian Heathfield, Impress of Time, in: (Heathfield, 2009), S. 10-61, S. 49.

23 1984 startete Linda Montano *14 Years of Living Art*, ein auf den sieben Chakren basiertes Kunstprojekt. http://www.lindamontano.com/14-years-of-living-art/living_art/index.html

24 „Ressource Aufmerksamkeit" war der Titel des Kunstforum international, Bd. 148, 1999

25 (Koepplin, 1990), S. 28. Dass sich Beuys Vorstellungen der Aufgaben von Kunst nicht mit Fluxus vereinbaren ließen, zeigen auch seine späteren Aktionen in den USA. „Dillinger" und die Aktion mit dem Kojoten „I like America and America likes me" waren zwar vor Ort ohne technische Hilfsmittel mit einem geringen Materialaufwand durchgeführt worden, ließen sich aber nicht mit Fluxus vereinbaren.

26 (Adriani, 1984), S. 113f

27 ebd., S. 113

28 The Legacy of Jackson Pollock, in: Art News, Bd. 57, Oct. 1958, S. 24-26, 55-57

29 (Adriani, 1984), S. 92

30 (Anna, 2008), S. 51

31 (Schneede, 1994), S. 240-247, Fotos S. 248-259

32 (Cooke, 1994) S. 13. Die Autorin weist darauf hin, dass Beuys bei dieser Aktion, von der keine Fotos bekannt sind, einen Uniformmantel getragen habe.

33 (Cooke, 1994) S. 13 In der Anmerkung 6 erwähnt Cooke, dass der in Krefeld geborene Beuys vorgab, in Kleve geboren zu sein. Damit versuchte er sich geographisch in die Nähe von Cloots zu rücken.

34 Die Bezeichnung „Standbild", die Verena Kuni vorschlug, ist problematisch, weil sie auf öffentliche Plastiken und Skulpturen verweist, weshalb hier das Verhältnis von Aktion und Fixierung unterschlagen wird, während der zweite Begriff „Starschnitt" zwar auf das mediale Resultat eingeht, doch das damit verbundene Sammelerlebnis der Leser von Jugendzeit-

schriften (etwa Bravo), die sich mit ihrem Star identifizieren, im Bereich der Kunstzeitschriften nicht bekannt ist. Die Identifikationen von Beuys sind ja ein Phänomen, was hier den Künstler und nicht sein Publikum betrifft. Vom Standbild zum Starschnitt. Überlegungen zur Performanz eines Mediensprungs, in: Christian Janecke (Hg.), Performance *und* Bild. Performance *als* Bild, Berlin 2004, S. 209-227

35 Diese Inszenierung des Titus setzte Sprache minimalistisch und ohne Aktion ein, während gerade Titus Andronicus unter den Theaterberserkern so beliebt geworden ist, weil dieses Stück eine Vorlage bot, um auf der Bühne Kunstblutbäder zu inszenieren.

36 Es kann kein Zufall sein, dass Fischer-Lichte, die sich über viele der Aktionen von Beuys geäußert hat und sehr ausführlich auf „I like America and America likes me" eingegangen ist (Fischer-Lichte, 2004) S. 178-186, in ihrem Buch ausgerechnet das einzige Theaterstück von Beuys übergeht, obwohl man hier aus berufenem Munde gerne mehr über das Verhältnis von Theater und Performance Art erfahren hätte. Allein zur Anwesenheit von Tieren erfährt man, dass Theateraufführungen und Performances die „Unverfügbarkeit des Tieres" gleichermaßen in den Blick nehmen. Ebd. S. 184

37 Griechische Mythologie, Reinbek bei Hamburg, mehrere dt. Auflagen seit 1960, Bd. II, §114.2

38 Die Idee des Sandwichs zweier Personen verdanke ich Lynn Hershman, die seit den 1970er Jahren Porträts verschiedener Personen in Form von Dias übereinander gelegt projizierte bzw. die von diesen Dia-Sandwiches reproduzierten Fotos ausstellte. Eines zeigt z.B. Sigmund Freud und Marilyn Monroe (Gespräch mit Hershman im März 1984 in San Fransico).

39 Schneede erwähnt, dass sich in Beuys Nachlass eine Kopie des Berliner Lokal-Anzeigers vom 23.07.1935 mit dem Bericht über dieses Ereignis befindet. (Schneede, 1994) S. 324. Auch wenn die Kopie nicht aus der Zeit ist, sondern später hergestellt wurde, ist es möglich, dass der damals 13-jährige Beuys von dem sensationellen Show-down Dillingers erfuhr, und die Person faszinierend genug war, um von Kindern nachgespielt zu werden, um das Böse zu konkretisieren. Bis heute ziehen gespielte Verbrecherjagden – auch solche in digitaler Form – das Interesse von Kindern auf sich, weil sie sich so dynamisch und performativ mit Gewalt, also den damit verbundenen Übergängen zwischen Gut und Böse sowie Leben und Tod auseinandersetzen können.

40 Beuys in: (Staeck, 1987), S. 210. Zit. nach: Schneede, ebd.

41 Ebd.

42 In: Stern, Heft 19, 30.April 1981, S. 77-82, 250-253, S. 82

43 Joseph Beuys: selten so viel gelacht. Interview von Willi Bongard, in: Kunstforum international, Bd. 8/9, 1974, S. 224.

44 vgl. Kapitel I, Anm. 42

45 Interview Bongard, s. Anm. 36

46 In: (Becker, 1965), S. 428

47 Dieter E. Zimmer fasste in der ZEIT vom 28. August 1964 (S. 9-10) die bis dahin veröffentlichte Literatur, einschließlich eines Theaterstücks, eines Fernsehspiels und eines Filmdrehbuchs zusammen.

48 Da der Fall bekannt ist und der Briefwechsel veröffentlich, fasse ich mich an dieser Stelle kurz, um zu dem hier wesentlichen Punkt zu kommen, der durch den Brief vom 24. Juli 1959 dokumentiert wird. (Anders, 1961), S. 38f

49 Ebd.

50 Ebd. Es ist vielsagend, dass Anders sich ausdrücklich einschließt in die Wendung der Vergebung, weil er sich als Angehöriger der Intelligenz ebenso schuldig fühlte am Verlauf des Zweiten Weltkriegs, der auf den verschiedenen Ebenen, die ihn auslösten, nicht von den klugen Köpfen der Welt verhindert werden konnte.

51 Anders, dem Autoren von „Die Antiquiertheit des Menschen" (1956, Bd. II 1980), ging es ja um die Folgen von Handlungen, die durch Technologie dermaßen verstärkt werden, dass sie die Kapazitäten eines Einzelnen übersteigen.

52 Zimmer, S. 10

53 (Goodchild, 1982), S. 282

54 Im Aufruf der National Association for Advancement of Colored People, New York 1935 heißt es: „Weniger als ein Prozent der Lyncher wurde bestraft, und auch nur sehr leicht. Mehr als 5000 Fälle von Lynchjustiz sind ohne jede Strafe geblieben..." Kat. Amerika. Traum und Depression 1920 – 1940, NGBK Berlin 1980, S. 488

55 Walden or Life in the Woods, 1854

56 (Agamben, 2002), S. 107

57 (Agamben, 2002) Es ist an dieser Stelle nicht möglich, der ganzen Untersuchung Agambens gerecht zu werden, die auch darstellt, wie es zu den komplizierten Sachverhalten der Biopolitik kommt, mit der sich die Bedingungen des „nackten Lebens" unter den Bedingungen von Nationalstaaten zuspitzte und zum Völkermord der Nazis führte.

58 „Das Ministerium kommt letztlich zu dem Schluss, „dass es sich bei Prof. Beuys tatsächlich um einen krankhaft veranlagten Künstler handelt, der nicht die notwendigen sittlichen Voraussetzungen für ein akademisches Lehramt erfüllt" heißt es in einem Bericht vom 23.7.1964. (Anna, 2008), S. 51

59 Ebd., S. 106f

60 (Agamben, 2002), S. 109. Die gängige Praxis, Straßennamen und Denkmäler nur Toten zu widmen, wird lediglich durch absolute Herrscher

ignoriert, die mit Denkmälern zu Lebzeiten einen göttlichen Status beanspruchen.

61 U.a.: "Shoot", 1971, "Bed Piece", 1972, "Deadman", 1972, "Doorway to Heaven", 1973, "Sculpture in three parts", 1974, "White Light, White Heat", 1975

62 In einem Interview mit RISD in San Diego vom 12. Nov. 1974 sagte er über die Aktion „Jaizu": „People tried to talk to me but I was a statue." Skript aus dem Archiv von Astro Artz, S. 4. Auf dem Sockel von „Sculpture in Three Parts" lag, nachdem er vom Hocker auf diesem Sockel heruntergefallen war, ein Schild auf dem geschrieben stand: „Auf diesem Stuhl saß ich ab dem 10.9.74 um 10:30 bis ich am 12.9.74 um 5:25 herunterfiel."

63 (Hackett, New York), S. 585

64 Ebd., S. 114ff

65 Ebd., S. 115

66 (Goodchild, 1982), S. 290-293

67 Ebd., S. 177

68 F.T. Marinetti, in: Le Figaro, Paris 20. Februar 1909

69 Hier ist besonders die schon erwähnte Aktion „Celtic (Kinloch Rannoch) Schottische Symphonie" 1970 in Edinburgh hervorzuheben, wo Beuys das Publikum in seinen Bann schlug. Georg Jappe, in: (Schneede, 1994), S. 271

70 Ebd., S. 21f

71 (Goodchild, 1982), S. 107

72 Ebd., S. 106

73 (Riegel, 2013), S. 468

74 Hans-Martin Schönherr, Die Technik und die Schwäche, Wien 1989

75 (Lemke, 2015), S. 70

76 „Anders als Foucault und Marcuse bringt Beuys die polit-agitatorische Bereitschaft auf, an einer pathetisch vorgetragenen Rede von ‚der Revolution' festzuhalten und die Lebenskunst als ‚die einzig revolutionäre Kraft' zu proklamieren."ebd. S. 75

77 (Derrida, 1990, 2013 (3)), S. 36ff

78 Ebd., S. 35. Hier ist in Bezug auf das Kochen der Herd in der ursprünglichen altgriechischen Bezeichnung ‚oikos' bedeutsam, der nicht nur der Ort des Haushalts ist, sondern auch der Ort des Feuers, der die Erkenntnisse der Chemie in der Alchemie begründete.

79 Ebd., S. 50

Bibliografie

Abramoviç, Marina und ULAY The Lovers. The Great Wall Walk, Amsterdam: Stedelijk Museum (Ausstellungskatalog) 1989.

Adler, Katrin Tierkulte in Afrika. Tiere im kulturellen Gefüge afrikanischer Gesellschaften – eine Auswahl // http://www2.hu-berlin.de/nilus/net-publications/ibaes4/adler/text.pdf. – 1. 10 2014.

Adriani, Götz, u.a. Joseph Beuys, Köln: Du Mont, 1973 (Adriani, 1973).

Adriani, Götz, u.a. Joseph Beuys, Köln: Du Mont, 2. Neuauflage 1984 (Adriani, 1984).

Agamben, Giorgio Homo sacer. Il potere svrano e la nuda vita, 1995, dt.: Homo sacer. Die Souveränität der Macht und das nackte Leben, Frankfurt am Main: Suhrkamp TB. es 2068, 2002 (Agamben, 2002).

Anders, Günther und Claude Eatherly Off Limits für das Gewissen. Der Briefwechsel , Hg. von Jungk, Robert. Reinbek bei Hamburg: Rowohlt, 1961 (Anders, 1961).

Anna, Susanne Joseph Beuys, Düsseldorf, Ostfildern: Hatje und Cantz, 2008 (Anna, 2008).

Bastian, Heiner (Hg.) Joseph Beuys. Skulpturen und Objekte, (Ausstellungskatalog Martin Gropius Bau, Berlin) München: Schirmer und Mosel, 1988 (Bastian, 1988).

Becker, Jürgen und Wolf Vostell Happenings. Fluxus, Pop Art, Nouveau Réalisme, Reinbek bei Hamburg: Rowohlt, 1965 (Becker, 1965).

Benjamin, Walter Über den Begriff der Geschichte / Gesammelte Schriften / Hrsg. Rolf Tiedemann Hermann Schweppenhäuser. – Frankfurt am Main: Suhrkamp, 1974. – als Taschenbuch 1980: Bd. I.2 (Benjamin, 1974).

Beuys, Joseph The Secret Block for a Secret Person in Ireland (Ausstellungskatalog) hg. von Heiner Bastian, München: Schirmer/ Mosel, 1988 (Beuys 1988).

Blohm, Manfred und Elke Mark Formen der Wissensgenerierung. Practices in Performance Art, Oberhausen: Athena 2015 (Blohm 2015).

Bott, Gerhard und Götz Adriani Bildnerische Ausdrucksformen 1960-1970. Sammlung Karl Ströher im Hessischen Landesmuseum Darmstadt, hg. von Bott Gerhard und Eduard Roether, (Ausstellungskatalog des Hessischen Landesmuseums) Darmstadt 1970 (Bott, 1970).

Breitwieser, Sabine (Hg.) Gustav Metzger. Geschichte Geschichte, (Ausstellungskatalog, Generali Foundation, Wien), Ostfildern-Ruit: Hatje/Cantz 2005 (Breitwieser, 2005).

Buchloh, Benjamin The Twilight of the Idol. Preliminary Notes for a critique, in: Artforum, New York: Januar 1980, S. 35-44 (Buchloh 1980).

Buschmann, Renate u. Stephan von Wiese Fotos schreiben Kunstgeschichte, hg. von *museum kunst palast* Düsseldorf (Ausstellungskatalog), Köln: Du Mont 2007 (Buschmann, 2007).

Buttler, Judith Bodies that Matter, 1993, dt. Körper von Gewicht, Frankfurt am Main: Suhrkamp, 1995, TB NF 1737, 1997 (Buttler, 1995).

Celant, Germano Beuys tracce in Italia, Neapel: Amelio 1978 (Celant, 1978).

Cooke, Lynne Arena und ihre Installierung: Eine Einführung, in: Arena. Wo wäre ich hingekommen wäre ich intelligent gewesen, Ostfildern: Cantz, 1994 (Cooke, 1994).

Derrida, Jacques Chōra (1987), hg. von Peter Engelmann, aus dem Französischen von Hans-Dieter Gondek, Wien: Passagen Verlag 1990, 3. überarbeitete Auflage 2013 (Derrida, 2013).

Domizio Durini, Lucrecia De Beuys Voice (Ausstellungskatalog Kunsthaus Zürich), Mailand: Electa, 2011 (Domizio Durini, 2011).

Duerr, Hans Peter Sedna oder die Liebe zum Leben, Frankfurt am Main: Suhrkamp, 1984 (Duerr, 1984).

Eliade, Mircea Le chamanisme et les techniques archaiques de l'extase, Paris 1951, dt.: Schamanismus und archaische Ekstasetechnik, übers. von Inge Köck, Frankfurt am Main: Suhrkamp, 1975 (Eliade, 1975).

Faust, Wolfgang Max Bilder werden Worte. Zum Verhältnis von bildender Kunst und Literatur im 20. Jahrhundert oder Vom Anfang der Kunst im Ende der Künste, München/Wien: Hanser 1977 (Faust 1977).

Fischer-Lichte, Erika Ästhetik des Performativen, Frankfurt am Main: Suhrkamp 2004 (Fischer-Lichte, 2004).

Flusser, Vilém MEDIEN kultur, Frankfurt am Main: Fischer, 1993, als TB 1997 (Flusser, 1997).

Gniosdorsch, Iris Die Grenzen des Sagbaren: philosophische Grundlegungen religiöser Kunst. Münster: Lit 2004 (Gniosdorsch, 2004).

Goodchild, Peter J. Robert Oppenheimer. "Shatter of Worlds", London 1980, dt.: J. Robert Oppenheimer. Eine Bildbiographie, Basel/Boston/Stuttgart: Birkenhäuser 1982 (Goodchild 1982).

Graevenitz, Antje v. Sprache ergreift Materie - Das festum fluxorum. Fluxus in Düsseldorf 1963, in: R. Buchmann und Stefan v. Wiese (Hg.), Fotos schreiben Kunstgeschichte (Ausstellungskatalog Museum Kunst Palast, Düsseldorf) Köln: Du Mont 2007 (Graevenitz, 2007).

Groys, Boris Die Wertgrenze zwischen kulturellem Archiv und profanem Raum, in: ders.: Über das Neue. Versuch einer Kulturökonomie, München: Hanser 1992 (Groys, 1992).

Groys, Boris Vom Kunstwerk zur Kunstdokumentation, in: documenta 11, plattform_5, Ausstellung, Kassel , Ostfildern: Hatje Cantz 2002 (Groys, 2002).

Hackett, Pat (Hg.) The Andy Warhol Diaries, New York: Warner Books 1989 (Hackett, 1989).

Haenlein, Carl (Hg.) Joseph Beuys. Eine Innere Mongolei, (Ausstellungskatalog) Kästner-Gesellschaft, Hannover 1980 (Haenlein, 1980).

Heathfield, Adrian Out of now: the lifeworks ot Tehching Hsieh, Live Art Development Agency, London/Cambridge (MA): MIT Press 2009 (Heathfield, 2009).

Hendricks, Jon (Hg.) FLUXUS etc./ Addenda I, The Gilbert and Lila Silverman Collection, New York: Ink 1983 (Hendricks 1983).

Huber, Eva Joseph Beuys. Hauptstrom und Fettraum. Ein Lehrstück für die fünf Sinne, Darmstadt: Jürgen Häusser 1993 (Huber, 1993).

Kampe, Ines Barbara Deutschlandbilder - Die Nachkriegssituation in fotografischen Werken, Dissertation Hamburg 1998 (Kampe, 1998).

Koepplin, Dieter Fluxus, Bewegung im Sinne von Joseph Beuys, in: Joseph Beuys. Plastische Bilder 1947-1970, hg. von Barbara Strieder (Ausstellungskatalog Kornwestheim Galerie der Stadt) Stuttgart: Gerd Hatje 1990 (Koepplin, 1990).

Kristeva, Julia Pouvoir de l'horreur, Paris 1980, engl. Ausgabe: Powers of Horror. An Essay on Abjection, New York: Columbia Univ. Press 1982 (Kristeva, 1982).

Kunz, Martin Joseph Beuys: Spuren in Italien, hg. von Kunstmuseum Luzern (Ausstellungskatalog), Luzern 1979 (Kunz, 1979).

Lemke, Harald Die Kunst des Essens. Eine Ästhetik des kulinarischen Geschmacks, Bielefeld: transcript 2015 (Lemke, 2015).

McEvilley, Thomas Was hat der Hase gesagt? Fragen über, für oder von Joseph Beuys, in: Joseph Beuys. Skulpturen und Objekte, hg.von Bastian Heiner, München: Schirmer und Mosel 1988 (McEvilley, 1988).

Mennekes, Friedhelm Das Kreuz „...ist zur Kultur geworden", in: A. G. Kölbl (Hg.), *ENTGEGEN: ReligionGedächtnisKörper in Gegenwartskunst*, Ostfildern-Ruit: Cantz 1987, S. 59-66 (Mennekes, 1987).

Phelan, Peggy Unmarked. The Politics of Performances, London/New York: Routledge 1993 (Phelan 1993).

Rickert, Thomas Toward the Chora: Kristeva, Derrida,and Ulmer on Emplaced Invention, in: Philosophy and Rhetoric, No. 3: Bd. 40, S. 251-275, Pennsylvenia: The Pennsylvenia State Univ. 2007 (Rickert, 2007).

Ricœur, Paul De l'Interpretation. Essai sur Freud, dt.: Die Interpretation. Ein Versuch über Freud, Paris: Editions de Seuil 1964, Frankfurt am Main: Suhrkamp 1969, als Taschenbuch 1974 (Ricœur, 1974).

Riegel, Hans Peter Beuys. Die Biographie, Berlin: Aufbau 2013 (Riegel, 2013).

Schneede, Uwe M. Joseph Beuys. Die Aktionen, Ostfildern-Ruit: Hatje 1994 (Schneede 1994).

Siegmund, Gerald Abwesenheit. Eine performative Ästhetik des Tanzes, Bielefeld: transcript 2006 (Siegmund 2006).

Stachelhaus, Heiner Joseph Beuys, München: Heyne (Taschenbuch Bd. 19/45) 1989 (Stachelhaus 1989).

Staeck, Klaus und Gerhard Steidel (Hg.) Beuys in Amerika, Heidelberg: Edition Staeck 1987 (Staeck 1987).

Tschacher, Werner „Ich war also in keiner Form aktiv tätig." Alfred Buntru und die akademische Vergangenheitspolitik an der RWTH Aachen 1948-1960, in: Geschichte im Westen. Zeitschrift für Landes und Zeitgeschichte, Pullheim-Brauweiler: Rhein-Mosel-Eifel-Verlag 2004, Bd. 19, S. 197-229 (Tschacher 2004).

Virilio, Paul La Procédure silence, Paris: Edition Galilée 2000, dt.: Die Kunst des Schreckens, Berlin: Merve, Bd. 238, 2001 (Virilio, 2001).

Wagner, Monika Das Material in der Kunst. Eine andere Geschichte der Moderne, München: C.H.Beck 2001 (Wagner, 2001).

Wyss, Beat Die Revolution sind wir. Deutschrömertum im Geiste des Sozialismus. Wie das Selbstporträt des Hitler-Jungen Joseph Beuys zu einer Ikone der Toskanafraktion wurde, in: *Cicero, Magazin für politische Kultur*, Oktober 2012, S. 130 (Wyss 2012).

Zweite, Armin „Prozesse entlassen Strukturen, die keine Systeme sind", Anmerkungen zu einigen raumbezogenen Arbeiten von Joseph Beuys, in: Joseph Beuys. Skulpturen und Objekte, hg. von Heiner Bastian, München: Schirmer-Mosel 1988 (Zweite, 1988).

Abbildungsverzeichnis und -nachweis

Kapitel I

1 Winteruniform für die Wachen der Luftwaffe. Quelle: Werbung für Modellbausätze im www. https://ms-plueth.de/icm-48086-1/48-wwii-dt.-luftwaffe-piloten-und-bodenpersonal-in-winteruniform/ (am 24.10.2014)

2 J. Beuys: „und in uns … unter uns … landunter", Aktion, Wuppertal 5. Juni 1965, Illustration des Autors nach einem Ausschnitt aus dem Foto von Klophaus. Abb. in: Fotos schreiben Kunstgeschichte, Katalog *museumkunstpalast*, Düsseldorf 2007, S. 94.

3 „Überquerung des Rheins" auch „Heimholung" des Joseph Beuys. Zum 200-jährigen Jubiläum der Kunstakademie ruderte Anatol Beuys am 20. Oktober 1973 von Oberkassel an das Düsseldorfer Altstadtufer. Illustration des Autors nach der Abb. eines Fotos von Werek, veröff. in: ZEIT-magazin (1973) zum Artikel von Peter Schille: Ist den immer Karneval am Rhein? (Ausriss ohne Datum im Archiv des Autors)

4 Emanuel Gottlieb Leutze: Washington Crossing the Delaware, 1851, 378,5 × 647,7 cm, Metropolitan Mus. Of Art, New York City, gemeinfrei, https://commons.wikimedia.org/w/index.php?curid=9520770

Kapitel II

5 Beuys' Aktion "Kukei, akopee-Nein! Braunkreuz, Fettecken, Modellfettecken" im Rahmen des „Festivals der neuen Kunst" am 20. Juli 1964 in der Aula der Rheinisch-Westfälischen Technischen Hochschule (RWTH) in Aachen. Illustration des Autors nach einem Foto von Peter Thomann (Schneede 1994), S.63

6 Skizze der Bühne aus der Zuschauerperspektive vom Autor nach einem Foto von Heinrich Riebesehl, 1964, Blei- und Farbstift, 2014. Man erkennt, dass die Aktion von Beuys in einem relativ kleinen Bereich am linken Bildrand stattfand. Abb. in: Barron, Stephanie u. S. Eckmann Hg., Kunst und Kalter Krieg, Köln 2009, S. 247

Kapitel IV

7 Fettabformungen der Mundhöhle, die bei der Aktion „: ←→ >> Hauptstrom >> FLUXUS" in Kombination mit der Installation „FETTRAUM" (1967) in der Galerie Franz Dahlem in Darmstadt 1967 auf dem Boden ausgelegt wurden. Illustration des Autors nach einem Foto von Camillo Fischer in: (Huber 1993), S. 63-66

8 Andrea Pisano: Der Bildhauer, 1337-1345, Relief am Campanile des Florentiner Doms

Kapitel V

Kapitel VI

Dank gilt meiner Familie, meinen Freunden und vielen treuen Bekannten, die meine forschende und künstlerische Tätigkeit durch ihre Neugier begleitet und häufig beflügelt haben. Mit den Manuskripten und Fahnen dieses Buchs hat Ingrid Gloede viele Tage zugebracht und dann auch noch die Endredaktion übernommen. Meine Verlegerin Almut Weinland hat in geduldiger Kleinarbeit die Texte layoutet, Korrekturen eingearbeitet und die Abbildungen an den richtigen Stellen platziert. Der Umschlag von Klaus Baumgartner gibt dem Buch sein Gesicht, aus dem ein neues Porträt herausblickt, das Renate Wiechers von mir aufgenommen hat.

Für unvergessliche Tage mit Re-doings und eigenen Arbeiten in der Ausstellung über das Black Mountain College und am Hochschulübergreifenden Zentrum Tanz in Berlin möchte ich den Studenten des Seminars dort und Florian Feigl danken. Seine Kritik meines Konzeptpapiers über politische Performances brachte mich dazu, den ursprünglich breit angelegten Essay ganz auf Beuys zuzuspitzen.

Bibliograpische Information der Deutschen Nationalbibliothek

Die Deutsche Nationalbibliothek verzeichnet diese Publikation in der Deutschen Nationalbibliographie; detaillierte bibliographische Daten sind im Internet über www.dnb.de abrufbar.

Impressum

www.conferencepoint.de

Herstellung: BoD GmbH, Norderstedt

ISBN 978-3-936406-55-9